MINERVA
はじめて学ぶ教科教育
6

吉田武男
監修

初等図画工作科教育

石﨑和宏/直江俊雄
編著

ミネルヴァ書房

監修者のことば

　本書を手に取られた多くのみなさんは，おそらく学校の教師，とくに小学校の教師になることを考えて，教職課程を履修している方ではないでしょうか。それ以外にも，中等教育の教師の免許状とともに，小学校教師の免許状も取っておこうとする方，あるいは教育学の一つの教養として本書を読もうとしている方も，わずかながらおられるかもしれません。

　どのようなきっかけであれ，本シリーズ「MINERVA はじめて学ぶ教科教育」は，小学校段階を中心にした各教科教育について，はじめて学問として学ぶ方に向けて，教科教育の初歩的で基礎的・基本的な内容を学んでもらおうとして編まれた，教職課程の教科教育向けのテキスト選集です。

　教職課程において，「教職に関する科目と教科に関する専門科目があればよいのであって，教科教育は必要ない」という声も，教育学者や教育関係者から時々聞かれることがあります。しかし，その見解は間違いです。教科の基礎としての学問だけを研究した者が，あるいは教育の目的論や内容論や方法論だけを学んだ者が，小学校の教科を 1 年間にわたって授業を通して学力の向上と人格の形成を図れるのか，と少し考えれば，それが容易でないことはおのずとわかるでしょう。学校において学問と教科と子どもとをつなぐ学問領域は必要不可欠なのです。

　本シリーズの全巻によって，小学校教師に必要なすべての教科教育に関する知識内容を包含しています。その意味では，少し大げさにいうなら，本シリーズは，「教職の視点から教科教育学全体を体系的にわかりやすく整理した選集」となり，このシリーズの各巻は，「教職の視点から各教科教育学の専門分野を体系的にわかりやすく整理したテキスト」となっています。もちろん，各巻は，各教科教育学の専門分野の特徴と編者・執筆者の意図によって，それぞれ個性的で特徴的なものになっています。しかし，各巻に共通する本シリーズの特徴は，多面的・多角的な視点から教職に必要な知識や知見を，従来のテキストより大きい版で見やすく，「用語解説」「法令」「人物」「出典」などの豊富な側注によってわかりやすさを重視しながら解説されていることです。また教科教育学を「はじめて学ぶ」人が，「見方・考え方」の資質・能力を養うために，各章の最後に「Exercise」と「次への一冊」を設けています。なお，別巻は，教科教育学全体とその関連領域から現代の学力論の検討を通して，現在の学校教育の特徴と今後の改革の方向性を探ります。

　この難しい時代に子どもとかかわる仕事を志すみなさんにとって，本シリーズのテキストが各教科教育の大きな一つの道標になることを，先輩の教育関係者のわれわれは心から願っています。

　2018年

吉　田　武　男

はじめに

　図画工作科や美術科で学ぶ内容は，私たちの生活を楽しく豊かにする身近なものとかかわっている。例えば，多くの若者がスマートフォン上で絵文字やスタンプをコミュニケーションのツールとして巧みに使い分け，「インスタ映え」する写真を撮るためにカメラアングルを工夫し，画像処理の効果を楽しんでいるのも，形や色などの造形的な見方や視覚イメージを通した意味づくりにかかわる営みである。

　一方，変化する社会に対応するための教育モデルが模索されている。2000年代のアメリカにおける科学技術開発の競争力向上を背景とした，科学技術教育推進のための新たなモデルの試みもその一例である。その教育の中心は，科学，技術，工学，数学（Science, Technology, Engineering, Mathematics）であり，その頭文字をとり STEM と呼ばれる。近年，海外の美術教育誌で STEAM と言う略語を目にすることが多くなった。STEAM は，先の STEM に Art の A を入れた略語である。STEM のなかに芸術を取り込んだ STEAM は，文字通りの単語として読むと「蒸気」を意味し，科学技術教育に芸術が取り入れられることによって，その教育が蒸気のようなエネルギーやパワーに変容することを暗示している。こうした科学技術教育と芸術教育の統合や調和は，学校教育を考えるうえで忘れてほしくない大切な視点である。さらに言えば，Heart（心）という単語には art という綴りが入っているように，art（芸術）は Heart（心）の一部であり，心を形成する大切な要素であるという想いを強く訴えたい。

　そのような熱い想いを胸に秘めながら，これから教職を目指す学生の皆さんはもとより，日々の実践で直面する問題を基本に立ち返って考えようとする教師の皆さんにも役立つように，本書は大きく三つに分けて構成されている。

　第Ⅰ部「初等図画工作科の基礎的視点」では，図画工作科教育にかかわる理念や歴史，子ども観，指導や評価のあり方を解説し，読者がそれらの基礎的な視点から図画工作科教育について考えを深めていくことをねらいとしている。ここで読者に考えてほしい問いは，次のようなものである。図画工作科はなぜ学校で必要なのか，子どもの造形表現や鑑賞活動は発達的にどのように変化するのか，図画工作科は学校教育においてどのような歴史的変遷を辿ったのか，新学習指導要領はどのような図画工作科の学習指導のあり方を示しているのか，図画工作科教育における評価にはどのような特質と方法があるのか。これらの問いを手がかりに図画工作科教育の門戸を開いていってほしい。

　第Ⅱ部「初等図画工作科の指導実践」では，図画工作科の指導実践について具体例を通して学ぶことをねらいとしている。図画工作科の内容は，造形遊びをする活動，絵に表す活動，立体に表す活動，工作に表す活動，鑑賞の活動である。それぞれの学習活動にはどのような意義があるのか，各学年の学習内容においてどのような特質があり，具体的にどのような指導事例があるのか，そして，図画工作科の指導計画はどのように作成するのか，という問いについて考え，具体的な実践を思い浮かべながら探求することを期待している。

　第Ⅲ部「これからの初等図画工作科」では，図画工作科教育の課題とともに新たな取り組みや展望に

ついて学ぶことをねらいとしている。地域や社会と連携した図画工作教育にはどのような取り組みがあるのか，図画工作科教育を幼児教育や中学校教育とどのようにつなげるのか，文化としての芸術と初等教育のかかわりをどのように現場に生かしていくのか，という基本的な問いをもとにして実践の広がりに想像力を働かせることを期待している。

各章末の「Exercise」は，それぞれの章で学んだ内容をふり返り，読者自身の考えをさらに深め，発展させるものである。そして「次への一冊」にあげられた文献をぜひ図書館や書店で探し，本書を通して抱いた問いについて考えを広げ，自らの答えを主体的に探求していくことを願っている。

小学校では，第4学年くらいまでの多くの児童が図画工作科を好きな教科と捉えているのに対し，教師が図画工作科を好きな教科として捉えている割合は低く，児童と教師の間に教科に対する意識のズレがあるとされている。小学校では一部教科担任制をとっている地域もあるが，基本的に学級担任が全教科を指導する。本書を手にしている読者のなかには，図画工作科や美術科が得意で好きだった人もいれば，苦手で嫌いだった人もいるだろう。どちらの場合もこれからの教育実践に生かすことができる貴重な経験である。得意で好きだった人は，自らの経験を図画工作科の面白さや魅力を児童に伝えることに生かせるだろう。一方，苦手で嫌いだった人は，同じ意識に悩む児童に寄り添い，その気持ちを理解してともに学び合う姿勢を示すことで自らの経験をぜひ生かしてほしい。そして，本書が皆さんのこれからの図画工作科教育の実践に生かされ，多くの児童が図画工作科の学習を通して造形的な見方・考え方を身につけ，生涯にわたって楽しく豊かな生活を創造できることになるならば，本書の編者としてこのうえない喜びである。

最後に，本書の編集と刊行に際して，何度もつくばまでお越しいただいて適切な助言や対応をしていただき，たいへんお世話になったミネルヴァ書房編集部の河野菜穂氏に心からお礼を申しあげたい。

2018年9月

編著者を代表して　石﨑和宏

目 次

監修者のことば

はじめに

第Ⅰ部　初等図画工作科の基礎的視点

第1章　図画工作科教育の意義とねらい ……………………… 3

1　図画工作科教育の意義と課題 ……………………………… 3
2　子どもの美術の発見と図画工作科教育の広がり ………… 7
3　新しい能力観と図画工作科教育 …………………………… 10

第2章　子どもの造形表現と鑑賞の発達 …………………… 15

1　能力と発達 …………………………………………………… 15
2　造形表現能力の発達 ………………………………………… 17
3　鑑賞能力の発達 ……………………………………………… 24

第3章　図画工作科教育の変遷 ……………………………… 27

1　教科名の変遷 ………………………………………………… 27
2　戦前・戦中期 ………………………………………………… 28
3　昭和20年代──占領下生活主義美術教育時代 …………… 32
4　昭和30・40年代──構造化・高度化美術教育と民間美術教育運動時代 … 33
5　昭和50年代〜──総合化・精選化美術教育時代 ………… 35

第4章　図画工作科の学習指導 ……………………………… 39

1　新学習指導要領とこれからの図画工作科学習 …………… 39
2　図画工作科の学習活動 ……………………………………… 42
3　図画工作科の指導と支援 …………………………………… 45
4　図画工作科の学習指導の充実へ向けて …………………… 46

第5章　図画工作科における評価 …………………………… 49

1　図画工作科の特質を生かした評価 ………………………… 49
2　図画工作科における評価の実際 …………………………… 50
3　第1学年〜第2学年における評価の実践例 ……………… 52
4　第3学年〜第4学年における評価の実践例 ……………… 55
5　第5学年〜第6学年における評価の実践例 ……………… 58

第Ⅱ部　初等図画工作科の指導実践

第6章　造形遊びをする活動と指導実践 ………………………………65
1　学習活動の意義 …………………………………………………65
2　学習の内容と特質 ………………………………………………68
3　指導実践 …………………………………………………………70

第7章　絵に表す活動と指導実践 …………………………………………77
1　学習活動の意義 …………………………………………………77
2　学習の内容と特質 ………………………………………………80
3　指導実践 …………………………………………………………82

第8章　立体に表す活動と指導実践 ………………………………………89
1　学習活動の意義 …………………………………………………89
2　学習の内容と特質 ………………………………………………94
3　指導実践 …………………………………………………………97

第9章　工作に表す活動と指導実践 ……………………………………101
1　学習活動の意義 ………………………………………………101
2　学習の内容と特質 ……………………………………………103
3　指導実践 ………………………………………………………106

第10章　鑑賞の活動と指導実践 …………………………………………113
1　学習活動の意義 ………………………………………………113
2　学習の内容と特質 ……………………………………………115
3　指導実践 ………………………………………………………117

第11章　図画工作科の指導計画 …………………………………………127
1　指導計画を立ち上げる前に確認したいこと …………………127
2　各学年の指導の充実を図るために——指導計画の作成 ………130
3　授業をつくる——図画工作科の学習指導案 …………………134

第Ⅲ部　これからの初等図画工作科

第12章　図画工作科教育の新たな取り組み ……………………………143
1　図画工作科における「主体」とは ……………………………143
2　地域と連携した図画工作科の展開 ……………………………146

3 社会とつながる図画工作科 149

第13章　図画工作・美術教育の課題と展望 155

1 幼児教育とのつながり 155

2 中学校教育とのつながり 157

3 芸術に基づいた教育 160

4 芸術家としての教師 164

小学校学習指導要領　図画工作／中学校学習指導要領　美術／幼稚園教育要領
索　　引

第 I 部

初等図画工作科の基礎的視点

第1章
図画工作科教育の意義とねらい

〈この章のポイント〉

　芸術を教育の中心に据えた学校の実践成果は，芸術教育の本質的な意義を示唆し，現代の視覚文化や子どもの表現の変容は，図画工作科教育に新しい課題を投げかけている。また，図画工作科教育のねらいとして創造性や個性が重視されるようになった背景には，子ども観の変遷があった。今後の図画工作科教育では，これからの新しい時代に対応するコンピテンシー形成や新学習指導要領で目指す資質・能力の育成に向けた取り組みが求められる。本章では，芸術教育の必要性にかかわる議論や理念的な背景，教育改革の動向などを踏まえながら図画工作科教育の意義とねらいについて学ぶ。

1　図画工作科教育の意義と課題

1　芸術を教育の中心に据えた学校からの示唆

　現代社会においてグローバル化や流動化がますます加速するなかで，それらにともなう複雑な問題にうまく対処できる資質・能力の育成が緊急の教育課題となっている。その資質・能力を子どもたちにどのように育むのかは，2017年3月に告示された新学習指導要領において根底にある問いである。そうした新しい能力を求める背景にはOECD（経済協力開発機構）が提唱する「コンピテンシー」の概念の影響が大きい。また，教育学の視点から佐藤（2003）は，グローバリゼーションによる産業主義社会からポスト産業主義社会に移行する現代では，学校が担うリテラシーの教育は，批判的で反省的な思考力とコミュニケーション能力の教育として再定義されることが必要であるとしている。そして，芸術教育の分野でもエフランド（A. Efland）は，現実に対応して知識を活用する心の特性としての認知的柔軟性（cognitive flexibility）が，芸術のような複雑で構造化されにくい分野での学習でこそ形成されることに注目する（エフランド，2011）。そのような視点は，複雑な問題にうまく対処するためのコンピテンシー形成の文脈での芸術教育の位置づけを明確にするだろう。また，芸術体験がもたらす転移効果に注目して学校における芸術教育の必要性の根拠が議論されている（リッテルマイヤー，2015）。そこで本節では，芸術を学校のカリキュラムの中心に据えて教育実践したアメリカの事例を再考しつつ，図画工作

▷1　コンピテンシー（competencies）
OECDが提唱するコンピテンシーの概念は，ある文脈での複雑な要求に対し，心理的・社会的に必要なもの（認知的側面・非認知的側面の両方）を活用してうまく対応する力とされている（ライチェン・サルガニク，2006年，65ページ）。

第 I 部 初等図画工作科の基礎的視点

▷2　Arts IMPACT

IMPACT とは，Interdisci-
plinary Model Program in
the Arts for Children and
Teachers の頭文字で，芸
術教科を中心とした統合的
なカリキュラムモデルの意
味である。1960年代の米国
で教育予算の削減などによ
り，各地で芸術教科が大幅
に削られた動きに対して，
1970年に100万ドルの基金
を受けてオハイオやペンシ
ルバニアなどの五つの州で
IMPACT のプロジェクト
が実施された。

科教育の意義と課題を考えていきたい。

　1970年代のアメリカで Arts IMPACT と呼ばれる芸術教科を中心とした統
合的なカリキュラムモデルを実践するプロジェクトが実施され，それらの学校
におけるアカデミックな教科の成績向上が注目された。オハイオ州コロンバス
市では，筆者が参観した1999年の時点でも小学校 2 校，中学校 1 校で引き継が
れており，そこでの実践にはまさに強いインパクトがあった。

　Arts IMPACT の中学校のハワード（G. Howard）先生は，Arts IMPACT の
魅力は，何よりも芸術教科（美術，音楽，演劇，ダンス）を中心として統合的で
弾力的なカリキュラムを編成している点であると強調した。この中学校では，
各学年とも毎日午前中の一コマ（65分）は 3 ～ 4 週間をひとまとまりとした芸
術教科，あるいは芸術教科と他教科とを関連させたプロジェクトの時間帯で
あった。参観し始めた時は，ちょうど日本文化をテーマとした学習が行われて
おり，生徒たちはインターネットで日本の情報を収集し，墨絵や魚拓，俳句な
どを制作していた。最終日には保護者や市の教育委員を招待し，茶会を催して
自分たちの学びを披露した。美術，演劇，社会，情報の各担当教師の連携によ
る 4 週間の学習プロジェクトで集中して学ぶ生徒の姿はたいへん意欲的であった。

　Arts IMPACT で特筆されるのは，芸術教科以外の指導においても指導方法
として芸術的要素を積極的に取り入れている点である。Arts IMPACT の小学
校の第 5 学年担任のフィッシャー（Fisher）先生は「芸術を取り入れるのが一
番効果的だから」と明快に語った。この小学校への入学は抽選で決められ，才
能ある児童が集められたわけではないが，1993年にオハイオ州のベストスクー
ルに選ばれ，さらに到達度テストの得点も1996年に市内でトップとなったこと
で脚光を浴びたという。芸術的要素を活用して国語や算数，理科などのアカデ
ミックな教科の成績が良くなったことは，学校での芸術教科の存在意義として
市民にもわかりやすい根拠となるかもしれない。しかし，それは芸術教育をア
カデミックな教科のための副次的な存在にしてしまうおそれがあり，芸術教育
の本質的な意義とは必ずしも言えない点に注意しなければならない。芸術を通
して子どもたちの学びが主体的になったことが重要なポイントである。

　また，Arts IMPACT の小学校で驚いたことの一つは，1 クラス25人の児童
に対する芸術教科をコアとした授業が，芸術教科の担当教師とクラス担任の計
5 人のティーム・ティーチングによって行われ，きめ細かな指導が実現してい
たことである。例えば，第 1 学年では，芸術教科（図画工作，音楽，演劇，ダン
ス）の教師たちが探検隊の姿になり，地図を読み取りながら楽しく学校内を探
検し宝物探しをする授業があった。地図には，習ったばかりの歌を廊下で歌い
ながら行進し，「5 フレーズ歌い終わったところで右に曲がる」や，「大きなク
レヨンの模型の長さの10本分の距離を進んだところで左に曲がる」などが書か

4

れており，芸術教科の教師が児童の前で楽しそうに実演した。児童と教師は，最終的に演劇の教室に辿り着き，そこにスポットライトが当てられた大きな宝箱を発見した。教師は「中の宝物は何か？」を児童に想像させ，子犬やお菓子，人形などの声があがった。しかし，宝箱から出てきたものは，丸い鏡であった。教師がその鏡を児童に向けて見せ（図1-1），「何が見える？」と尋ねると，尋ねられた児童は「私（Me!）」と答えた。宝物は「私」なのである。その場面は，演劇のクライマックスを見るようで感動的であった。学校内を探検して施設に親しむというプロセスに，算数での測定や音楽でのリズム，そして自尊感情の育成など，細やかなねらいと指導方法がこの統合的なカリ

図1-1　「宝物は何？」第1学年
出所：筆者撮影。

キュラムに込められており，担任と芸術教科の教師たちの工夫が随所に凝らされていた。

　一方，Arts IMPACT における最大の課題は教師間の相互理解だとハワード先生は言う。彼女は他の教師のために年間48時間以上の研修会を設けるなど，強いリーダーシップをとっていた。コロンバスの Arts IMPACT の成功の背景には，彼女のような芸術教科担当教師のパワーが必要なのである。

　Arts IMPACT の事例に限らず，アメリカでは芸術教育の取り組みとアカデミックな教科の能力との相関に対する関心は高い（Fiske, 1999）。一方，ウィナー（E. Winner）らは，芸術教科の学習とアカデミックな教科の学習の間に関連があるのかという問いは興味深いテーマであるが，その因果関係を裏づけるエビデンスは見つかっていない点を指摘し，慎重な姿勢を示している。つまり，芸術教育は他のアカデミックな教科を学習する動機づけの手段となり，両者の相関関係を示す研究はあるが，両者の因果関係を根拠づける研究は不十分であるとしている。ウィナーらは，「芸術が芸術以外の教科に役立つという観点から芸術を正当化すべきではなく，芸術は芸術それ自体が重要なもの」であり，「芸術教育が，汎用性の高い『学びの技』，すなわち観察する能力，粘り強く取り組む能力，試してみる能力，他者の視点に立つ能力，振り返ったり評価したりする能力などを育むことを明らかにするためには，より多くの，より良い研究が必要である」としている（OECD 教育研究革新センター，2016，3〜4ページ）。

　芸術を教育の中心に据えた学校での実践成果が示唆することは何か。芸術を教育の方法として活用すれば他のアカデミックな教科の成績が良くなるということではなく，芸術がさまざまな学習の媒介になることの根底にある教育的な意義を注視すべきである。つまり，芸術を通して子どもたちの主体的で意欲的

第Ⅰ部　初等図画工作科の基礎的視点

な思考と活動が促されるところに芸術教育の本質的な意義がある。

　一方，教育の対象となる芸術は複雑で構造化されにくい分野であり，教育としての意義を明確に示すためにはさまざまな難しさが図画工作科教育に内在する。次に図画工作科教育が内包するジレンマに着目して課題を考えていきたい。

２　視覚文化と図画工作科教育をめぐるジレンマ

　21世紀に入り美術教育で扱う対象を視覚文化[3]という広い範疇で捉え，それを積極的に取り込もうとする考え方が広がりつつある。現代の子どもたちにとって日常と結びついたリアリティある対象は，従来の絵画・彫刻・デザイン・工芸という視点だけで収めることが難しく，広告やファッション，マスメディア，SNSなどで拡張し変化する対象も捉えることになる。そうした視覚文化を学習の対象として美術教育に取り込むことが時代の変化に対応する視点の一つとなるが，その具体化には困難な点も多い。石井・福本（2005）は，中学生が身の回りの対象の文化的・社会的意味を必ずしも深く考えているわけではなく，視覚文化が皮相的なレベルで捉えられている実状を意識調査から指摘している。中学生に限らず小学生を含めて子どもたちは，多様な視覚文化に取り囲まれている日常において，その対象の裏側や背景について必ずしも主体的に考えているとは言えない。皮肉にもそのような状況にある日本の子どもたちにとってこそ，視覚文化を取り入れることの意義は大きくなるのだが，日本の美術教育の文脈でそのような批評眼を育成する具体策はまだ模索中である。

　一方，多様な視覚文化に囲まれる児童の感覚において，生活のリアリティが希薄になっているのではないかという危機感が報告されている。三沢（1998）は，1981年と1997年の児童の絵の調査を比較して，日常のリアリティが薄れている状況を指摘している。児童が描いた家の大きさが以前に比べて約3分の2と小さくなり，第5学年〜第6学年になっても図式的表現や，単純な線で記号化・簡略化された人，顔のない人が目立ち，実在感の薄い人間像が多く描かれ，それらを「誰でもない人」と答える児童が多かったという。さらに，破壊と攻撃が描かれる絵が目立ち，絵の中の血を噴いた人やナイフ，ギザギザな木などから児童の潜在的な衝動性が示唆されるという。

　以上のように従来の図画工作科教育で扱ってきた日常の対象への児童のリアリティの感覚が薄れるなか，児童にとって身近でリアリティのある対象である視覚文化を図画工作科教育に取り込む意義は大きい。しかし，それらに対する児童の思索が表層的な部分でとどまりがちであり，意味や背景の解釈にまで深めさせることが簡単ではないという難しさに教師は向き合わなければならない。

　次に子どもの描画表現に目を向けると，図式的表現から写実的表現へ移行する時期は発達的に思春期にさしかかる小学校第5学年〜第6学年頃と考えら

▷３　視覚文化（Visual Culture）
ヴィジュアル・カルチャーと訳されることも多く，人の想像力などによって制作された視覚に訴える作品やイメージ，メディア，パフォーマンスなどのうち，美的目的やその他の目的をもって機能を果たすものを総称する（ウォーカー・チャップリン，2001，2ページ）。

れ，とくに写実的表現の獲得は多くの子どもにとって大きな壁となっている。ローウェンフェルド（V. Lowenfeld）が思春期での視覚型と触覚型，その中間型という類型論を提示したことは，表現における写実性が唯一の基準ではないことを示唆するものであったが（ローウェンフェルド，1963），子どもも大人も写実表現の束縛から解放されることは難しい。また，デイヴィス（J. Davis）が指摘した描画表現のU字型発達の知見[4]（Davis, 1997）も，思春期における子どもの描画表現の低迷現象を改めて示すものとして注目された。

　一方，カナダに住む中国系の子どもたちを対象として追試が行われ，評定をアメリカ人と中国人で行った結果，アメリカ人の評定ではU字型発達となり，中国人の評定ではU字型発達にならなかったことが示された（Pariser & Van den Berg, 1997）。このことは子どもの表現の解釈が文化的文脈にかかわっていることを示唆し，思春期での表現の危機の解釈はより複眼的な視点が求められる。また，鑑賞においても直線的な発達段階論が再考され，その限界を補う弾力的な発達モデルが検討されている（石﨑・王，2006）。

　上述したような描画表現における発達的な変容は，一般に普遍的な特性として説明されてきたが，発達は単一的，固定的なものではなく，文化的な文脈や多様な価値観を考慮して再考するとその多義的な面に戸惑うかもしれない。そのような不確定性を内包する図画工作科教育の実践では，拡張する視覚文化を取り込みつつ，いかに基礎基本となるスキルを児童に習得させられるのか，また，美術の複雑な構造を捨象せずに，いかに美術の本質を児童に理解させられるのか，というジレンマに教師は向き合うことになる。そして，表現の危機の背景にある固定的な価値観をいかに崩し，児童の柔軟な思考力を促すかは，図画工作科教育の本質的な問いであり課題である。

2　子どもの美術の発見と図画工作科教育の広がり

1 創造的自己表現の開拓

　今日，私たちが図画工作科教育を含めて広く美術教育の目的を考える時，いわゆる「美術の教育」と「美術による教育」[5]という二つの視点が対比される。もちろん，両者は完全に分離するものではないが，今日の普通教育としての小・中学校での教育実践は，「美術による教育」の視点に基づくところが大きい。この「美術による教育」の視点は，20世紀になって次第に広がったものである。当初，学校での美術教育は，正確な描写力と技術の習得に重点が置かれた「美術の教育」の視点であった。それに対して，子どもの個性や創造性に着目しつつ，創造的自己表現を通して人間形成をはかる美術教育が次第に主張さ

▷4　描画表現のＵ字型発達
描画表現の発達がUの字のように変化する現象をいう。デイヴィスは，描画表現を表現性，バランス，線の質，構成の四つの観点から評定し，その評定値が5〜8歳にかけて下降し，8〜11歳で横ばいになり，11歳以降で再び上昇するU字型発達を指摘した。また，11歳以降で上昇するのは専門家を志す子どもや成人アーティストが多く，大半の子どもや一般成人は8〜11歳のレベルが継続するL字型発達であるとしている。

▷5　「美術の教育」と「美術による教育」
「美術の教育」は美術そのものを習得することを最優先の目的とし，専門家を養成する専門教育で重視されてきた視点である。一方，「美術による教育」では，あくまでも人間形成を最優先の目的として重視し，美術活動をその目的達成のための媒介と考える視点である。

れるようになった。その展開に重要な役割を果たした先駆者としてオーストリアのチゼック（F. Cizek, 1865～1946）があげられる。チゼックは，美術の創造的な自己表現活動を通して人間形成をはかるという美術教育の目的をいち早く主張し，実践したことで，現代の美術教育に大きな影響を与え，「美術教育のパイオニア」と呼ばれている。そのチゼックは，どのような美術教育の理念を重視していたのだろうか。まず，彼の子ども観について見ていきたい。

　チゼックは，子どもは独自の創造力を秘め，その力は無理のない自然な環境で有機的に発達すると考えた。この子ども観は，当時の一般的な見方と対立するもので，多くの美術教師は「子どもは空っぽの樽」と捉え，その樽に水を注ぐのが教師の役目と考えていた。それに対しチゼックは「子どもは沸騰したやかん」と捉え，そのやかんのふたを開けて蒸気を外に出してあげることが教師の役目と主張した。そして，思春期までは子どもへの抑圧を最大限に取り払い，沸き出すような創造力を解き放つことを目指した。「子どもたち自身によって成長させ発展させ，成熟させよ」（ヴィオラ，1976，18ページ）というチゼックの言葉に象徴される子ども観は，戦後の日本の創造美育運動などを通して多くの教師が共感し共有してきた。このような子ども観に立つチゼックは，子どもの自然な成長が促されれば，その創造力は将来のさまざまな職業で生かされると考え，創造力豊かな人間形成に向けた美術教育を実践したのである。

　チゼックの美術教育を今日改めて見直すと，創造的な自己表現を重視した背景に子どもからの芸術改革の構想があった点も注目される（石﨑，1992）。子どもたちが創造的に育てられれば，芸術を適切に判断できる鑑賞者となり，それによって芸術そのものの水準も向上し，社会における芸術的基盤の形成につながると彼は考えていた。つまり，彼は創作者としての子どもの資質の向上だけでなく，鑑賞者として芸術を受容する一般市民となるための資質向上も意図していた。また，当時の美術界において表現主義の画家たちは，表現の根源を本能的なものや内面感情に求め，子どもの美術表現や原始美術に注目していた。チゼックも1920年代のウィーン美術工芸学校の学生への教育では，表現主義などの近代美術の表現方法を援用していた。内面を発露する感情や感覚の表出から創造表現へと発展させる彼の教育方法には，子どもの美術表現に対する認識が反映されていたと推察される。チゼックも芸術創造の根源的なよりどころを子どもの美術のなかに認めていたのである。さらに，彼は芸術の革新が子どもの創造的自己表現の育成から広がることを期待していた。

　このような創造的自己表現を重視したチゼックの美術教育には，「美術による教育」という視点の広がりを現代にもたらした意義があったといえる。また，子どもから能力を引き出す教育理念をいち早く提起したことも特筆される。そのようなチゼックの美術教育は，同時代の既成概念にとらわれずに時代

を先取りした試みだった。しかし，子どもの資質や能力に応じて指導の多様化をはかったチゼック自身も当時やり残したことは少なくなかっただろう。彼の理念は現在，十分に実現されているだろうか。私たちはチゼックの探求した理念を知識として共有していても，今日のさまざまな状況に柔軟に対応できているか常に再考し続ける必要があるだろう。学校では，時間数や教師数，そして学習指導要領との関連から制約される面が多い。しかし，小学校においても制度や施設の制約を乗り越えて教師が工夫し続けることが鍵となる。今，チゼックの理念と実践の軌跡を再考して，時代を超えて私たちに気づかせてくれることが何かについて柔軟に考え続けることを忘れてはならない。

２ 視覚イメージと言葉の相互作用

今日，学校教育には基礎能力としてのリテラシー形成とともに，複雑化する社会に対応する汎用性のある能力としてのコンピテンシーの育成が求められている。つまり，従来の教育が基礎能力としてのリテラシー形成を中心としてきたなかで，コンピテンシーという新しい能力の育成をどのようにバランスをとって実現できるかが問われている（松下，2010）。ただし，本田（2005）が指摘するように，知識量や同質性を求めてきた学校教育において，個性や多様性，創造性を求める「ポスト近代型能力」を育成することには，構造的な難しさがあると言える。

一方，美術教育におけるリテラシーやコンピテンシーをどのように捉えるのかという問いも難しい（石﨑・王，2014）。例えば，視覚イメージを読み解き，つくり出し，変形する能力や姿勢をイメージリテラシーとし，言葉に還元されない視覚イメージとその独自な意味伝達能力に着目する考え方がある。また，絵画とテキストの相互作用が表現そのものを成り立たせるという視点から，視覚イメージと言葉の相互作用のかかわりに注目して教科を超えた統合カリキュラムへの方向性を提唱する考え方もある。すでに現代アートや大衆文化では視覚イメージと言葉が相互作用し，新しい不確実性を生み出し，それによって視覚イメージがより深く掘り下げられている。そして，児童が視覚イメージと言葉を融合させた多様な描画表現を描画のレパートリー[6]と再定義し，直線的な発達段階論を超えて柔軟に描画能力を捉えようとする視点もある。

現代の視覚文化は，アニメや漫画，広告を含めてすでに視覚イメージと言葉との相互作用で生成されている。視覚文化での視覚イメージと言葉の境界は曖昧かつ流動的であるものも多いが，子どもはその表現に魅了され，視覚イメージと言葉のツールを柔軟に取り入れている。図画工作科教育に視覚文化を取り込む意義の一つは，視覚イメージと言葉を相互作用的につなげるプロセスを内包できる点にあると考える。今後，そのような取り組みを積極的に具体化する

▷6　描画のレパートリー（pictorial repertoires）子どもが他者とのコミュニケーションに応じて使い分ける複数の描画表現のバリエーションのことであり，ウォルフとペリー（Wolf & Perry, 1988）は，12歳の子どもが，鳥小屋を図示する場合，理科の観察で描く場合，展覧会に出品する場合のそれぞれで鳥を描き分けている例をあげている。また，キンドラー（Kindler, 1999）は，子どもの特別な目的やニーズ，強い関心，個性などがレパートリーの形成要因となっており，言葉と視覚イメージの融合がレパートリーを多様にしている点に注目している。

第Ⅰ部　初等図画工作科の基礎的視点

実践が求められるのではないだろうか。また，視覚イメージと言葉が相互に働き，影響し合うことは，児童の経験を豊かにするだけではなく，多様化する美術の多義的な表現やメタファーについて柔軟に思考する力を育み，コンピテンシー形成に深くかかわる営為ではないだろうか。

　視覚イメージと言葉がどのように働くのかを考える際，芸術をカリキュラムの中心に据えた学校での成果に対して，その根拠として脳研究の知見が関連づけられたことは示唆的である。それは，左脳半球は言語や数学の技能を含む分析能力が優位であるのに対して，右脳半球は視空間能力において優位であるという脳半球機能分化の知見である（Williams, 1977）。脳研究によると，左脳半球は，言語，読み，書字，計算という伝統的なリテラシーにかかわる学習の機能をもつ。一方，美術を含む視覚情報の基本的な処理は，一般に右脳半球によって行われると考えられてきた。脳科学や認知科学などの研究成果によって，美術の知覚と認知の相互作用モデルが示され，脳のなかのいくつかの部分が同時に働くと考えられている（ソルソ，1997）。仮説の域を出ないが，視覚イメージにかかわる右脳と言語や数学の技能にかかわる左脳のつながりを積極的に活性化することが，効果的な学習に寄与するのであれば，図画工作科教育において，ある視覚イメージを手がかりにして言葉や複数の認知的なスキルを同時に用いる営為は，包括的な力を引き出す方策としての可能性をもつだろう。

3　新しい能力観と図画工作科教育

1　新時代に対応するコンピテンシーの育成とメタ認知

　新しい時代に対応する能力としてのコンピテンシーは，ある文脈での複雑な要求に対して認知的側面と非認知的側面の両方を活用してうまく対応する包括的な能力とされている（ライチェン・サルガニク，2006）。知識やスキルなどの認知的側面と，直観や創造，感情などの非認知的側面との包括的な相互作用は，芸術の本質的な活動を支えるものである。その包括性は，芸術を教育の基礎として感性と知性の統合を唱えたリード（H. Read）の「芸術による教育」（Education through Art）の視点と重なるものである（リード，2001）。芸術を通した統合的で柔軟な思考は，コンピテンシーの育成に寄与する重要なポイントである。では，どのようにしてその柔軟な思考を促すことができるだろうか。近年注目されているのが，思考プロセスを自ら把握して問題解決にフィードバックさせるメタ認知である。メタ認知は学習力を支える高い次元の認知として注目されており，その促進は学習に対する基本的な姿勢や考え方，感じ方，動機づけに働きかけ，積極的な学習を可能にすると期待されている（三宮，

▷7　メタ認知（Metacognition）
自分の知覚や記憶，学習，思考などの認知活動を自らふり返り，コントロールすること。一般にメタ認知は，メタ認知的知識とメタ認知的活動が相互的に機能するとされ，メタ認知的知識は，人の認知的特性，課題，方略についての知識に分けられる。

2008)。図画工作科教育の場合も，児童の表現や鑑賞の活動においてメタ認知を積極的に促すことを教師の指導方法の一つとして注目したい。

　小・中学校の児童生徒は，熟達プロセスから見るとその初期段階の初心者に位置づけられ，メタ認知的支援は初心者にとってとくに有効とされている。熟達者はメタ認知的活動をすでにある程度行っているのに対して，初心者ではメタ認知的支援によってメタ認知的活動が飛躍的に増加するためである。さらに，メタ認知的活動は，児童生徒が自らの活動を客観的に見直して修正し，知識の再構成を促すとされている（三宅ほか，2002）。また，さまざまな場面で活用できる汎用性のあるコンピテンシーを育成するために，メタ認知的モニタリングを積極的に促すことで学習の転移が促される。

　図画工作科の学習でのメタ認知は，児童が自らの表現や鑑賞の活動をふり返りながら，それらの活動を深めるために役立つ知識やスキルを効果的に活用してフィードバックするプロセスである。その際に知識やスキルを多様に増やし，状況に応じてそれらを選択できるようになると，それらをメタ認知に活用できるようになり，主体的な表現や鑑賞が促されると期待される。鑑賞活動の場合でメタ認知を考えてみよう。自分がどんな鑑賞をしているのかについて意識的にふり返り，どんな工夫をするともっと鑑賞が深まるのかを考え実行していくことである。その際，作品のどの要素（主題，表現性，造形要素，スタイル）に注目し，どのような行為（連想，観察，感想，分析，解釈，判断）をするのか，という点からの鑑賞スキルの見方（石﨑・王，2006）をメタ認知的知識として活用すると，児童も教師も鑑賞活動をモニタリングしやすくなり，コントロールを促すことになるだろう（図1-2）。

▷8　学習の転移
前に学習したことが次の学習に影響すること。学習が促進される正の転移と阻害される負の転移に分けられる。

　図画工作科の指導において児童のメタ認知を積極的に促すことは，柔軟な思考とともに主体的な学びを実現させていくための重要な観点となるだろう。

2　今後の図画工作科教育の方向性

　ますます多様化しグローバル化する今後の社会では，困難と思える課題を柔軟に解決していく力がいっそう求められる。そうしたなかで図画工作科教育を通して既成概念にとらわれない柔軟な思考を促し，コンピテンシーとなりうる力を育むことの意義は大きい。そうした視点からの美術教育界での模索はすでに世界的な潮流となっており，欧州では各国の研究者が連携して「視覚リテラ

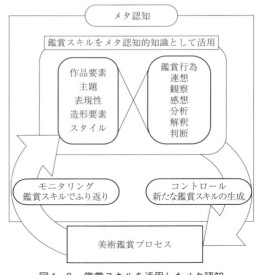

図1-2　鑑賞スキルを活用したメタ認知
出所：筆者作成。

▷9 InSEA (International Society for Education through Art)
1954年に設立された美術教育の国際学会で，ユネスコ（UNESCO）と連携する民間組織である。学会誌を年に3回刊行し，世界会議が第34回（韓国，2017年）までは3年ごとに開催されたが，2年ごとに変更された。2008年に大阪で第32回世界会議が開催されている。

▷10 中央教育審議会
文部科学大臣の諮問機関で，教育や学術，文化に関する政策を審議して提言する。おおよそ10年ごとの学習指導要領の改訂の前に改善や方策などについて答申している。

▷11 アクティブ・ラーニング
学習者が能動的に学習する方法の総称。知識の活用や問題解決を目的とした活動中心の授業スタイルで，フィールドワークやプレゼンテーション，ディベート，実験・実習などを取り入れた学習などがある。

シーのための欧州ネットワーク（ENViL）」をつくり，視覚リテラシーと関連づけたコンピテンシーの研究を積み重ね，学校のカリキュラムモデルづくりが進められている。また，2017年8月に開催されたInSEA[9]（国際美術教育学会）世界会議での基調講演や研究発表でも美術教育におけるコンピテンシーに基づくカリキュラムづくりは重要な論点となっていた。

　新学習指導要領では，何ができるようになるかという視点から資質・能力が強調され，それはコンピテンシーに注目する世界の動向と呼応するものである。その新学習指導要領の改訂に際しての中央教育審議会[10]の答申で，資質・能力の三つの柱が次のように示されていた（中央教育審議会，2016，28～31ページ）。

　(1)「何を理解しているか，何ができるか」（生きて働く「知識・技能」の習得）
　(2)「理解していること・できることをどう使うか」（未知の状況にも対応できる「思考力・判断力・表現力等」の育成）
　(3)「どのように社会・世界とかかわり，よりよい人生を送るか」（学びを人生や社会に生かそうとする「学びに向かう力・人間性等」の涵養）

　こうした資質・能力の柱を図画工作科教育の文脈でどう具体化するかが，今後の教育現場で抱える急務の課題とも言える。

　また，その学習過程をアクティブ・ラーニング[11]（主体的・対話的で深い学び）としてどのように実現するかが，求められている。図画工作科教育ではすでに多くの教師が児童の主体的な活動を重視した実践を試みているが，表現や鑑賞の活動にかかわるグループワークやロールプレイ，討論などで，さまざまな価値や問題を複眼的に思考するように促す工夫が重要となってくる。芸術だけではなく，文化や歴史，規範，経済などのさまざまな観点や価値につなげて多様な見方と考え方から対話を促す学習は，教科横断的な汎用的スキルの形成に貢献する挑戦的な試みになるものと言えよう。そして，図画工作科教育において児童の柔軟な思考力を育成するための具体的方策を教師自身がいかに柔軟に思考し続けるかが，常に問われている。

Exercise

①　なぜ学校で図画工作科を学ぶのかを考えてみよう。
②　図画工作科教育において創造的自己表現や個性を重視する背景には，児童をどのような存在と捉える観点があるのかを説明してみよう。
③　図画工作科教育が新しい能力観とどのように関連するのかを考えてみよう。

第1章　図画工作科教育の意義とねらい

📖次への一冊

石﨑和宏『フランツ・チゼックの美術教育論とその方法に関する研究』建帛社，1992年。
　　美術教育のパイオニアとしてのチゼックの教育理念と方法を体系的にまとめてあり，創造的自己表現を重視する美術教育の原点が理解できる。
エフランド，A.，ふじえみつる監訳『美術と知能と感性──認知論から美術教育への提言』日本文教出版，2011年。
　　美術教育にかかわる認知論を辿りつつ，構造化されにくい美術の学習がもたらす認知的柔軟性や知識の統合，想像力，感性について提言する。
OECD教育研究革新センター，篠原康正・篠原真子・袰岩晶訳『アートの教育学──革新社会を拓く学びの技』明石書店，2016年。
　　芸術教育がなぜ子どもにとって重要であり，大切にしなければならないのかについて，私たちに対話と根拠に基づいた議論を問題提起する。
松下佳代編『〈新しい能力〉は教育を変えるか──学力・リテラシー・コンピテンシー』ミネルヴァ書房，2010年。
　　新しい能力観としてのコンピテンシーをどのように捉えるかをその原理や背景，歴史から多面的に理解することができる。
リード，H.，宮脇理・岩崎清・直江俊雄訳『芸術による教育』フィルムアート社，2001年。
　　教育の目的を個人の特性の発達の促進と，社会との有機的な調和とし，芸術を教育の基礎として感性と知性の統合を唱えた芸術教育論の名著である。

引用・参考文献

中央教育審議会「幼稚園，小学校，中学校，高等学校及び特別支援学校の学習指導要領等の改善及び必要な方策等について（答申）」2016年12月21日。
Davis, J., "Drawing's demise: U-shaped development in graphic symbolization," *Studies in Art Education*, 38(3), 1997, pp.132–157.
エフランド，A.，ふじえみつる監訳『美術と知能と感性──認知論から美術教育への提言』日本文教出版，2011年。
Fiske, E. B. (Ed.), *Champions of change: The impact of the arts on learning*, Arts Education Partnership, 1999.
本田由紀『多元化する「能力」と日本社会──ハイパー・メリトクラシー化のなかで』NTT出版，2005年。
石井理之・福本謹一「中学生のヴィジュアル環境と美術教育との関わりについての予備的考察」『美術教育学』26，2005年，45～63ページ。
石﨑和宏『フランツ・チゼックの美術教育論とその方法に関する研究』建帛社，1992年。
石﨑和宏・王文純『美術鑑賞学習における発達とレパートリーに関する研究』風間書房，2006年。
石﨑和宏・王文純「子どもの芸術的なコンピテンシー──イメージとことばを相互作用的につなげる力」玉川信一・石﨑和宏編『アートでひらく未来の子どもの育ち』明石書店，2014年，298～320ページ。
Kindler, A. M., "'From endpoints to repertoires': A challenge to art education," *Studies*

in Art Education, 40(4), 1999, pp.330-349.

ローウェンフェルド，V.，竹内清・堀ノ内敏・武井勝雄訳『美術による人間形成』黎明書房，1963年。

松下佳代編『〈新しい能力〉は教育を変えるか──学力・リテラシー・コンピテンシー』ミネルヴァ書房，2010年。

三沢直子『殺意をえがく子どもたち』学陽書房，1998年。

三宅なほみ・三宅芳雄・白水始「学習科学と認知科学」『認知科学』9(3)，2002年，328～337ページ。

OECD 教育研究革新センター，篠原康正・篠原真子・袰岩晶訳『アートの教育学──革新社会を拓く学びの技』明石書店，2016年。

Pariser, D., & Van den Berg, A., "The mind of the beholder: Some provisional doubts about the u-curved aesthetic development thesis," *Studies in Art Education*, 38(3), 1997, pp.158-178.

リード，H.，宮脇理・岩崎清・直江俊雄訳『芸術による教育』フィルムアート社，2001年。

リッテルマイヤー，C.，遠藤孝夫訳『芸術体験の転移効果』東信堂，2015年。

ライチェン，D. S.・サルガニク，L. H.，立田慶裕監訳『キー・コンピテンシー──国際標準の学力をめざして』明石書店，2006年。

三宮真智子「メタ認知研究の背景と意義」三宮真智子編『メタ認知──学習力を支える高次認知機能』北大路書房，2008年，1～16ページ。

佐藤学「リテラシーの概念とその再定義」『教育学研究』70(3)，2003年，292～301ページ。

ソルソ，R. L.，鈴木光太郎・小林哲生訳『脳は絵をどのように理解するか──絵画の認知科学』新曜社，1997年。

ヴィオラ，W.，久保貞次郎・深田尚彦訳『チィゼックの美術教育』黎明書房，1976年。

ウォーカー，J. A.・チャップリン，S.，岸文和ほか訳『ヴィジュアル・カルチャー入門』晃洋書房，2001年。

Williams, R. M., "Why children should draw: The surprising link between art and learning," *Saturday Review*, 4(23), 1977, pp.10-16.

Wolf, D., & Perry, M., "From endpoints to repertoires: New conclusions about drawing development," *Journal of Aesthetic Education*, 22(1), 1988, pp.17-35.

第2章
子どもの造形表現と鑑賞の発達

〈この章のポイント〉

　子どもの造形表現能力と鑑賞能力の発達を理解する最良の方法は，子どもたちの様子を注意深く観察することと言われる。その意味でローウェンフェルドら先人たちによる子どもの観察結果である発達論を知ることは，図画工作科の教育に携わる教師にとって指導の拠り所となる。本章では，子どもの造形表現能力と鑑賞能力の発達研究の前提となる考え方および発達を論じる際の観点を説明したうえで，学習指導要領の「共通事項」にあげられている〔形，色，イメージ〕を観点の軸に，子どもの造形表現および鑑賞における発達の特徴を解説する。

1　能力と発達

［1］　造形表現能力と鑑賞能力の発達研究の前提

　子どもの造形表現能力と鑑賞能力の発達段階については複数の研究がある。そのいずれにおいても，同年齢の子どもが異なる発達段階を示すことや，短期間にその段階を進んだり戻ったりすることを考慮すると，年齢による発達段階の区分は便宜的手段であるとも言えるため，「発達段階」と言わずに，あえて「発達」や「発達過程」と呼ぶ場合がある。

　さらに，次に示すとおり「能力」の捉え方も一意的ではないことがわかる。例えば，雪と氷で囲まれた地域に居住するイヌイットが白の知覚に優れ，白色にかかわる語彙を多く有するように，人間は環境に応じて能力を発達させるが，これを敷衍すると，子どもは自身が生きる自然や社会の環境の求めに応じて，造形表現能力と鑑賞能力を発達させると捉えられる。他方，造形表現能力や鑑賞能力などの知能は生物学的な成熟（年齢）で決まるとする立場や，普遍的な能力の段階論に対して反論する立場，生物学的な発達段階が強調されすぎると表現の過程における個人の発想・構想などの方法が軽んじられると指摘する立場などがある。

　これらのことから，造形表現能力と鑑賞能力の発達を考えるには，まず，発達が，大人（社会）の設定した目標に応じるものか，子どもが本来もつ知能が能力として発現したものか，あるいは環境や文化が子どもに促すものか，子ど

第Ⅰ部　初等図画工作科の基礎的視点

▷1　新教育
多面的な性格をもち，展開された国によって異なる面をもつが，一般には，従来の教育（内容，方法，制度，学校，子ども観など）を古いものとして，それを変革することを目指す教育をさす。19世紀末から20世紀初頭にかけて各国で，ルソー（J.-J. Rousseau，フランス，1712〜78），ペスタロッチ（J. H. Pestalozzi，スイス，1746〜1827），フレーベル（Fr. Fröbel，ドイツ，1782〜1852）らの思想に理論面を支えられて展開した。第二次産業革命後の工業化や市民社会の進展から産業文明を批判し，教師が子どもに知識を教え込む注入主義や主知主義を批判し，子どもに向き合い，子どもの自由を尊重し，感情や身体の復権を唱え自然や芸術を重視する。子どもを対象とした実証的研究が進められ，合理的な計画や効率，教育の個人主義（教育の個別化や自己学習）が推進されるという面ももつ。
▷2　美術批評が教育に導入された背景には，1980年代のアメリカにおいて，創造性の自発的な開花を期待するローウェンフェルド（V. Lowenfeld，オーストリア→アメリカ，1903〜60）の発達段階と創造主義に基づく教育方法への反省からDBAE（Discipline-Based Art Education）が始まったことがある。DBAEは「美学，美術批評，美術史，制作」の4つのカテゴリーからなる鑑賞教育を中心とした美術教育の方法論であるが，DBAEにおける美術批評では，教師が子どもに暗示的に美術批評の理論を提供し，子どもは技巧を習得して，鑑賞活動においてその技巧を応用して

もの行為や結果の一部分を見て判断できるものかなどといった，発達段階を論じる前提を理解する必要があることがわかる。本章では，こうした前提について触れつつ造形表現能力および鑑賞能力の発達の概要を述べる。

2　発達を論じる際の観点

　図画工作教育において発達が注目されるのは，19世紀の終わり頃，欧州においてダーウィニズムに基づく新教育の影響により，普通教育における美術の教育的価値が認められるようになってからである。1880年代には，生理学者・心理学者・教育者・美術史家など立場が異なる人々が子どもの絵を分析して，子どもには大人と違う独自の表現と認識があることを明らかにした。このことが，子どもの美術に対する価値が認められる契機となり，それまでの美術家や職人養成のための専門教育とは異なる子どもたちのための普通教育のカリキュラム構築に際して発達の理解が注目されるようになった。

　同じ頃，鑑賞教育は大量生産によっても低下しない製品の質を生むための目と手の訓練としての工作教育と関連して，商品の非生産層である購買者が芸術への愛情を抱くための一般教養教育として始まった。これらの教育のため，各国で実業学校や美術館が建設されたが，とりわけ，ドイツでは産業的要請に加えてドイツ芸術教育運動の影響があり，美術館において子どもの関心や反応を通して理解力をみながら対話を用いて先入観なく物を見る目を育む鑑賞法が行われた。そこでは鑑賞行為を通じて知覚を総合的に洗練していく点に教育の意義を見出し，鑑賞によって美的な態度における自立性を培い，文化に寄与する市民を育成することを目指した。また，こうした教育に対して，アメリカでは生活や産業が要請する美的な判断力や批判力に必要な美術の要素「線，濃淡，色彩構成（調和）」の理解を目指す「美術批評」に類する教育法が提唱され，19世紀末の鑑賞教育の黎明期には，すでに，現代の対話型鑑賞や美術批評に通じる教育方法が現れていたことになる。

　普通教育としての造形表現教育や鑑賞教育は，いずれも産業革命がもたらした社会的要請と新教育思想に基づいて始まり発展してきたが，そのための発達論はリュケらの子どもの描画に現れた形態の分析に加え，ピアジェの認知発達論やコールバーグの道徳発達論などに基づいて構築された。

　現在の造形表現能力の発達論はとりわけクックに負う所が多い。クックの特徴は，新教育を牽引したペスタロッチやフレーベルの，理性に劣り感覚に依存する子どもの善性を「子どもの自然性」としてその伸長を図ろうとする思想には同調しつつも，彼らが掲げる理想主義的で観念論的な教育方法を批判し，子どもに内在する固有の本性の発達を科学的に捉え，それに見合った素描（描画）教育の方法を体系化しようとした点にある。次に取り上げるローウェン

フェルド[47]も，新教育の流れを汲んだ児童中心主義の立場から美術を子どもの適切な成長の手段と捉えて，子どもの発達を科学的に分析し，それを発達論として示している。

他方，造形表現能力の発達に関しては，工作分野に関係する手の巧緻性の発達[48]にも注目する必要がある。小学校入学時にはおおむね基本的な手の動きはできるようになっているが，児童が安全に道具を使用するためには，手の発達や目と手の協応の発達に関する理解とそれに基づく指導上の注意が教師に求められる。

2　造形表現能力の発達

[1]　発達の区分の仕方

産業革命以降の欧州では，職業訓練としての社会的要請から製図に用いるためのデザイン的な図画教育が行われていた。そこでは，ペスタロッチが提唱したデッサン教授法（対象の輪郭とその特徴とを理解し，それらを忠実に模写する観察描写の訓練）が行われた。こうした指導法を良しとする背景には，功利主義とともにダーウィニズムに影響された反復説[49]がある。反復説では子どもの成長と自然の成長を同一視することから，デッサン教授法では感覚を重視し，形態を単純な物から複雑な物へ，部分から全体へと理解を促すが，これが子どもの想像性や記憶を無視しているとするクックは，本来素描は記憶や想像力，知識に基づいて始めるべきとの立場から，素描を発話と同様に子どもの表現手段であり自己表現であると捉えた。

しかし，子どもの内面の発達を重視するこうした教育では，人間形成の完成に至ることができるのかという問題がある。実際，11歳頃から訪れる「人生の危機」と言われる時期は，美術教育の危機でもあり，自己に対して批判的になるために衝動に突き動かされて創造することが難しくなり，以後，二度と創造的には表現できなくなる場合がある。そのため思春期に当たる11歳〜15歳の間に，個性（タイプ）を見極め，専門教育としての美術教育と消費者のための審美眼の教育のいずれを教授する必要があるのかを区別することの意義を唱える主張も現れた（リード，1955，171〜173ページ）。これは，「青年期の危機」が訪れる13歳以上になった頃の子どもが表現に対する自信を失うのを防ぐため，創造のタイプを「視覚型・触覚型」に分け，いずれのタイプでも創造性を発揮できる刺激を与えるべきとローウェンフェルドが主張したことにも通じる。すなわち，写実的に描くことを到達目標とする教育にとどまらず，個性を見極め個に応じた発達目標を設定する必要性が認識された。

いく。他方，デューイ（J. Dewey，アメリカ，1859〜1952）の影響を受けたフェルドマン（E. Feldman，アメリカ，1924〜）の美術批評は，知情意を駆使して作品を判断する。

▷3　リュケ（G. H. Luquet，フランス，1876〜1965）は娘の10年間の描画を分析して，視覚的写実性に向かう4つの発達段階を明らかにした。その他の初期の児童画の研究例には，発達生理学の創始者プレイヤー（W. T. Preyer，イギリス→ドイツ，1841〜97）が息子の描画の成長を観察したり（1882年），美術史家リッチ（C. Ricci，イタリア，1858〜1934）の子どもの描画コレクションを分析して美術史の知見から子ども独自の認識方法を明らかにしたりしたものがある（1887年）。さらに，教育者ペレ（B. Perez，フランス，1836〜1903）は子どもの絵を児童心理の観察方法に基づいて分析し（1888年），心理学者サリー（J. Sully，イギリス，1842〜1923）は，心理学の立場から造形表現に関する先行研究を整理した（1890年代）。またクック（E. Cooke，イギリス，1837〜1913）は，生理学や心理学の描画研究の成果を美術教育に生かす研究を行った。ただし，描画に現れた図形を分析する方法は表層的であり描画の構想過程が捉えられず，「子どもはなぜ描くのか」という問題の解答が得られないとし，今日では，感性の発達を拠り所にして描画の発達を論じようとする研究もある。

▷4　ピアジェ（J. Piaget，1896〜1980）
スイスの心理学者。子どもの認知発達の研究を行い，『発生的認識論』（滝沢武久

訳，白水社，1972年）を著した。ユネスコなどを通じて教育改革および普及にも尽くす。

▷5　コールバーグ（L. Kohlberg, 1927〜87）
アメリカの心理学者で哲学者。人間は普遍的な道徳性を発達とともに段階的に修得すると考える道徳性発達理論を提唱した。

▷6　▷3を参照。

▷7　▷2を参照。

▷8　普通教育における工作（手工）教育の源流は，新教育運動の一環として起こった，ドイツの労作学校での主知主義に対する手工的作業による人間形成を目

2　ローウェンフェルドの造形発達論

　造形表現の発達論は各種あるなか，ここでは主としてローウェンフェルドが著書『美術による人間形成』（*Creative and Mental Growth*, 3版，1957年）で著した発達論を取り上げる。

　表2-1には，ローウェンフェルドの発達論における各段階の年齢（時期）と創作活動の特徴を示す。ただしこの表の最下段の「表現スタイル」には，ローウェンフェルド以外の発達論が提示する内容（多視点様式・異時同図・ばらまき画・カタログ画）もあげる。また，表2-1の「表現スタイル」欄に記した丸数字は，表2-2〜表2-4の「表現スタイル」に対応し，スタイルごとに図と解説を示す。

　表2-1の第1段階（2〜4歳）は，人間の発達のなかでもとくに重要な時期と捉えられる。なぜならこの時期に入ると，記憶能力の発達にともない，それ

表2-1　ローウェンフェルドの造形発達論をもとにした分類

段階	第1段階	第2段階	第3段階	第4段階	第5段階	第6段階
年齢	2〜4歳	4〜7歳	7〜9歳	9〜11歳	11〜13歳	13歳〜
特徴	なぐり描きの段階（自己表現の始まり）	様式化前の段階（再現への最初の試み）	様式化の段階（形態概念の獲得）	写実的傾向の芽生え	擬似写実的段階	決定の時期（創造活動に見られる青年期の危機）
絵	他人からの影響を受けずに自らの運動感覚を楽しく自由に使って表現している。	自身の経験と結びついている。情緒的な基準に基づいて対象や対象同士の関係を描く。	自身で作り出した様式（再現的象徴）を，変形させつつ使用する。	様式から離れ，描く対象に対応した線を描き，細部を描く。地平線が現れる。	自身にとって重要な部分を描く。社会的環境を意識した空間表現を行う。	制作過程から作品へ関心が移り，技法への配慮が無意識な表現を妨げる。
色	楽しみのためだけに色を使い，やがて描いた物の意味の区別のために色を使い分ける。	色と物との関係はつけるが，現実との関係はなく，固有色ではなく，単体には多色を用いず，一色で描く。	固有色を意識し始める。多様な植物や木の緑色を描き分けて描く。	色の象徴的意味を理解し，配色を意識して描く。	視覚的傾向の子どもは観察に基づき，非視覚的傾向の子どもは情緒的に色に反応し固有色との関係はない。	視覚型の子どもは，環境に関連した色彩を用い，触覚型の子どもは，主観に基づいて色彩を使用する。
粘土	触覚を楽しむ。粘土を突いたり壊したりする無秩序的段階から，千切ったり渦巻きを作ったりする活動を制御しながら，想像力が発達して作品への注釈が可能になる。	部分を結合させる作り方ではなく，塊全体から部分を引き出して作る。一定の形態概念を探し求め，再現方法が絶えず変わる。	概念的な表現から離脱する。塊から細部を引っ張り出すタイプと，細部を部分的に作りそれを組み立てる総合的方法で表現するタイプがある。	自己の経験を含む。そのため教師は子どもの思考に従った刺激をテーマとして与え，自由に自己が表現できるようにする。	人物表現に適した素材であり，動作を再現するのに有効であるとともに，批判的意識に堪えうる作品水準にまで，作品の質を高めることができる。	部分的な印象を組み立てる統合的技法，全体の形態から不要な部分を削り取る分析的技法での表現の両方の技法を修得する。
表現スタイル	無秩序，縦線，円形のなぐり描き：① なぐり描きへの命名（注釈） 頭足人：②	幾何学的線（兆し）異時同図：⑥ ばらまき画 カタログ画	幾何学的線：⑨ 折り重ね：③ X線画：④ 基底線：⑦ 多視点様式	写実的な線：⑩ 重なり合い：⑤ 地平線：⑧	視覚的傾向 非視覚的傾向	視覚型：⑪ 触覚型：⑫ 中間型

出所：筆者作成。

第**2**章　子どもの造形表現と鑑賞の発達

表2-2　表現スタイル一覧（1）

表現スタイル	なぐり描き：①	頭足人：②	折り重ね：③	X線画：④	重なり合い：⑤
図					
解　　説	2歳頃から無秩序に始まったなぐり描きが，縦線，円形，命名（注釈）へと発展する。運動経験に基づく考え方が，命名が可能になると心像による考え方へ移行する。	円形から足や腕が出ている人物像。頭とされる円形部分に胴体を含むとしたり，頭と手が重要であるからとする解釈などがある。	知的リアリズムの時期とも言われ，知っていることを描く時期。テーブルの脚が4本あることを示すため，天板に対して脚を直角交叉した表現で描く。	フーセンガムを噛む様子の絵であるが，本来ガムで隠れている身体が描かれている。X線のように，表面を透かして隠れている部分も描く表現方法。	前後関係が理解でき，手前の物が奥の物を遮る「重なり合い（重なり）」の表現ができる。しかし，前後関係が理解できているだけで，奥行きの理解は未だ不十分である。

出所：筆者作成。

表2-3　表現スタイル一覧（2）

表現スタイル	異時同図：⑥	基底線（base line）：⑦	地平線：⑧
図			
解　　説	ヨーヨーをしている動きを示すために腕が複数ある。これは，知覚ではなく筋感覚の概念を示す線の表現であり，移動を示す「心の線」を表す。異なる時間の局面を一つの空間のなかに表現する点で，基底線にも通じる表現である。	人物の足が接している線。環境の客観的秩序が理解できるようになると，環境の個々の物の関係を構成して基底線の上に秩序づけて並べる。また，基底線は移動の軌跡を示し，異時同図の発展形でもある。基底線が生じる時期はデザイン的な感覚が現れる時期にもあたる。	奥行きが表現できるようになると基底線が基底面（線で黒く塗られている面）に変化し，基底面の上方の線として地平線が現れる。これまでは，正面や上面，側面などから見ていて，「多視点様式」ではそれらを一つに構成して表現していたが，視点が一つに定まるとともに斜めからの視点を獲得したことで表現が可能になる。

出所：筆者作成。

まで運動経験に基づいていた考え方が心像（image）による考え方へ移行するからである。したがって，この段階では心像を獲得するのに最も有効な行為が造形活動における身体運動，すなわち「なぐり描き」（表2-2①：錯画，掻画，スクリブルなど）と考えられている。なぐり描きのはじめは無目的な描画であり，その線は身体運動を楽しむ行為から生まれるが，やがて描いた線から視覚の楽しみを得るようになると，「点，直線，曲線」などを表し，さらにその線が何かに似ていることを発見すると自ら解釈を与え命名する時期を迎える。このため，命名する時期を象徴期とも呼ぶ。

　第2段階（4〜7歳）は，第3段階（7〜9歳）で確立する自身の様式（図式）[10]

指す教育や，幼稚園におけるフレーベルの恩物（遊戯的手工）等による手と感覚を使った諸事物の認識や創造力の育成にあるとされる。

▷9　反復説
ヘッケル（E. H. ドイツ，1834〜1919）が1866年に提唱した「個体発生は系統発生を繰り返す」という考え方。

▷10　様式（図式）
schema（スキーマ）の訳

19

第Ⅰ部　初等図画工作科の基礎的視点

語。自分自身に特有の表現の型をさす。常にその型を用いて表現をする時期を「様式化の段階」と呼ぶ。しかし、様式の内容には2種類あり、当初は「純粋様式」（pure schema）という単に図式が再現されただけの表現であり、これが後に「主観的様式」（subjective schema）に変化すると、個人の経験による意図が反映された表現になり、やがてこれが写実的な表現につながっていくことになる。

をつくる段階にあたり、模索しながら自身の様式をつくるため数々の様式が現れる時期である。第2段階の子どもは未だ社会性が十分には身についていないため、1枚の絵のなかに多くの物を脈絡なく描く。習得した形を個々に関係を考慮せずに描くこの時期が「カタログ期」とも呼ばれるのはそのためである。ただし、描かれた物同士の関連性がない絵は「ばらまき画」、大小の関係は無視しているものの物同士の関連のある作品は「カタログ画」と言い分ける場合もある（ふじえ、2013、43ページ）。やがて物と物との関係が見られ始めると、1枚の画用紙のなかに情景が描けるようになるが、その際、細部を描いてはいても使用される図形は型にはまったものではない。また、それまでは頭と足のような形のみで描いていた「頭足人」（表2-2②）と呼ばれる人物に、頭、胴体、腕、脚や目鼻口それ以外の物が描かれ、容貌が描き分けられるようになる。なお、人物ではなく他の生物に頭足人のような表現を行う場合もあるため、頭足人をも含めて「おたまじゃくし」と呼ぶことがある。この時期の描画では大きさにおいて実物との関係はないが、実物と描画とを対応させて理解することはでき、そのため社会的な関係を築き始める時期とみなされる。加えて、この時期に見られ始める「幾何学的線」（表2-4⑨）は、描かれた絵のどの部分を抽出しても差異がなく、線自体は意味をもたないが、段階が進み写実的傾向が芽生え始める時期を迎えると、これに代わって、線のみで何を表しているのかがわかるような「写実的な線」（表2-4⑩）が現れる。

表2-4　表現スタイル一覧（3）

	幾何学的線：⑨	写実的な線：⑩
図		
解説	様式化前の段階で兆しが現れ、様式化の段階に確立する線。描かれた絵から一部を取り出した際、その線が意味をもたない線。例えば、目に位置する部分を取り出して、そこだけを眺めた場合、それが明確に目に見えずに、単に円に見えるなど。	その線が使われた部分からその線を離して単独で見た場合に、線が表現しているものが理解できるような線。写実的な傾向の芽生えの時期から現れ、幾何学線で示していた象徴的な意義を脱し、描く対象を写実的に表す線となる。

出所：筆者作成。

　第3段階（7～9歳）になると、子ども自身が創り出した様式である再現的象徴が繰り返し現れ、「基底線」（表2-3⑦）が現れる。基底線は、空間関係の秩序を発見した子どもたちが描くようになる形であり、その出現により、物同

土，とくに自身と環境との関係をつけられるようになったことがわかる線である。基底線は一見地平線を表しているようにも見え，子どもによっては画用紙の一辺を基底線に見立てるが，基底線は直線とは限らず稜線のような曲線に描かれたり，1枚の画面に複数本描かれたりすることがある。基底線の上にはさまざまな物が描かれ，個々の物に関連がないカタログ期の作品とは異なり，基底線を共有することで秩序をもった作品が描かれる。なお，子どもがつくり出した様式は対象（物）に応じて柔軟に変化し，対象の固有色も意識され始める。未だ「幾何学的線」を描き続けはするが，徐々に第4段階の「写実的傾向の芽生え」の時期に向けて，描く対象に即した線が描けるようになる。さらに，この段階の表現スタイルには「折り重ね」（表2-2③）や「X線画」（表2-2④：レントゲン画，透明画とも呼ばれる）などがある。折り重ねは「展開図様式（展開図法）」とも呼ばれ，空間を解体して展開図のように描く方法である。すべての物を自分自身に関係づけるという点から自己中心的な表現であるとも捉えられる。またX線画は，平面と立体，内部と外部を同時に描くような描き方であり，情緒的に重要な部分が内部にある時に描かれる。折り重ねやX線画は空間と時間の概念を表す形式であり，こうした表現の発現をもって成長の指標とすることができる。また，この第3段階には，「多視点様式（視点の混合）」と呼ばれる，一つの画面に複数の視点を用いた表現法も行う。以上の表現はどれも視点を自在に使い，さまざまな視点から表現した結果である。やがて地平線が現れ，固定した1点から見た表現ができるようになると，子どもの絵は次第に写実的な表現に近づいていく。

　第4段階（9～11歳）になると，基底線が「地平線」（表2-3⑧）に変わり，X線画ではなく重なり合い（表2-2⑤）や遠近などが描けるようになる。子ども自身の様式が完全になくなり社会的環境が描かれ，さらに描いている物に対して「自己同一化」ができるようになる。ここでの自己同一化とは「自分のしていることの中へ自ら溶け込んで（同一化して）いったり，隣人の要求に同情（同一化）したりする能力」（ローウェンフェルド，1995，51ページ）をさし，表現においては，自己の経験に基づく印象から形成された概念を表すことである。したがって「自己同一化」が始まることによって，それまでの個人の様式的な表現が写実に向かって変化し始める。そのような意味から，この段階は「写実的傾向の芽生えの段階」とされる。

　続く，第5段階（11～13歳）では，批判的意識の成長に基づき，子どもにとっての重要性が制作過程から完成した作品へと移行する。この段階は，再現を意識することで創作に抵抗を感じ始める時期でもある。そのため，この時期の指導ではとくに子ども一人ひとりの表現（創造）の傾向に留意する必要がある。また，この時期は，第6段階（13～17歳）で明確になる2種類の創造のタイプ

▷11　自己同一化（self-identification）は教師にとっても重要な作用であり，ローウェンフェルドは，子どもの表現の意図に教師が自己同一化することで子どもへの良い動機づけが行われるという。

第Ⅰ部　初等図画工作科の基礎的視点

「視覚型」（表2-5⑪）および「触覚型」（表2-5⑫）のいずれかへの傾向が見られ始める時期でもあるため，教師は人物や空間，色彩やその他の技法における各タイプの傾向を理解し，それに応じた動機づけを行うことが要求される。

ローウェンフェルドが視覚型と触覚型の着想を得た原点は，自身が受けた彫刻の授業で，目隠しをして視覚を排除して触覚のみで作品をつくった経験にある。加えて，彼が盲学校に勤務した際，盲目の子どもが視覚的に正しく描けることを知ったことから，表現における視覚優位の考え方を否定し，人により創造活動に傾向があると考え，次の表2-5で示す視覚型と触覚型の分類を考案した。

表2-5　視覚型・触覚型の各特徴

視覚型（visual type）：⑪	触覚型（haptic type）：⑫
・目が感覚印象の主たる媒介であり，観察を重んじるタイプ。 ・観察の方法は，まず全体を見て，次に細部を見て，最後に細部を新たな全体像として統合する。 ・木の輪郭を見て，その後に，幹，葉，枝，小枝を見る（全体→細部）方法で表現する。 ・対象を外界から理解する観察者の立場を採る。 ・表現された作品は多くが全体像を示す。 ・描画法には，遠近法を使う傾向があり，視覚以外の感覚を通して知覚した印象も視覚的な印象に変換して知覚する傾向がある。	・主観を重んじ「触覚，味覚，嗅覚，重量感，温度感覚」などの自己の経験のすべてを動員して，「触覚，筋肉感覚，運動感覚」といった身体感覚を用いて外界と自己の関係を作ることで外界の把握を行うタイプ。 ・質感を楽しみ，手で対象物を喜びとともに感じる。 ・興味を抱いた部分だけを表現する傾向が見受けられ，対象の物そのものに感情的な興味を抱いた時に限って全体像を表す作品を作る。 ・触覚的，筋肉感覚的な経験に満足し，それを視覚化したり再構成したりはしない。 ・分析─統合が不得手。

出所：筆者作成。

ローウェンフェルドは，視覚型や触覚型といった傾向は心理的な要素によるが生理的要素とは無関係であるとし，子どもの作品を完全な視覚型または触覚型のいずれかと判断することは不可能であるものの，傾向としては明らかに認められると考えた。ただし，割合としては，視覚型が半数，触覚型がその半分程度であり，残りはいずれかの傾向ももつ中間型であり，なかには視覚型と触覚型の素質を等量にもつ場合もあるとする。

▷12　「視覚型・触覚型」のタイプ分けは，美学・美術史では古くから行われている主観と客観，物質と精神の二元論に通じる。

この発達論の最後の第6段階は「青年期の危機」とされ，対応を間違うと子どもが創作を止める危険性の高い時期である。なぜなら，この段階は批判的意識をもつことで，子どもらしい無意識的な自己表現の方法を失うが，それに代わる意識的な表現方法が確立できず表現に対する自信を失う可能性があるからである。そのため，適切な動機づけを行うことが教師の重要な使命となる。

③　その他の造形発達論

ローウェンフェルドの発達論の特徴は，第5段階を「擬似写実的段階」と第6段階を「決定の時期」として区別している点，さらに，第5段階までは単線的発達としつつ，第6段階の「決定の時期」以降は創造のタイプを「視覚型・触覚型」に分けて複線的発達を提案した点に見られる。これに対して他の理論

は，第5段階および第6段階の二つの段階をまとめて「写実期」「脱図式期」「視覚的な表現の段階」などとし，最後に「視覚型」へと続く単線的発達で述べられるに留まる場合が多い。

　そのほか，第1段階のなぐり描きを細分化したり，第2段階の「様式化前」を「カタログ期」「象徴期」「前再現期」，第3段階の「様式化」を「図式化」など，特徴づける言葉を換えていたりする発達論が見られるが，発達の順序は多くの理論において大差ない。また，なぐり描きの分類は研究者によって異なり，例えばローウェンフェルドはそれを4種類に分けたが，ケロッグは20種類[13]に分ける。この分類数の違いは，ローウェンフェルドにおいては「縦線」として一つに括られた「なぐり描き」を，ケロッグはそれを単線と複線，縦線と横線，直線と曲線などに分けて数える点から生じる。また，ケロッグは，なぐり描きを始める2歳頃から，周囲の事物や人物を入れた絵を描くようになる8歳までの絵の発達について，描画に現れる形を手掛かりに「スクリブル→ダイアグラム→コンバイン→アグレゲイト→太陽→頭足人→比較的完成に近い人間像」（ケロッグ，1998，115ページ）という発達論を導いた。

　他方，工作教育においては[14]，手の活動を教育内容にしている点および立体作品を含む点から，手の身体的能力や空間認知能力などにも配慮して発達を捉える必要がある。とくに，重要な手の性質には，遠隔作用をもたず触れることで機能を果たす性質，対象に働きかけつつ対象から働きかけられ対象を感知する性質，活動の際に感覚が認知と統合される性質，言葉では理解できないが手で行うことで理解できる性質などがあるが，工作教育においては，道具の使用に関する能力のみならず，こうした手の性質にかかわる能力の修得が必要である。

　さらに，手の巧緻性にかかわる重要な動きは，拇指と他の指が向かい合っている（拇指対向性）ことで可能な動きであるが，近年，鉛筆や箸の持ち方である「動的三指握り」ができない大人が増えているように，拇指の操作が困難になっている傾向が見られる。また，工作においては描画以上に，左右の手の協調，目と手の協応などが重視されるが，材料や用具の使用の際，これらができないために表現に対して苦手意識を抱くこともあるため，教師は手の使い方に着目した用具の使用法の指導を行うことが肝要である[15]。

　また，空間認識にかかわる，空間言語の理解の順序や空間の理解と空間言語の使用の両方ができるようになる順序，他者を規準にした左右の理解の難しさ，遠近の理解における空間的な距離（量）の把握の必要性など，認知心理学に関する内容を理解しておくことも工作における指導の助けとなる。

▷13 「ダイアグラム，コンバイン，アグレゲイト」はケロッグ（R. Kellogg，アメリカ，1898〜1987）の命名による表現形式である。ケロッグによれば，ダイアグラムは「矩形（正方形を含む），卵円形（円を含む），三角形，十字形，斜め十字，不定形」の6種，コンバインはダイアグラムを2個結合した66種，アグレゲイトは三つ以上のダイアグラムの結合によってできた形で無限の種類があるという。

▷14 工作教育は，職業教育のように生計の準備として手の技術を習得する目的のみならず，就労によって自己実現を目指したり，目と心を同時に発達させ直感力や認識力を高めたりする目的で始まったが，具体例として，職業教育的な中等教育を中心とした技術教育的工作と幼児教育（保育）としての認識教育的な「手技」があげられる。前者の代表はスロイドやロシアシステム，マニュアルトレーニング，労作教育などであり，後者にはフレーベルの恩物があげられる。

▷15 岡山秀吉（1865〜1933）と阿部七五三吉（1873(74)〜1941）は，両者ともに工作（手工）教育での発達段階を重視したが，用具の使用法の学習については，教えて使用させる方法と子どもが試した後に指導する方法という違いがあった。

第Ⅰ部　初等図画工作科の基礎的視点

3　鑑賞能力の発達

1　発達の区分の仕方

　鑑賞能力の発達の解釈は，鑑賞能力の捉え方によって変わる。作品の形と色
への感覚的反応，形や色の構造に対する知覚的反応，それらを統合した思考的
反応など，鑑賞能力には複数の側面があり，教育史では，子どもや教育，社会
の解釈によって着目する側面に変遷が見られる。

　鑑賞能力の代表的な発達論は，美術の対象の要素や鑑賞者との関係性に着目
して絵画の理解を捉えたパーソンズ（M. J. Parsons）と鑑賞行為に着目したハ
ウゼン（A. Housen）の発達論である。そこで表2-6にはこの2人が考えた鑑
賞能力の発達段階を示す。

　表2-6の最上段には研究者名と理論の発表年および理論の要点をあげ，
2段目以下に各段階における鑑賞の特徴をあげる。なお，段階と年齢は対応す
るが，パーソンズの第2，第3段階は，ハウゼンの第2段階の時期に相当する。

表2-6　鑑賞能力の発達段階

段階	パーソンズ（1978・1987年） 絵画の見方		ハウゼン（1983年） 鑑賞行為	
第1段階	〈未就学児〉 お気に入り （favoritism）	目にしたものや心に浮かんだものに直感的な喜びを感じ，色彩に関心をもち，主題に対して自由に連想を行う。他者の見方を気にしない自己中心的傾向が顕著である。	好き嫌いを語る説明の段階 （Accountive viewers）	自身の好悪を明確に表現し，主観的な反応を述べ，それに満足している。作者の存在への意識はない。自身の経験のみに基づいて物語を語る。
第2段階	〈小学生〉 美とリアリズム （beauty and realism）	主題についての関心が強くなり，描かれている事物を理解しようとする。そのため，作者の写実的表現（注意，力量，根気）に価値を見出す。美に対して醜や悲惨さにも意識が向くようになるが，美と善を関連づけて判断するため否定的に捉える。	技術・写実性に関する構成の段階 （Constructive viewers）	作品を理解する意欲をもち，理解するための方法を学ぼうとする。見て感じたことを作品の情報を手掛かりに根拠をもって説明しようとする。写実的であるかを価値判断の基準とする。作者の意図を見つけようとする。
第3段階	〈中・高生（思春期）〉 表出力 （expressiveness）	作者の感情など，表現の意図を意識し，作者の思考に関わる創造性，独自性などを認識する。解釈の基準は個人の経験である主観的な根拠に基づく。そのため，写真的リアリズムから情緒的リアリズムへ重要性が移行し，造形的技巧は内面的なものを表す手段と理解される。	美術史・構成要素などによる分類の段階 （Classifying viewers）	美術史家のように，作品に関する情報（作家，流派，様式，時代）に興味をもち，とくに線，色，構成などの要素を手掛かりに解釈する。しかし作家の意図の理解はなく，作品の良し悪しは問わない。
第4段階	〈環境に依存〉 様式と形式 （style and form）	表現の様式や形式に着目するようになり，個人的な解釈を離れ，歴史的な作品の解釈や評価に意義を見出す。作品解釈に美術史や批評などの知識を活用する。ただし，既存の評価への無批判な傾向も起こりやすい。	解釈の段階 （The Interpretive viewers）	美術史，技法などのあらゆる知識を踏まえたうえで，自分の感覚を加えて解釈を行う。作品と自己との関係を重視し，表現されたシンボルを自身の感情や直感で解釈し，作品の意味を探求する。
第5段階	〈環境に依存〉 自立性 （autonomy）	慣例的な作品の概念や価値を客観視し，解釈と判断の違いを理解するようになることで，新たな価値である自分自身の作品解釈および判断ができるようになる。	創造的再構成の段階 （The Re-creative viewers）	既知の情報を数多くもち，作品を肯定的に受け入れ，作家への敬意をもったうえで，自身の個人的な経験から推測して作品を理解する。

出所：筆者作成。

第2章　子どもの造形表現と鑑賞の発達

2　パーソンズとハウゼンの鑑賞発達論

　表2−6の左列のパーソンズが示した発達段階では，第1段階においては，言語習得以前である幼児が含まれる場合もあり，未だ社会的存在になっていないために自他の違いに気づかず，自らの観点により絵を楽しみ主題を自由に連想する特徴が見られる。また，絵の粗探しをすることはなく，色に着目し，心に浮かんだままに喜んで作品を受容する傾向がある。第2段階では，主に主題に作品の意義を認め，絵画が事物を描写したものであることが理解できる。したがって，描かれた事物によって作品を判断するため，優れた技量などを賞賛する。また，他者と共有される観点を受け入れるとともに，他者の見方を考慮に入れることができるため，作品の印象が人によって異なることが理解できるようにもなる。第3段階に至ると，作者の意図に作品の意義があることが理解でき，写実的な様式や技術は表現の手段であると理解し，作品全体や表現されたものに着目するようになる。ただし，判断基準は個人の経験に基づくため，客観的な判断が行えているかは不明であるが，作者の感情が作品に表出されているとの関係を認めることはできる。つまり，写実的な表現でなくとも，感情の表出に意義を認めることができるようになる。第4段階では，作者の意図に絵の意義があった第3段階と比べ，作品が様式的かつ歴史的に重要性をもつことを理解し，自分なりの絵画理解にとどまらず，絵の細部や他人の解釈に即して理解できるようになる。媒体，形式，スタイル，歴史的関係に注目し，合理的で客観的な美術理解のための美術批評ができるようになる。最後の第5段階では，判断は個人的かつ社会的となり，判断の根拠を追求することができるようになる。また，解釈と判断の違いが理解できるようになり，解釈とは意味の再構成であり，判断は意味の価値判断であることを理解している。なお，判断は見る側の経験に基づくとともに他者にも共通する価値観に基づくとも理解し，伝統的に形成された作品の意味をも含め，自己の好悪も併せて価値を判断する。

　一方，表2−6の右列で示すハウゼンの理論は，第1段階では，主題・内容・色について個人的な観察と連想が見られ，絵の良否は嗜好で判断する。第2段階では，実利・実用・写実主義という伝統的な規範が判断の基準になり，技術に関心が向けられる。そのため美術に関する知識や情報を自主的に求めるようになる。第3段階では，作品に客観的に向き合い，作家・流派・スタイル・時代など美術史上の分類などに関心を向けるようになる。作家の意図や絵の意味についての理解よりも，線・色・構成などの形式的要素を手掛かりに判断基準を形成し，自身の感情や嗜好よりも知的な判断を重視する。第4段階では，作品に関する多様な知識に基づいた個人的な解釈に関心が向き，形式的な要素ではなく作品に示された象徴を解釈し，作品に表された意味を探求する。

第Ⅰ部　初等図画工作科の基礎的視点

最後の第5段階では，作品は過去の洞察で備えた多様な捉え方（感受・分析・解釈）が総合され，観察者自身がそれらを再構成し，「感覚，思考，感情」の均衡の取れた思索を行うことができる。

Exercise

① 造形表現能力の発達の流れを説明してみよう。
② 鑑賞能力の発達の流れを説明してみよう。
③ 描画の発達において重要な表現のスタイルをあげ，その表現の例を描いてみよう。

📖次への一冊

ローウェンフェルド，V., 竹内清ほか訳『美術による人間形成——創造的発達と精神的成長』黎明書房，1995年（1963年刊の再刊）。
　　全米美術教育学会（NAEA）が，優れた美術教育者を表彰する賞に名が冠せられるローウェンフェルド。美術に関する子どもの発達や評価を全般的に記した美術教育の基礎文献。
ケロッグ，R., 深田尚彦訳『児童画の発達過程——なぐり描きからピクチュアへ』黎明書房，1998年（1971年刊の再刊）。
　　ローダ・ケロッグ児童画コレクションの約100万枚の絵の形の発達分析に基づき，子どもの精神発達について論じる。
ヴィオラ，W., 久保貞次郎ほか訳『チゼックの美術教育』黎明書房，1999年（1983年刊の再刊）。
　　美術教育学の父と称されるチゼック（本書の第1章を参照）の教育実践が収録された文献。7〜14歳の子どもへの具体的な指導内容には，多くの指導上のヒントがある。

引用・参考文献

ふじえみつる『子どもの絵の謎を解く——127の実例でわかる！　絵に込められたメッセージ』明治図書出版，2013年。
ケロッグ，R., 深田尚彦訳『児童画の発達過程——なぐり描きからピクチュアへ』黎明書房，1971年。
ローウェンフェルド，V., 竹内清・堀ノ内敏・武井勝雄訳『美術による人間形成——創造的発達と精神的成長』黎明書房，1995年。
リード，H., 周郷博訳『美術と社会』牧書店，1955年。
ティリット，R. S. J. ほか，要真理子・前田茂監訳『西洋児童美術教育の思想——ドローイングは豊かな感性と創造性を育むか？』東信堂，2017年。
ヴィオラ，W., 久保貞次郎・深田尚彦訳『チゼックの美術教育』黎明書房，1999年。

第3章
図画工作科教育の変遷

〈この章のポイント〉

　日本の近代学校教育が制度的に出発した明治期に，今日の図画工作科教育につながる教科として図画と手工が設置された。当初，図画と手工は実用と認識の教科であった。それが20世紀初頭から世界的に芸術的表現の教科へと転換していく。戦前日本の図画手工教育もその方向への色彩を強めていき，戦後に芸術的表現を通した人間形成を謳う図画工作科教育になった。本章ではこの大きな流れを意識しつつ，明治期から現在に至る図画工作科教育の変遷を，戦前・戦中期は教科書と美術教育運動，戦後期は学習指導要領と民間美術教育運動の動向を軸に学ぶ。

1　教科名の変遷

　現在，学校教育における美術に関する教科名は，小学校は図画工作科，中学校は美術科，高等学校は芸術科（美術）と芸術科（工芸）となっている。種々の歴史的経緯があって教科名が異なるようになった。

　日本の近代学校教育制度は，1872（明治5）年発布の学制に始まる。学制中に小学校の教科として「罫画」と「画学」が規定され，その後「図画」と改称された。さらに1886（明治19）年，小学校令に基づく「小学校ノ学科及其程度」に「手工」が規定された。図画と手工はそれぞれ西洋の諸学校の教科 "drawing" と "manual training" を導入したものであった。1941（昭和16）年に「図画」「手工」は，「芸能科図画」「芸能科工作」となった。

　1945（昭和20）年8月に日本は第二次世界大戦において無条件降伏をし，連合国軍の占領下となった。1947（昭和22）年に教育基本法と学校教育法が公布された。同年の文部省令の学校教育法施行規則において小学校と中学校の教科として，「図画工作科」が出現した。

　1958（昭和33）年，「技術科」新設にともない，中学校図画工作科は「美術科」と改称した。

第Ⅰ部　初等図画工作科の基礎的視点

2　戦前・戦中期

1　鉛筆画時代――幕末～1887（明治20）年

　幕末から日本は西洋を参考に近代化を図った。図画教育もその一環としてあった。川上寛（冬崖）が訳した図画教科書『西画指南』（1871（明治4）年：図3-1）の凡例には，西洋図画が中国や日本の図画よりも精密な科学であると記されている。西洋画的図画は鉛筆で描かれたので，後にこの時代を鉛筆画時代と呼ぶようになった。

　鉛筆画教科書は西洋の画手本や博物学書挿図を引用・再構成して作られた。最初は西洋画手本の直訳的引用であった。段階的に博物図的図画，絵画的図画へ飛躍した。『小学普通画学本』（1878, 79（明治11, 12）年：図3-2）が前者，『小学習画帖』（1885（明治18）年：図3-3）が後者の代表的教科書であった。

　当時の図画教育方法は臨画＝手本の模写であり，個人の表現を通して創造性や個性の育成を目指すものではなかった。

2　毛筆画時代――1888～1901（明治21～34）年

　明治10年代になると，それまでの西洋化に対する反動が起こる。米国人フェノロサと岡倉覚三（天心）が新日本美術の創造と普通教育への日本画の導入を推進する運動を展開した。その結果，1887（明治20）年に日本画家と日本画を教える教師の養成を目的とする東京美術学校が設立され，1889（明治22）年に開校した。

　1888（明治21）年から日本画を内容とする教科書が発行され，鉛筆画教科書と選択制になった。前者が多く選択された。最初期の日本画を内容とする教科書は鉛筆画教科書に似た題材体系と写実的様式を特徴としていたが，徐々に

▷1　川上寛（冬崖，1828～81）
1856年設立の蕃書調所の絵図調方で洋書をもとに西洋画研究をした。明治となって大学南校や陸軍学校で図画を教えた。また，明治2年に画塾の聴香読画館を開いた。

▷2　世ニ画図ノ有用欠ヘカラサルヤ　文ノ盡ス能ハサルヲ補ヒ　幽微ヲ晰ニシ教化ヲ裨ケ　功ヲ六籍ト同ウス　又其精絶微妙ニ至テハ　正ニ工ヲ造化ト争フヘシ　故ニ泰西諸国ニ於テハ図画ヲ以テ一科学ニ充ツ

▷3　フェノロサ（E. F. Fenollosa, 1853～1908）
1878（明治11）年に来日し，東京大学文学部教師となる。学生に岡倉がいた。他の多くの御雇外国人同様に日本美術を収集した。日本美術を鼓舞する演説を行い，1882（明治15）年の竜池会での演説をまとめた『美術新説』は広く知られる。岡倉とともに日本美術を奨励していくこととなる。1890（明治23）年に帰国し，ボストン美術館の日本美術部学芸員となった。

▷4　岡倉覚三（天心，1862～1913）
官僚，美術行政家，美術運動家。フェノロサとともに関西古社寺調査，宝物調査

図3-1　『西画指南』(1971年)

図3-2　『小学普通画学本』(1878年)

図3-3　『小学習画帖』(1885年)

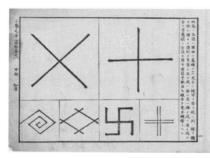 

図3-4 『小学毛筆画帖』（1888，89年）
鉛筆画教科書の題材配列を踏襲。濃淡は取り入れず，最終的には線による物の描写。

フェノロサの理論に基づく線・濃淡・色彩の順序，日本画独特の様式や描線の面白さを追求した教科書も出てきた。代表的なものは巨勢小石『小学毛筆画帖』（1888，89年：図3-4），岡吉寿『画手本』（1890（明治23）年），川端玉章『帝国毛筆新画帖』（1895（明治28）年）などであった。教育方法はそれまで同様に臨画が中心であった。日本画的図画は毛筆で描かれたので，後にこの時期を毛筆画時代と呼ぶようになった。

3 教育的図画時代——1902〜17（明治35〜大正6）年

1902（明治35）年から，それ自体が目的の専門的図画ではなく，何かの役に立つ手段としての「教育的図画」が提唱された。教育的図画では鉛筆画と毛筆画の統合が目指された。

教育的図画創出のため文部省に「普通教育ニ於ケル図画取調委員会」が設置された。その報告書で鉛筆画と毛筆画を区別しないこと，図画教師の特別養成所設置の必要が示された。

教育的図画はまず中学校用の図画教育会編『図画教科書』（1904（明治37）年）で実現した。小学校用では国定教科書『尋常小学新定画帖』（1910（明治43）年：図3-5）で実現した。『尋常小学新定画帖』の特徴は，(1)多種の教材（鉛筆画，毛筆画，シルエット画，図案，色彩，構図法，各種画法）を併存させ，(2)

 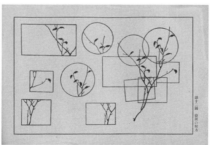

図3-5 『尋常小学新定画帖』（1910年）
尋常小学第六学年男子用。左：シルエット画，右：位置のとり方（構図法）。

を行い，日本古美術の保存に尽力した。新しい日本美術の創設を目指した。東京美術学校が1889年2月に開校し授業が始まった。岡倉は幹事，後に校長となり，フェノロサは御雇外国人教師となった。校長の職を退いた後，1898（明治31）年に日本美術院を創立した。『The Book of Tea（茶の本）』などを発表し，欧米に日本・東洋の文化を紹介した。

▷5 教育的図画
教育的図画は専門的図画に対抗するものである。それ自体が目的である専門的図画に対して，教育的図画は何かの役に立つ図画とされた。『新定画帖』の題材の要旨はほぼすべて「……の練習をなす」とされ，題材そのものが目的ではなく，その他の何かのための練習とされた。ただ「何か」が何であるのかは明確にされていなかった。

▷6 小学校の教科書は1886（明治19）年より検定制であったが，1902（明治35）年の教科書事件をきっかけに，1903（明治36）年に国定教科書制度が発足し，1904（明治37）年に国定教科書は発行された。主要教科は国定教科書となった。国定教科書は文部省が編纂して，民間の指定された業者がそれを翻刻して発行するという方式であった。

各題材の「要旨」のほとんどを「……の練習をなす」と手段化し，(3)児童の興味に沿った題材の心理的配列を採用したことである。これらには白浜徵の欧米留学の成果が生かされた。同教科書は大正時代半ばまで多数発行された。

なお先述の報告書中にあった図画教師特別養成所は，1906（明治39）年に東京高等師範学校図画手工専修科，1907（明治40）年に東京美術学校図画師範科として実現した。

4 自由画時代——1918～26（大正7～昭和元）年

図3-6　山本鼎『自由画教育』（1921年）

▷7　山本鼎（1882～1946）
創作版画家，画家。愛知県岡崎の医者の家に生まれた。医学を学ぶ東京在住の父を頼って上京し，小口木版の徒弟修行をした。東京美術学校西洋画科選科を卒業。1912（明治45）年から1916（大正5）年までフランスに留学し，その帰りにロシアを経由して帰国した。ロシアで農民美術を見たとされる。これが後に自由画運動と農民美術運動になった。

▷8　自由画
ただ好き勝手に描くという意味ではなく，臨画＝お手本の模写からの自由という意味での自由画である。大正時代に洋画家の山本鼎が提唱し，全国的に大流行した。

▷9　想画
今日で言うところの生活画である。想画教育の著名な実践家は島根県の青木実三郎と三重県の中西良男である。

▷10　バウハウス
1919年にドイツのワイマールに設立された工芸美術学校。その予備課程での教育，とくに造形要素の構成練習は，日本のみならず国際的に図画工作教育に影響を与えた。

大正時代になると，芸術家も社会に対して発言をするようになった。洋画家の山本鼎は欧州留学から帰国後の1918（大正7）年12月に長野県の神川小学校で同校教師たちに講演し，「臨本教育」の廃止と「自由画」の奨励を提案した。教師たちが賛同して，翌年4月に児童自由画展が開かれた。同展覧会の様子は『読売新聞』全国版で紹介され，反響を呼んだ。その後，日本各地で児童自由画展覧会が開かれるようになる。自由画運動とともにクレヨンと風景写生も広まった。

山本鼎の『自由画教育』（1921（大正10）年：図3-6）には，図画教育の基礎として芸術論の必要，すなわち図画教育は芸術教育であること，山本の個人的な実相主義の立場からの臨本否定，すなわち自由画を奨励すること，精神的美術教育の必要，すなわち鑑賞や芸術観の涵養が必要であることが説かれている。

5 脱自由画時代——1927～37（昭和2～12）年

1927（昭和2）年頃から自由画を乗り越えるさまざまな図画教育が提案された。生活主義の「想画」「思想画」が提唱された（図3-7）。また，ドイツのバウハウスの予備課程教育を参考にした「構成教育」，郷土教育の高まりから「郷土化の図画教育」，日本主義の「日本画教育」，社会主義の「プロレタリア図画」などが主張された。

国定教科書『尋常小学新定画帖』の使用が減り，民間発行の私教科書が流行した。なかでも板倉賛治・山本鼎・後藤福次郎編『少年少女自習画帖』（1930（昭和5）年）は有名画家の描いた図版や大衆好みの題材を多数掲載して人気を呼んだ（図3-8）。

文部省は民間私教科書の流行も放置できず，1932～34（昭和7～9）年にかけて新たに国定教科書『尋常小学図画』を編集発行した（図3-9）。臨画を少

図3-7 島根県馬木小学校尋1児童作品
（想画，1927年）
『（国際交歓）全国学生画帖』。

図3-8 杉浦非水案「浴衣を着た女性」
（1930年）
『少年少女自習画帖』。

「遊戯」

「風船球」

図3-9 『尋常小学図画』（1932年）
第一学年児童用。

「ナハトビ」

「イロガミ ノ エ」

図3-10 『尋常小学図画』（1936年，改訂後）
第一学年児童用。

なくし，思想画や写生画も採用して，自由画とその後の図画教育論議が踏まえられた内容になった。ただ，客観描写主義と，多数の不備によって批判を受けた。そこで，1936（昭和11）年，低学年用書などに貼絵や童画風表現を採用して改訂した（図3-10）。

6　戦時下芸能科図画・工作時代
　　　——1938～45（昭和13～20）年

　1938（昭和13）年から日本は戦時体制となり，1941（昭和16）年12月には太平洋戦争に突入する。同年，国民学校令が公布され，図画科と手工科は，芸能科図画と芸能科工作に改称された。同施行規則には，「国民的情操」の醇化と

第Ⅰ部　初等図画工作科の基礎的視点

「グンカン」　　　　　　　　　　　「ポスター」

図3-11　『エノホン』一（1941年）　　図3-12　『初等科図画』一（1942年）

「創造力」の涵養，作品の鑑賞能力の養成も記された。1941（昭和16）年から新しい国定教科書として国民学校の初等科第1学年〜第2学年用に図画と工作を併存させた『エノホン』が発行された（図3-11）。第3学年以上は『初等科図画』（図3-12）と『初等科工作』の二本立てとなった。それぞれに戦時的題材，構成教育題材が導入された。戦時下ゆえの創造力や創意工夫がねらわれた。また，1941（昭和16）年に文部省は大判の「芸能図画鑑賞指導用掛図」を発行した。

3　昭和20年代——占領下生活主義美術教育時代

1　学習指導要領（試案）の登場——アメリカ的な生活主義美術教育

　戦後の学校教育はGHQ（連合国軍総司令部）のなかのCIE（民間情報教育局）の意向によって方向づけられた。そして学校教育の基準として学習指導要領が編纂された。1947，1951（昭和22，26）年発行の学習指導要領の標題には「（試案）」と示された。つまり，あくまで都道府県で制定すべきものの参考というアメリカ的な地方分権を意識した措置であった。学習指導要領の内容もアメリカ的な生活主義的色彩が強かった。

　学習指導要領（試案）［昭和22年］図画工作編は，図画工作の必要な理由として，(1)発表力の養成，(2)技術力の養成，(3)芸術心の啓培，(4)具体的，実際的な活動性の助長をあげている。そして，急いで編集されたためか，内容に多様な教材や指導法が列挙されていて，系統性は弱い。小学校から中学校までをまとめて示している。学習指導要領（試案）［昭和26年改訂］になると，内容が「描画」「色彩」「図案」「工作」「鑑賞」に整理され，時数配分も明確に示された。

　図画工作科教科書はCIEの意向で発行されなかった。ただ，教科書がないと不便なので，民間で準教科書と称する出版物が大量に発行された。小学校図画工作科は1953（昭和28）年に検定基準が発表され，1955（昭和30）年から正式

の教科書使用となった。準教科書の様式は検定教科書でも踏襲され，戦後の図画工作科教科書の基本形となった。

4 昭和30・40年代
——構造化・高度化美術教育と民間美術教育運動時代

1 学習指導要領［昭和33年改訂］の告示

1952（昭和27）年にサンフランシスコ平和条約の発効によって，日本は独立した。戦後初期のアメリカ的な理想主義・地方分権主義の方向から，国による統制・中央行政権限を強める方向へ諸制度が転換した。学校教育では学習指導要領［昭和33年改訂］が文部大臣の「告示」となり，法的拘束力をもつことになった。学習指導要領は全国に適用される教育課程編成の基準となった。この時期は全教科的に基礎学力向上と科学技術教育振興が目指された。

学習指導要領［昭和33年改訂］図画工作科編では，それまで工作に含まれていた粘土細工が「彫塑をつくる」として独立した。また，色彩と図案が「模様をつくる」と「デザインをする」となった。本改訂から小学校と中学校の内容的関連づけがされるようになった。

なお，図画工作科の目標の最初は「絵を描いたりものを作ったりする造形的な欲求や興味を満足させ，情緒の安定を図る」とされ，次項の創造美育協会の抑圧解放理論の影響が感じられる。

2 昭和30年代の民間美術教育運動の隆盛

日本独立後に民間教育運動の隆盛が始まる。図画工作科に関しては，次の三つが代表的な運動団体であった。

① 創造美育協会

1952（昭和27）年５月に美術評論家の久保貞次郎を中心に創造主義美術教育の賛同者たちが創造美育協会を結成した。久保は1938（昭和13）年に日本の文化や教育の高さを知らせるため日本の児童画一千枚をもって欧米各地を巡回した。その時，アメリカの児童の絵に強い欲求の表れを見出し感動した。日本の児童の絵には抑圧を見た。その後，栃木県真岡で啓蒙活動をしていたが，戦後に日本各地で児童画の公開審査を通じて，創造主義美術教育の普及に努めた。フロイト系精神分析の抑圧理論を基礎にして自分の思想を次のように説明する。

「子供が生れつき持っている創造力を子供の精神の発達段階に応じてその子供の持っている欲望を基本的に尊重しこれを励ます。これを美術を媒介としておこなう教育で，それによって子供は創造力を高めることができる」（久保，

▷11 久保貞次郎（1909〜96）
美術評論家。小此木家に生まれ，栃木県真岡の素封家久保家の養子となった。東京大学教育学科を卒業。弟は歴史学者の小此木真三郎。

①女の子　一年女　のびのびした絵

②女の子　一年女　概念的な絵

図3-13　久保貞次郎『児童画の見方』
（1955年）

1952, 16ページ)。

つまり，子どもは本来創造力＝欲望をもっている。しかし，家庭や社会に抑圧されているので，励まして美術を通してその抑圧から解放して創造力を高めるという論理である。

創造美育協会の主要会員に北川民次がいた。北川は戦前にメキシコの野外美術学校で子どもの美術教育を実践した。戦後は久保の主催する児童画審査会に審査員として参加した。1949（昭和24）年には名古屋動物園美術学校を開いた。著書に『絵を描く子供たち』（1952（昭和27）年）がある。

② 新しい絵の会

戦後日本では社会主義的運動が公認され，民間教育運動にもそれを背景とする団体が出現した。その一つが新しい絵の会である。同会は最初「新しい画の会」と称して，創造美育協会に近い考えを表明していた。井手則雄，箕田源二郎らが参加した後，1954（昭和29）年頃から社会主義を背景とする主張が明確になってくる。1955年6月に会の目標を「子どもたちの社会的現実とのきりむすびを深め，新しい生活画を育てていくこと」とした。研究の方向を，子どもを精神衛生主義的な把握をしない，集団討議によって子どもの認識を高めていく，生活画を通して現実克服の方向をもたせるとした。そして1959（昭和34）年に全国組織「新しい絵の会」として再発足した。

③ 造形教育センター

抑圧解放でも現実認識でもない，モダニズム（近代造形主義）による教育を推進するために1955年に結成されたのが造形教育センターである。戦前の構成教育運動の系譜に当たる。新しい生産消費社会にあった造形教育を主張した。造形，構成，デザインといった内容の教育が研究された。学習指導要領［昭和33年改訂］への「デザインする」の導入は，造形教育センターの影響とされ，その後デザインを中心とする造形教育の体系化が追求された。現実社会のデザインと普通教育のなかのデザインをどのように区別するかが問題にされた。センターのなかで普通教育のデザインを，構成（基礎造形），伝達デザイン，装飾デザインとするように問題が整理されていった。それは学習指導要領にも反映されていった。

３　学習指導要領［昭和43年改訂］

昭和30〜40年代にかけて叫ばれた「教育内容の構造化」，そして「教育内容の現代化」を背景に，学校教育内容の系統化と高度化が進んだ。学習指導要領［昭和43年改訂］は全教科的に達成目標の明確化と内容の整理・統合がなされ

た。目標は総括目標と具体的目標に分けられた。前学習指導要領図画工作の目標にあった「情緒の安定を図る」がなくなり，全体的に「造形」という言葉が多用されるようになった。また，内容の記述量が多くなったものの，全学年が絵画・彫塑・デザイン・工作・鑑賞の5領域に整理され，時数配分も学年変化をさせないで統一して整然とした体系となった。

5　昭和50年代〜──総合化・精選化美術教育時代

1　昭和50年代からの方針転換

戦後日本が目標にしてきた経済成長が昭和40年代に達成されたことから，学校教育を緩やかにする政策転換がなされた。

1976（昭和51）年12月，中央教育審議会（以下，中教審）答申に三つのねらいが示された。(1)人間性豊かな児童生徒を育てること。(2)ゆとりのあるしかも充実した学校生活が送れるようにすること。(3)国民として必要とされる基礎的・基本的な内容を重視するとともに児童生徒の個性や能力に応じた教育が行われるようにすること。

上記のなかにある「ゆとりのある」が，その後30年にわたる学校教育政策の形容となった。

2　学習指導要領［昭和52年改訂］

中教審答申を受けて学習指導要領［昭和52年改訂］も大きく方針を転換する。それまでの系統化・高度化から総合化・精選化へ一転した。知育偏重や画一的教育の反省から，緩やかな教育課程になった。

教科目標は，総括目標だけとなり，図画工作科の目標は「表現及び鑑賞の活動を通して，造形的な創造活動の基礎を培うとともに，表現の喜びを味わわせ，豊かな情操を養う」となった。前学習指導要領の目標にあった「技術を尊重し」がなくなり，その後の学習指導要領で繰り返されるのであるが，「表現の喜びを味わわせ」という，当時としては異例の気持ちに関する文言が入った。

記述分量は前学習指導要領の約3分の1に精選され，5領域は表現と鑑賞の二つにまとめられた。そしてこの学習指導要領の目玉は，第1学年〜第2学年に導入された「造形的な遊び」であった。造形的な遊びは材料から発想する領域未分化な造形活動であり，それまでデザインで実践されていた材料体験を意図していた。また，幼小連関の強化も意図された。なお，鑑賞は表現の活動に付随することを原則とすると規定された。

▷12　造形遊び・造形的な遊びの詳しい内容は，本書の第6章を参照。なお，大阪教育大学附属平野小学校での実践をその発祥とする説がある。

第Ⅰ部　初等図画工作科の基礎的視点

③　学習指導要領［平成元年改訂］

▷13　新しい学力観
学習指導要領［平成元年改訂］において強調されたもので，「自ら学ぶ意欲や，思考力，判断力，表現力などを学力の基本とする学力観」であるとされた。

　平成年代に入り，自ら学ぶ意欲・思考力・判断力・表現力を土台とする「新しい学力観」[13]が言われるようになった。この学習指導要領［平成元年改訂］では図画工作科の目標を「表現及び鑑賞の活動を通して，造形的な創造活動の基礎的な能力を育てるとともに表現の喜びを味わわせ，豊かな情操を養う」としていて，前学習指導要領のそれとは大きな違いはない。ただ，「造形的な遊び」を「造形遊び」と改称し，第4学年まで拡大した。これにより幼小連関という趣旨からはずれたものになった。また必要があればという条件つきであるが，第5，6学年で表現から独立した鑑賞の指導が可能となった。なおこの頃，アメリカのDBAE[14]が日本に紹介された。

▷14　DBAE
Discipline-Based Art Education（学問に基づく美術教育）の通称。美学，美術批評といった学問の方法論を美術教育に取り入れて，緻密な美術教育を確立しようとした。1980年代にアメリカで提唱されたもので，藤江充らによって日本に紹介された。

④　学習指導要領［平成10年改訂］

▷15　生きる力
第15期中央教育審議会第一次答申（1996年7月）において示された。同答申中で生きる力は，「自分で課題を見つけ，自ら学び，自ら考え，主体的に判断し，行動し，よりよく問題を解決する能力」「また自らを律しつつ，他人とともに協調し，他人を思いやる心や感動する心など，豊かな人間性」「たくましく生きるための健康や体力」と説明された。

　当時，教育界ではキーワードとして「生きる力」[15]が喧伝された。学校教育に「総合的な学習の時間」が導入された。この学習指導要領［平成10年版訂］では図画工作科の目標が「表現及び鑑賞の活動を通して，つくりだす喜びを味わうようにするとともに造形的な創造活動の基礎的な能力を育て，豊かな情操を養う」となった。前学習指導要領のそれと大きな違いはないように見えるが，「つくりだす喜び」が「造形的な創造活動の基礎的な能力」の前に置かれ，気持ち重視の姿勢をより明確にした。

　図画工作科の目標と内容が2学年ごとにまとめて示され，既存の学年分化に縛られない総合的な活動が強調された。各学年の目標が，関心・意欲・態度，表現，鑑賞という3観点に分けて示された。内容では，「造形遊び」が第5，6学年まで，すなわち全学年に拡大され，完全に主要領域となった。また全学年で表現から独立した鑑賞の指導が可能とされたので，鑑賞教育研究が盛んになった。

⑤　学習指導要領［平成20年改訂］

　教育基本法と学校教育法が改正され，また中教審でも知識基盤社会における学力保障を言うようになり，「脱ゆとり」の方針が少しずつ見えてくる。すなわち学力の重要要素は，基礎基本的な知識・技術，思考力・判断力・表現力，そして学習意欲とされ，それらの習得と育成のバランスを重視することが言われた。授業時数も増加（小学校では，国語・社会・算数・理科・体育の授業時数を10％程度増加など）され，全教科的に「言語活動の充実」や「伝統や文化に関する教育の充実」などが言われた。図画工作科でも前者は授業での話し合いや発表の重視，後者は伝統的あるいは地域の素材の導入などにつながった。

第3章　図画工作科教育の変遷

　この学習指導要領［平成20年改訂］で，図画工作科の目標は「表現及び鑑賞の活動を通して，感性を働かせながら，つくりだす喜びを味わうようにするとともに，造形的な創造活動の基礎的な能力を培い，豊かな情操を養う」とされ，前学習指導要領のそれと大きな違いはない。各学年の目標は，関心・意欲・態度，発想や構想の能力，創造的な技能，鑑賞の能力という4観点で構成された。また，全教科的にその教科の全領域・項目で育てる「共通事項」が設定された。図画工作科では，色や形などの造形要素を学ぶこと，そして自分のイメージをもつという二つが共通事項になった。

Exercise

① 　戦前と戦後の図画工作科教育の大きな違いは何なのか考えてみよう。
② 　大きな流れで見ると図画工作科教育の転換点はどこにあったか考えてみよう。
③ 　図画工作科教育の歴史を踏まえて，これからどのような図画工作科教育にしていくとよいか考えてみよう。

📖次への一冊

金子一夫『美術科教育の方法論と歴史〔新訂増補〕』中央公論美術出版，2003年。
　　第4部第1〜13章が日本美術教育史である。幕末〜2003（平成15）年が対象となっている。記述分量，時期区分，実証性などにおいて，美術教育史記述に初めて歴史記述方法を自覚した研究である。図画工作科教育の歴史についてもっと詳しく面白く知りたい人は必読の書である。

宮脇理『工藝による教育の研究──感性的教育媒体の可能性』建帛社，1993年。
　　戦後の美術教育において，あるべきであった工芸による教育の可能性について論究している。巻末に「教育指導者講習研究集録 工作科教育」（1952（昭和27）年）などの貴重な歴史資料が収録され，興味深い。隅々まで読んでみることをお勧めする。

橋本泰幸『日本の美術教育──模倣から創造への展開』明治図書，1994年。
　　幕末〜1977（昭和52）年を対象とした日本美術教育史を記述している。学習指導要領の変遷，民間教育運動団体，キミ子式や酒井式の提唱などについてもわかりやすく記述されている。

中村亨『日本美術教育の変遷──教科書・文献による体系』日本文教出版，1979年。
　　幕末〜1977（昭和52）年が対象となっている。副題のとおり，教科書・文献を並べて概説している。戦後は，学習指導要領を中心に記述されている。

山形寛『日本美術教育史』黎明書房，1967年。
　　日本近代美術教育史を初めて一冊の本としてまとめたものである。幕末〜1964（昭和39）年が対象となっている。文部省に在職していた自身の体験を交えた生々しい記述がなされ，歴史的に貴重である。

引用・参考文献

金子一夫『近代日本美術教育の研究——明治時代』中央公論美術出版，1992年。

金子一夫『近代日本美術教育の研究——明治・大正時代』中央公論美術出版，1999年。

金子一夫『美術科教育の方法論と歴史〔新訂増補〕』中央公論美術出版，2003年。

川喜田煉七郎・武井勝雄『構成教育大系』学校美術協会，1934年。

北川民次『絵を描く子供たち』岩波書店，1952年。

久保貞次郎「美術教育の三つの問題」『美育文化』2(6)，1952年，16ページ。

久保貞次郎『児童画の見方』大日本図書，1955年。

宮脇理『工藝による教育の研究——感性的教育媒体の可能性』建帛社，1993年。

辻泰秀『造形教育の教材と授業づくり』日本文教出版，2012年。

辻田嘉邦・板良敷敏・岩崎由紀夫『実践例による造形遊びのポイント』日本文教出版，1978年。

山本鼎画，前澤朋美・山田俊幸編『山本鼎生誕120年展　山本鼎その仕事——版画と装幀に光をあてて』上田市山本鼎記念館，2002年。

山本鼎『自由画教育』アルス，1921年。

第4章
図画工作科の学習指導

〈この章のポイント〉

　図画工作科の教科としての全体をおおまかに俯瞰した時，学習指導においてどのような点が重要であり，どのような学習指導・支援のあり方が求められるのか。本章では，まず改訂された新しい学習指導要領において，図画工作科がどのような内容になったかについて解説する。それを受けて，「主体的，対話的で深い学び」をどのように実現していけばよいか，図画工作科で育成を目指す資質や能力，幼児教育や中学校美術科との接続，学習場面での児童のさまざまな姿の見取りと支援のあり方などについて学ぶ。

1　新学習指導要領とこれからの図画工作科学習

1　新学習指導要領における図画工作科とは

　2017（平成29）年3月に改訂された新学習指導要領は，前年12月の中央教育審議会答申において示された，学習指導要領［平成20年改訂］の成果と課題を受けたものである。同答申では，図画工作科の課題について「感性や想像力等を豊かに働かせて，思考・判断し，表現したり鑑賞したりするなどの資質・能力を相互に関連させながら育成することや，生活を美しく豊かにする造形や美術の働き，美術文化についての実感的な理解を深め，生活や社会と豊かに関わる態度を育成すること等については，更なる充実が求められるところである」と述べられている。そのため，改訂の方向性として「表現したり鑑賞したりする資質・能力を相互に関連させながら育成できるよう，内容の改善を図る」ことや，「生活を美しく豊かにする造形や美術の働き，美術文化についての理解を深める学習の充実を図る」ことが示されている。

　新学習指導要領では，育成を目指す資質・能力を明確なものとするために，すべての教科等の目標について「知識及び技能」「思考力，判断力，表現力等」「学びに向かう力，人間性等」という三つの柱で整理がなされた。そして，各教科等の特質に応じた物事を捉える視点や考え方を働かせながら，資質・能力の育成を目指すことが示された。結果として，教科の目標の文章が従来とは大きく異なる書き振りになっている。また，内容に関する部分について

▷1　感　性
『広辞苑』第四版（新村出編，岩波書店，1994年）では，①外界の刺激に応じて感覚・知覚を生ずる感覚器官の感受性。「―豊か」②感覚によってよび起され，それに支配される体験内容。したがって，感覚に伴う感情や衝動・欲望をも含む。③理性・意志によって制御さるべき感覚的欲望。④思惟の素材となる感覚的認識，と説明される。
小学校学習指導要領［平成20年改訂］において，「感性を働かせながら」の語句が，教科の目標の文言に初めて登場した。同年の学習指導要領解説では『『感性』は，さまざまな対象や事象を心に感じ取る働きであるとともに，知性と一体化して創造性を育む重要なものである」と説明されている。

は，学年の目標を2学年のまとまりで示すといった従前と同じ点もあるが，内容構成の項目立ての仕方については大きく組み換えがなされている。

次に，図画工作科の教科の目標について，新学習指導要領の文言を項目ごとに参照しながら具体的に見ていこう。

教科の目標は，まず「表現及び鑑賞の活動を通して，造形的な見方・考え方を働かせ，生活や社会の中の形や色などと豊かに関わる資質・能力を次のとおり育成することを目指す」と掲げられた。この教科の目標の文言であるが，冒頭に「表現及び鑑賞の活動を通して」とある。これは，図画工作科が表現と鑑賞の二つの活動を通して行われることを示している。当然のことのようだが，現実には，鑑賞学習の教材開発や実践は今も図画工作科の課題であり，あらためてそれらに積極的に取り組むよう意識化を促す言葉でもある。

次いで，図画工作科で育成を目指す資質・能力が「生活や社会の中の形や色などと豊かに関わる資質・能力」であるとする文言が，この教科の姿を直接にさし示すものとなっている。

また，「造形的な見方・考え方」は，中央教育審議会において「主体的・対話的で深い学び」における「深い学び」を考えるための鍵となるものとして議論されたとされる。ここでの「見方・考え方」とは，どのような視点で物事を捉え，どのような考え方で思考していくのかという，物事を捉えるための視点や考え方であり，「造形的な見方・考え方」は，「感性や想像力を働かせ，対象や事象を，形や色などの造形的な視点で捉え，自分のイメージを持ちながら意味や価値をつくりだすこと」とされている。

前述したように，図画工作科で育成を目指す資質・能力は三つの柱で整理された。教科の目標の具体的な項目(1)(2)(3)は，この三つの柱にそれぞれ対応している。(1)では，「対象や事象を捉える造形的な視点について自分の感覚や行為を通して理解する」という前半部は知識について，「材料や用具を使い，表し方などを工夫して，創造的につくったり表したりする」という後半部は技能について示している。(2)は「思考力，判断力，表現力等」に対応しており，「造形的なよさや美しさ，表したいこと，表し方などについて考え」の個所は，表現と鑑賞の両方にかかわる内容という位置づけである。また，(2)の内容が「未知の状況にも対応できる思考力，判断力，表現力等」としての育成を求められている点は重要である。(3)が主体的・積極的に学習へ向かう姿勢と密接にかかわることは，学年ごとの目標の文言を参照すると明らかである。

2 新しい図画工作科実践──主体的，対話的で深い学びの実現

先にも述べたように，図画工作科の教科目標にある「造形的な見方・考え方」は，この教科において「主体的，対話的で深い学び」を授業で展開するた

第4章　図画工作科の学習指導

めに大切なものであり，この教科ならではのポイントと言えよう。では，図画工作科において「主体的，対話的で深い学び」を具体的に実現していくには，どのような道筋を考えればよいであろうか。

まず，学習に対する興味や意欲をもたせ，主体的な学びへ向かう流れをつくることが大切となる。つくりだす喜びを味わうことはもちろんであるが，最後までやり遂げることも，主体的な学びの姿として大切にしたい。

「対話的な学び」には，他者との対話だけでなく，自分自身と向き合いイメージを温めるような自己内対話もある。図画工作科での授業手法としては，「○○タイム」と称する場を設定し，グループなどで交流するなかでそれぞれが思いや考えを巡らせるような授業展開がありうる。材料コーナーなどでの自然な語らいも大切にしたい。そして，こうした交流のなかで自分のもっているアイデアがさらに膨らんだり，自分だけでは思いつかない考えに出会ったりすることで，造形世界の面白さや意味，価値に気づいていくことが期待されるのである（図4-1）。

図4-1　どうしたらうまくいくかな？
出所：筆者撮影。

「深い学び」の意味を，高度な内容の学習に向かわせることだと解釈してしまい，中学校美術科の内容を前倒しして教え込むような実践は避けなくてはならない。「共通事項　ア」の文言にあるように，発達段階や実態に配慮しながら，あくまでも児童が「自分の感覚や行為を通して」気づいていくような学習活動が求められるのである。

例えば，色彩についての学びを考えてみよう。色料（絵具やインクなど）の混色の際に，いろんな色を混ぜるほど彩度が落ちる（濁っていく）ことについて，中学校美術科の学習内容である「減法混色」の用語をもち出して教え込むのはたやすい。しかし，それでは児童の主体的で自発的な学びになっていかない。そうではなく，例えば色水遊びなどで混色を何度も試すなかで，児童が特徴的な現象に気づいていくよう働きかけたい。コントラスト（同系色や反対色など）の性質についても同様である。色紙同士を重ねてみるなかで「境目がチカチカする色としない色がある」と気づかせたり，自然の風景のなかに目立つ色の組み合わせがあること（例：青空をバックにした銀杏の輝く黄色）を発見させたりすることが考えられる。自ら気づいた児童に賞賛の言葉をかけたりしながら，色の世界のさまざまな特徴について知っていくように導いていけるのではないか。

3　造形教育としての系統性──幼小および小中の接続

第1学年～第2学年の学習においては「スタートカリキュラム」の重要性が

▷2　共通事項
学習指導要領［平成20年改訂］の際に新設された内容である。その際の説明として，「第1章総説」において「子どもの発達の段階に応じて，各学校段階の内容の連続性に配慮し，育成する資質や能力と学習内容との関係を明確にするとともに，小学校図画工作科，中学校美術科において領域や項目などを通して共通に働く資質や能力を整理し，〔共通事項〕として示す」とある。

▷3　スタートカリキュラム
新学習指導要領の解説，総則編において，「特に，小学校の入学当初においては，幼児期の遊びを通じた総合的な指導を通じて育まれてきたことが，各教科等における学習に円滑に接続されるよう，スタートカリキュラムを児童や学校，地域の実情を踏まえて編成し，その中で，生活科を中心に，合科的・関連的な指導や弾力的な時間割の設定など，指導の工夫や指導計画の作成を行うことが求められる」と示している。（文部科学省，2018，74ページ）

第Ⅰ部　初等図画工作科の基礎的視点

▷4　造形遊び
学習指導要領［昭和52年改訂］において，第1学年〜第2学年の表現学習の内容に初めて「造形的な遊び」という呼称で導入された。その後，1989（平成元）年版では「造形遊び」と文言が変わり，第3学年〜第4学年の表現学習まで拡張され，さらに1998（平成10）年版では第1学年〜第6学年まで一貫した学習内容へと編成された。
五感を十分に働かせての素材との対話，場や空間とのかかわりなど特徴的な学習内容である一方，造形的な良さの見取りや評価の難しさなども指摘されている。

提唱されている。生活科はもちろんであるが，図画工作科においても幼児教育段階との接続を意識した指導計画や題材設定が求められる。その際に大きな意味をもつのが「造形遊び」の実践である。体全体を使って材料と触れ合い，思いついたことをどんどん試していく造形遊びの活動は，幼児期の遊び活動と重なる部分も多く，楽しみながら造形的な気づきが生まれていくことが期待される。場や空間に積極的に働きかける姿勢が生まれやすく，周囲の友達との自然な言葉のやり取りも起こりやすい。児童の発達の実態に合った仕方で学習が展開する可能性に満ちており，表現や鑑賞へと向かう積極性を育てるための土台ともなるであろう。

　一方で，第5学年〜第6学年になると語彙力が発達し，自分の経験した内容や，頭のなかに浮かんだイメージなどを，話し言葉や書き言葉によって巧みに表現したり伝達したりできるようになる。これは裏を返せば，造形的な手段による表現や伝達の必要性をさほど感じなくなっていく変化でもある。このことに加え，従来から指摘されるように，自分の表現したいイメージと自分の表現技能とにギャップを覚え，造形活動に億劫になっていくとも言われる。授業実践者にとっては難しい段階と言えるが，彼らの変化を積極的に受けとめ，鑑賞学習により比重を移すことで，知的好奇心をさらに刺激したり，対話や交流の場を与えて，自分の造形世界への興味関心をさらに広げさせたりできるかもしれない。このことは，中学校美術科でのより本格的な美術との出会いへの準備としても重要となろう。

2　図画工作科の学習活動

1　材料とのさまざまなかかわりと課題解決学習

　造形表現活動を行うための材料には，さまざまなものが考えられる。近年はカラフルな材料も多いし，接着剤の進歩により異なる材質のもの同士を貼りつけることも容易になった。思いついたことをどんどん試しながら，自分のイメージに近づけていくことができやすくなったと言えるだろう。

　だが，どのような材料や道具を準備するのかは，学習の中身や教師のねらいと密接にかかわっている。材料のどんな特徴に気づかせたいのか，試行錯誤を通してどのようなことを学ばせたいのか，それらの必然として用意する材料の種類や量，そしてそれらを提示するタイミングや見せ方も変わってくるのである。例えば，児童が喜ぶからといってどんな題材の場合でもモールやビーズを用意するというのでは，個々の題材においてどんな内容を学習の主眼とするのかがあいまいだということになる。また，モールやビーズは装飾的な要素が強

く，造形物の構造そのものを形作るものではない。したがって，そのような材料を頻繁に児童に提示することは，「表現すること＝飾ること」という理解を導きかねない。材料の選択は，学習の質に大きくかかわっているのである。

　では，材料の選択のカギとなるのは何であろう。従来から重要とされているのが，「可塑性」である。例えば，粘土は単に変形がしやすいというだけでなく，元どおりに戻してやり直せるという点でも，きわめて可塑性が高い。可塑性の高さは，自分の思い描いたイメージを実現できるように何度も試していくために，とても大切な要素であり，たとえうまくいかなくても，「別の方法で試してみよう」と課題解決に挑む意欲を持続させるためにも欠かせない。

　一方で，可塑性の高い材料は衝撃に弱かったり，一定以上のサイズになると自重を支えられなかったりする。したがって，よりスケールの大きい造形に挑ませたい場合には，丈夫な材料を与えて，造形的な構造そのものを作り上げていくような方向を提示することが求められる。紙を例にとれば，色紙と画用紙と段ボールの違いがこれにあたる。粘土の場合なら，硬化する紙粘土を使用する，支えの芯となる材料を用意する，焼成して完成させるなどの展開が考えられよう。第5学年～第6学年での針金を使わせる題材でも，変形がしやすいからといってアルミ針金だけ与えると，形を一定に保てない。適度の太さのスチール針金で骨組みに相当する部分をつくらせることで，アルミ針金による自由な表現が生かされるのである。

　「この題材で一番学ばせたいことは何か」「どんな資質・能力をこの題材で育みたいのか」を考える際に，材料，時間，環境などを併せて検討し，児童の造形活動の充実や学びの質の高まりへと導きたい。

［2］　表現と鑑賞──さまざまな見方や感じ取り方の行き来

　「空を見上げたら，入道雲がでっかいライオンに見えた」「登校中に見たマンホールが，人の笑った顔みたいだった」「朝顔のつぼみって，くるくるねじれててかっこいい」というように，身の回りのさまざまなものを見たり触ったりしながら，児童のなかにはいろいろな造形的な気づきが生まれる。こうした気づきは，一緒になって共感してくれる教師や友達の姿があって，初めて引き出されるものである。「造形的なよさや美しさ」を見つけ出そうとする主体的・積極的な姿勢は，日常の学校生活全体のなかで，時間をかけて少しずつ育てていく必要がある。別の見方をすれば，鑑賞活動を通じた学びは学校生活のいろんな場所や場面で生まれる可能性があるということにもなる。したがって，普段何気なく目にするものにも造形的な発見があることを，まず教師自身が率先して示すことが大切であろう（図4-2）。

　表現活動と鑑賞活動は互いに関係し合っているものであり，学習活動のなか

第Ⅰ部　初等図画工作科の基礎的視点

図4-2　このマンホールは赤ちゃんの顔のようだ
出所：筆者撮影。

でも「見る力」と「表す力」とは一体的に働く。例えば，表現学習の後半に「自分たちの造形物の展示」を設定すると，これまでとは違った観点で自分のつくったものを見直し，「どこにどのように飾ったら自分の発揮した良さが伝わるだろうか」「どんな展示にしたら，自分が思いついたアイデアを見る人に楽しんでもらえるだろうか」と考えることになる。場所や見る角度が変わることで新たな発見が生まれたり，友達の発揮した造形的な良さをあらためて理解したりできよう。異学年の児童や教師，保護者や地域の人に見てもらうことによる教育的効果も期待できる。

さらに，ここで「主体的，対話的で深い学び」につながる美術鑑賞を考えるための手がかりについて述べたい。

まず，鑑賞する対象の設定である。筆者がこれまでに大学で行った試行実践や，小・中学校などでの授業観察で得た経験で言うと，造形要素が多様で豊富であることはとても重要であると思われる。色彩や形態，構図や構成，表現されているモチーフの種類や数といった視覚的要素はもちろんであるが，材料がもたらす質感（あるいは触感）なども含まれてくる。手がかりになる情報が多様でたくさんあることで，児童はそれぞれの見方や考え方を働かせながら，味わったり気づいたりすることができるし，複数の情報をつなぎ合わせ，ストーリーとして作品世界を語ることもできやすくなるであろう。絵画作品であれば，ブリューゲル[5]やアルチンボルド[6]の諸作品はこの典型例にあたると思われる。

次に発言と記述についてである。授業者は最終的に評価を行うことが頭をよぎるため，鑑賞学習においても，評価の材料となるワークシートなどの記述データを求める傾向がある。しかし，ワークシートの記述を見ながら発言させると，それぞれの発言内容がかみ合いにくくなり，対話の流れがちぐはぐになってしまう場合もある。鑑賞学習で重要なこととして，「どのような新たな発見があったのか」「授業の最初と終わりで，自分の見方や感じ方はどうなったか」という変容があるが，これを確かめるためには，授業開始時点で鑑賞対象を見た第一印象と，終末場面での自分の考えを記述させれば十分とも言える。口頭での活発なやり取りが生まれるような場づくりや展開を考えたい。

そして，鑑賞学習で大切にしなくてはならないのは，鑑賞対象との深い交感である。あまりに感動が深ければ，児童はその気持ちを容易に言語化することはできないかもしれない。いろんな気づきがあったがゆえに，複数の考えが浮かんでしまった場合なども同様である。大人が理解しやすい発言を取り上げて結論に結びつけるような授業展開では，個々の児童の感じ取ったことや考えた

▷5　ピーテル・ブリューゲル（P. Bruegel, 1525～69）
フランドル地方の風景や習俗などを描いた作品で著名。作品中に多くの人物や事物が配されていることが多く，季節や場所，人々の生活などさまざまな要素を作品から読み取れる。

▷6　ジュゼッペ・アルチンボルド（G. Arcimboldo, 1527～93）
英国の宮廷画家であるが，自然の植物や生き物などさまざまな風物を寄せ集めて人間の姿に組み合わせた「寄せ絵」の手法による作品が有名である。

ことが埋没しかねない。言葉にできるかできないかのみで判断するのではな
く，あくまで児童の反応を素直に受け止め，すくい取ろうとする授業者の姿勢
が大切であろう。

3 図画工作科の指導と支援

1 出会いの提示と共感的な受けとめ

　題材の導入段階で，教師が創作したお話を聞かせることで，児童のイメージ
が広がることがある。とてもたくさんの材料を一度に見せることで，児童が驚
き，表現への意欲が一気に高まることがある。題材との出会いをどのように仕
組むのかは，学習活動をうまく軌道に乗せたり，児童の探究心を持続させたり
するうえで大切なことである。

　また，あえて材料の種類を絞ったり，表現方法に条件を加えたりするような
出会わせ方が有効な場合もある。例えば，自然の木の枝を使った第5学年〜第
6学年での造形活動の場合に，あえて接着剤を一切用意せず，麻紐や毛糸を使
わせる。そうすることでどうすれば立体的に形を立ち上げることができるかを
それぞれが懸命に考え出し，いろいろな仕方で組み合わせたりしばったりしな
がら挑んでいく，そんな児童の姿が期待される。その試行錯誤や課題解決の過
程を見取り，それぞれが発揮する柔軟な発想力や表し方の独自性を認めて讃え
たい。

2 児童の試行錯誤をどのように見取るのか

　造形活動に没入している児童は，発言が少ない場面も多い。授業のなかで
「今この子が何を考え，どんな力を働かせているのか」は，どうすればつかめ
るだろうか。例えば「造形遊び」の学習を考えてみよう。「造形遊び」は体全
体を使って材料や場とかかわり，自分のなかで思いついたことをどんどん試し
ていく学習活動であり，計画的な思考はさほど必要としない。やり直すことも
自由にできるし，周囲の友達との互いの協力も自然に起こる。十分な場所と材
料を準備してのびのびと活動させれば，「これとこれをつなげてみよう」「もっ
と大きくしたらすごくなりそう」といったいろいろな発言が生まれやすい。
「造形遊び」での児童の言葉や行為を見つめ，時には映像に記録し確認するこ
とで，児童の頭のなかでどのような造形思考が展開しているのか，何に造形的
な面白さを見出しているのか理解できるようになるのではないか。

3　学習成果の定着と新たな気づきへの導き

　図画工作科では、表現学習題材の終末場面での振り返りとして鑑賞活動を仕組むことが多い。第1学年〜第2学年であれば、例えば、自分がつくったものについて友達に紹介し合う活動が考えられる。何を紹介するのかを考える過程で、自分や他者の作品の「造形的なよさや美しさ」について少しずつ意識する力が芽生え育っていくことが期待される。高学年になると書く力も育ってくるので、見つけたり感じたりした「造形的なよさや美しさ」を付箋紙に書いて交換し合うこともできる。その場合、「色や形などの造形要素」「発想の独創性や柔軟性」「テーマやストーリーの豊かさ」など観点別に付箋の色を使い分けることで、活動がより具体的になり、一人ひとりの学習成果を全体で共有することにつながっていくであろう。

図4-3　どんなふうになってるの？（思わず寄っていって確かめる）
出所：筆者撮影。

　また、表現学習の中間段階で数人の児童の作品を取り上げ、独自の発想や表し方の工夫について気づきを発言させることもできる（図4-3）。そうした鑑賞活動は、中間段階でつまずいている児童にとって「そんな考え方ができるのか」「なるほど、こうすればいいのか」と解決の方向性を見出すことにつながる。さらに別の方法として、授業者が意図的に「何かもう一つ物足りない作品」「技能的にうまくいかず困っている作品」を自作・提示し、「みんなだったらどうしたらいいと思う？」と投げかけるのも有効である。対象が自分の作品ではないので、児童は「くっつける形をギザギザにすれば強そうに見える」「しま模様の数をもっと増やすと感じが出るよ」などと積極的に発言することができる。こうしたやり取りが、結果として、自分自身の表現をより豊かにしていくための手がかりを探ることにつながるのである。

4　図画工作科の学習指導の充実へ向けて

1　図画工作科の特性をどのように生かすか

　季節ごとにさまざまな表情を見せる植物、一日として同じ形がない空の雲、そして生き物の不思議な形や動き。児童たちの身の回りには実にたくさんの「未知なる世界」が広がっている。また、私たちの生活は実にさまざまなデザインに囲まれており、それらの一つひとつが私たちの暮らしを支え、快適なも

のにしてくれてもいる。そうした世界の広がりや深さを感じ取ったり味わったりすることは，児童の主体的な探究の姿勢を育てていくことにつながる。また，造形によって生まれる色同士の響き合い，大きさや形の違いがつくり出す造形的なニュアンスに，自分のいろんな感情や思いを重ねたり共感したりできることに，児童は気づいていく。一人ひとりの違いが決して表面的でなく，個性という質をともなった内容であることが自覚され，昇華されていくのが図画工作科学習であると言える。

　自分の考えや思いを表すために，時間をかけて向き合い，材料や方法を変えて何度も挑む。さまざまな造形を比較したり，違った角度から眺めたりする。そんな図画工作科の時間は，自分や他者，そして世界と向き合う時間でもある。他教科の学習ではなかなか生まれないような疑問や発見を引き出し，それぞれの自己実現へとつなげさせたい。

［2］　図画工作科学習を通した資質・能力の育成の実現

　図画工作科の授業を楽しい時間にしたいと考える先生は多いし，多くの児童にもその気持ちや努力は伝わっている。一方で，「図画工作科での勉強には意味がある」「図画工作科は自分にとって役に立つ大切な時間だ」，そんな確かな実感を児童にもたせることは，なかなか難しい。児童自身が自らの変化や伸びを感じることができるような図画工作科学習とは，どのようなものであるのか。それを具体化するための一つの鍵が，新学習指導要領における「資質・能力」であり個々の指導事項である，というふうに見ることができる。

　社会のさまざまな変化は確かに目まぐるしいものである。そのうねりのなかで，意味あるものや価値あるものをどのようにして見出し，自らのなかへ取り込んで自分を豊かな存在へと高めていくのか。その大事な基盤づくりが，造形的感性を育むこの教科に求められているのである。

Exercise

① 　新学習指導要領については，学力観をめぐるさまざまな動向や，それに基づく新しい理念が，その背景や基盤となっている。どのような内容であるのか調べてみよう。

② 　「造形遊び」について調べ，どんな材料が使えそうか，どんな造形的な試みができそうかグループでアイデアを出し合いながら話し合ってみよう。

③ 　美術鑑賞学習の具体的な方法について調べてみよう。とくに「アートゲーム」「対話型鑑賞」「批評学習」などについて，どのような観点を与えたり，どのような「問いかけ」「共感」などの言葉かけをしたりするのが有効とさ

第Ⅰ部　初等図画工作科の基礎的視点

れているのか，確かめてみよう。

📖次への一冊

松岡宏明『子供の世界　子供の造形』三元社，2017年。

　　あなたは「上手だ」「本物らしく描いてある」といった観点だけで子どもの絵を見たり評価したりしていないだろうか。本書では，子どもの心身の発達と描画の変化について具体的に解説している。さらに，描画を通して子どもが何を表現しているのか，どのような意味があるのかを，事例も交えてわかりやすく解説されている。

ヤノウィン，P.，京都造形芸術大学アート・コミュニケーション研究センター訳『学力をのばす美術鑑賞』淡交社，2015年。

　　「学習者が何を知ったか」ではなく，「学習者が知っていることをいかに活用したか」が美術鑑賞学習にとって重要であることを，丁寧に解説してある。実践サンプルもあり，すぐに試みたくなる内容である。

アレナス，A.，木下哲夫訳『みる　かんがえる　はなす──鑑賞教育へのヒント』淡交社，2001年。

　　著者は，ニューヨーク近代美術館学芸員勤務時から，ヴィジュアル・シンキング・ストラテジーの手法によるギャラリートークを長年実践してきた。豊富な経験をもとに，鑑賞教育における対話の手法について，どのような点が重要であるのかを具体的に解説している。

長瀬美子・田中伸・峯恭子編著『幼小連携カリキュラムのデザインと評価』風間書房，2015年。

　　幼児教育と初等教育の連携・接続に関する研究事例は，まだまだ少ない状況にある。そうしたなかで，本書では各教科と幼児教育との具体的接続について，実践事例をもとにしながら解説している。幼児の表現教育と図画工作科教育の接続はもちろん，初等教育実践全体を俯瞰することで，児童の育ちのイメージをつかめると思われる。

引用・参考文献

阿部宏行編著『小学校学習指導要領ポイント総整理　図画工作』東洋館出版社，2017年。
文部科学省『小学校学習指導要領（平成29年告示）解説総則編』東洋館出版社，2018年。
岡田京子「学習指導要領改訂のポイント　図画工作科」『初等教育資料』945，2017年，38〜49ページ。
佐藤学『授業を変える　学校が変わる』小学館，2000年。

第5章
図画工作科における評価

〈この章のポイント〉
　図画工作科の評価では，児童一人ひとりの思いとその表現に向き合うことができる。児童の成長を願う教師にとって，大きな喜びと示唆が与えられる時間である。また，よりよい授業へと反省し改善していくうえで，児童の状況を適切に評価することは，貴重な気づきを与えてくれる。一方で，表現や鑑賞の学習において，児童の多様な成果を評価するための規準設定や実際の方法は単純ではなく，適切な評価を確立するためにはさまざまな配慮が必要である。本章では図画工作科における評価の特質と方法を，実例に基づいて学ぶ。

1　図画工作科の特質を生かした評価

　図画工作科では，多様性を尊重し，一人ひとりのもつ特質を伸ばしていくことの大切さを教えることができる。人を一律の量的基準で判断するのではなく，それぞれの人がもつ固有の特質を認め合い，互いに励まし合って成長していくこと。図画工作科における評価は，この人生で最も大切なことを，身をもって教師が示すことのできる教育的意義をもった行為なのである。教室は，児童にとって一つの小さな社会であり，生きるうえで何が大切かを知らず知らずのうちに学ぶ場所である。「芸術を教育の基礎とするべきである」という「芸術による教育」は一つの理想となる考え方であるが，そこで教師が行う評価は，単に児童の学習成果を測るというだけではなく，評価を通して児童の，そしてやがては社会における価値観にも影響していく重要な役割をもっている。

　児童の様子を共感的な態度で見つめることを心がけよう。欠点を探すよりもまず，その児童が今何を感じ，何をしようとしているのか，ありのままに受け止めよう。机間巡視や授業途中で作品を見せる時などに会話する機会がもてれば，その子の思いを聞いてみるのもよいだろう。教師から真摯に理解してもらえたと感じた時，児童はその指導助言を押しつけではなく，自分の力を伸ばすうえでの支援と捉えて前向きに生かすことができる。

　児童が工夫したり努力したりした場面を見つけたら，それを具体的に指摘しながら，ほかの児童にも示して，ともに尊敬し学び合おう。ある児童の学習成果を高く評価したら，またそれとは異なる追究を試みている児童の作品も取り

▷1　芸術による教育
ハーバート・リード（H. Read, 1893～1968, イギリスの美術批評家）による同書（1943年）の刊行を通して広く知られるようになった教育論。一人ひとりの多様な特質を見つけて伸ばすという芸術的な原理で教育全体を改革することや，芸術を通して全人格的な教育を行うことなどに重点を置き，感性の教育から社会全体の価値観を転換していくことを目指す。ここではその考えを敷衍して，評価の場面においても芸術的な価値観を重視することを指摘した。

第Ⅰ部　初等図画工作科の基礎的視点

▷2　新しいものを生み出すという創造性の本義からすれば，創造性を評価する規準を事前に明確に定めることは矛盾をはらんでいる。例えば，アイスナーによる視覚芸術における創造性の四つの類型は，この論点を深める参考になるだろう。「限界の拡張」（既存のものの通常の役割や見方を拡張する），「発明」（既存のものを再構成して全く異なるものをつくる），「限界の打破」（既存のものを否定して新しい解釈を生み出す），「美的構成」（ものごとに優れた統一性や調和を与える）。これらの類型を，教師が子どもの創造活動を見分ける手がかりにするというものである（アイスナー，1986，253～260ページ）。

▷3　エリオット・アイスナー（E. W. Eisner, 1933～2014）
アメリカの美術教育学者，元スタンフォード大学教授。美術教育にとどまらず，カリキュラム改革や教育評価，質的研究などにおいて広く教育研究に貢献した。米国教育研究協会，ジョン・デューイ協会，国際美術教育学会等で会長を歴任。

▷4　2017年の学習指導要領改訂にともない，評価の観点を「知識・技能」「思考・判断・表現」「主体的に学習に取り組む態度」の3観点に整理することが答申されている（中央教育審議会，2016）。ただし，本章執筆時現在（2017年11月），図画工作科の評価の観点は「造形への関心・意欲・態度」「発想や構想の能力」「創造的な技能」「鑑賞の能力」の4点であるため（文部科学省，2010），本章の実践例では4観点で評価した例を示す。

上げるように心がけよう。それによって，教師が好む一つの表現様式だけが評価されるのではなく，一人ひとりがそれぞれの表現を追究することが大切だということを，身をもって示すことができる。

2　図画工作科における評価の実際

1　評価の目的

　評価では，単に児童の学習成果を判定するだけではなく，指導に生かしていくという姿勢が重要である。評価を題材の終了時にのみ行うのではなく，授業の過程においても適切な時期を設定したり随時行ったりし，児童が学習過程でつまずいていたり，あるいはいっそう力を伸ばす可能性がある時に，その児童に応じた指導助言を行っていくことが望まれる。

　また，児童の学習状況を教師による指導の反映と捉え，教師は自らの作成した学習指導案，教室環境や教材が適切であったか，説明，指示，助言，授業展開の方法などが効果をあげられているかなどを検証し，それに応じた指導方法の修正や工夫を随時行っていく姿勢が望まれる。児童の評価を通して，教師は自らの行う教育を評価するのである。評価とは，児童に，よりよい教育を届けるために行うものという目的を見失ってはならない。

2　目標と評価規準の設定

　多様性や創造性[2]を重んじる図画工作科の授業では，評価の信頼性を高めるため，その題材を通してどのような力を伸ばすのか，児童の具体的な活動の姿を思い描きながら，明確な目標を記述することがとくに重要である。児童が自分の思う表現を行うために必要な技能や知識を教師が身につけさせる「指導目標」と，習得した技能を用いて児童がそれぞれ想像力豊かに表したいことを追究する「表現目標」とを含んだ目標設定というアイスナー[3]（1986, 186ページ）の考え方も参考にできる。

　目標に基づいて，評価を行うための観点や目指す水準などを記述する。実際の学校教育では，学習指導要領に基づく目標設定ならびに指導要録の様式と関連した観点別学習状況の評価が制度上求められる。観点別学習状況の評価では，題材の内容に即して評価の観点別に評価規準を各学校が作成する[4]。

　また図画工作科では表現や鑑賞を実際に行う活動が多いため，パフォーマンス課題の評価で用いられるようなルーブリックで学習の達成水準を言葉で記述[5]して検討することも参考になるだろう。

［3］　評価の方法と授業への反映

　美術作品の特質を詳しく吟味して意味や価値を判断する力を「鑑定眼」と呼ぶが，教育の場面において発生するさまざまな事象を質的に評価するうえでこうした観点を応用するのが，教育批評の考え方である。児童が授業で見せる行動がその児童の学習状況についてどのような手がかりを示唆しているのかを読み取り，指導に生かすためには，普段から児童の行動を理解し，前後の文脈や周りとの関係性などに対する感受性を働かせる必要がある。質的で形成的な評価を行うためには，結果としての作品だけでなく，学習活動における子どもの状況を多面的に捉えることが必要である。以下に述べるような方法を授業のどのような場面で用いるか事前に計画し，また柔軟に組み合わせながら，児童を励まし，授業を活性化させる評価を工夫していこう。

　第一に，児童が授業の場面で見せる姿を観察し，その意味を解釈することである。図画工作科の授業は学習過程における一人ひとりの変化を把握する場面に恵まれている。ある児童は，最初に思いついた表現方法に固執して，より豊かな表現の可能性を失いかけているかもしれない。別の児童は，未知の表現方法に挑もうとしてうまくいかず，手が止まっているかもしれない。その時の児童の学習状況をどう評価するかによって，どのような指導助言が適切であるかが変わる。実際の授業ではメモや座席表などを活用して児童の発話や行動を記録したり，表現途中の作品を話題に児童と対話したり，写真や動画で記録したりなどの工夫を組み合わせることができる。

　第二に，学習過程を児童自らが記録するワークシートやポートフォリオを活用することである。ワークシートは単に感想を記入させるものではなく，学習の進行に沿って児童に考えてほしい課題を教師が質問として設定し，児童の思考や発想が促される内容を工夫することが大切である。また，発想から作品の完成，鑑賞に至る流れをスケッチブックに記録したり，それらを集めてポートフォリオとしてまとめたりすることにより，児童が自らの学習を振り返り自己評価しながら進めることもできる。児童の状況に応じ，記録作成が過重にならない範囲で活用を工夫しよう。

　第三に，児童の作品を学習の観点から評価することである。作品を評価する際には，教師個人の好みや趣味で判断することのないよう，その題材の目標と評価規準に基づき，児童が達成した学習状況を評価するという方針を一貫させることが重要である。

　第四に，評価をもとにした児童への助言を工夫することである。個別指導のほか，学級全体で何か学習上のつまずきが見られると評価したら，全員の注目を集めて指導を徹底する，あるいは児童たちに問いかけをして改善案を一緒に

評価規準とは，日本の学校教育制度のもとで行われる「観点別学習状況の評価」において，それぞれの題材における子どもの学習が「おおむね満足できる」状況を設定しその水準を評価の観点ごとに記述したもの。

▷5　パフォーマンス課題
実際に行うこと（パフォーマンス）をともなう学習課題で，実技・実演，口頭発表，作品やレポートなどの作成およびその過程などが含まれる。パフォーマンスの達成度を評価するためには，水準を表す数段階の尺度を設定し，それぞれの段階の達成状況の例を記述したルーブリックを作成し，評価の根拠を明確にすることが推奨される。

▷6　教育批評
アイスナーは，『啓かれた眼──質的探究と教育実践の改善』（1998年）のなかで，教育実践の質を評価し改善に生かしていくために，教育の場面で生起しているさまざまな現象の質とその背景状況をよく認識する「教育的鑑識眼」を養い，その教育実践の意義を解釈し評価することを，美術批評になぞらえて「教育批評」と呼んだ。教育批評は，出来事を生き生きとした言葉で述べる「記述」，その意味を説明する「解釈」，経験の教育的価値を探る「評価」，現象からテーマを導き出して名づける「主題化」という四つの構造で実践される。

▷7　質的で形成的な評価
質的評価は，試験の点数などによる量的評価で測ることのできない学習成果の質を個別の事例に基づいて評価していくこと。
診断的評価（学習の前に子どもの学力を把握するこ

第 I 部　初等図画工作科の基礎的視点

> と），総括的評価（学習後に子どもの達成状況を評価すること）に対して，形成的評価は学習の過程において評価を行い，授業展開や指導に反映させることである。
>
> ▷8　ポートフォリオ
> 元来は芸術家やデザイナーが自分の作品を顧客などにアピールするためにまとめた作品集のこと。教育評価では，子どもが自らの作品集として整理したもののほか，学習の過程で作成された資料やスケッチなども保存した各自の学習記録のことをさし，子どもによる自己評価や相互評価，教師と子どもが達成状況や今後の課題などを検討する場面などに活用する。

考える，技術的な困難を乗り越えるための手助けや参考を示すなど，その場に応じた指導を考えていくことが，図画工作を指導する教師として創造的な授業を展開する醍醐味である。授業そのものが定型化して躍動感を失わないよう，評価を生かす双方向の授業実践を心がけよう。

④　評価の実践例

　以下の節では，第1学年～第2学年，第3学年～第4学年，第5学年～第6学年のそれぞれについて，図画工作科の学習上の特質と評価の関係について触れたうえで，授業展開に即した評価の実践例を示す。題材ごとに目標と評価規準を設定し，実際に用いる主な評価方法をあげた後，どのように評価を工夫し，児童への指導に生かしているかを「学習活動と評価の過程」の表と図で示す。「評価の工夫と活用」の覧に，評価の観点の I ～ IV を記号で示し，実際に用いる方法を（　）内に記す。

3　第1学年～第2学年における評価の実践例

①　第1学年～第2学年の特質と評価

　「先生，見て見て！　こんなことできたよ！」「わぁ，この色きれいだね！」
　子どもたちの歓声が響き渡る。第1学年～第2学年の図画工作の時間はいつも，表現する喜びと，新たな発見に満ちている。初めての素材や道具に触れて，大人が思いもつかないようなアイデアを，躊躇なくどんどん試してゆく。さながら子どもたちの実験場である。

　このように，活気溢れる場として盛り上がる一方で，その熱を維持することは，この段階の子どもたちにとって容易ではない。ところが，例えば「これは何？」と声をかけるだけでも，子どもたちは自分の表現に先生が興味をもってくれたと感じ，短い言葉をつなぎ合わせながら，一生懸命に説明しようとする。そこから言葉を拾い上げて，「○○ということをがんばってるんだね」「先生も，そこが素敵だと思うな」などと語りかけると，子どもたちは顔を輝かせて取り組むことだろう。このように彼らのアイデアと思いを十分に受け止めたうえで評価することを心がけたい。

②　評価実践例

　「ケーキやさんになりたいな」は，色粘土づくりを通して多様な色や形に親しみをもつとともに，ケーキという身近な存在から児童の関心意欲を引き出すことをねらった題材である。ケーキを他のモチーフでアレンジしたり，季節イ

ベントや地域行事などと関連づけたりしてもよいだろう。評価の工夫として
は，児童の様子を丁寧に観察すること，アイデアスケッチや粘土で表現してい
る過程では頻繁に声かけをし，表現したいことがうまく表現できないなどのつ
まずきを把握して児童とともに考える共感的な指導の実践に生かすこと，作品
完成後にメッセージカード方式で児童の相互評価を促す点などに注目してほし
い。

学年　第2学年

題材名　ケーキやさんになりたいな

学習指導要領上の位置づけ

　A表現（1）イ　絵や立体，工作に表す活動：好きな形や色を選んだり考えたりする。

　A表現（2）イ　絵や立体，工作に表す活動：表し方を工夫して表す。

　B鑑賞（1）ア　身の回りの作品などを鑑賞する活動：造形的な面白さや楽しさを感じ取ったり考えたりする。

目標

紙粘土に触ったり絵の具を混ぜたりしながら，材料や素材の特徴を捉えるとともに，形や色を工夫して自分の表
したいことを表したり，友達の作品を見たりすることを楽しもうとする。

評価規準

　Ⅰ　造形への関心・意欲・態度

　　自分の思いを表現したり，他の児童の作品を見たりする活動を楽しもうとしている。

　Ⅱ　発想や構想の能力

　　材料や用具の特質から，表したい造形や色の感じを考えている。

　Ⅲ　創造的な技能

　　紙粘土や絵の具などの使い方を工夫しながら，表したいことを表している。

　Ⅳ　鑑賞の能力

　　話したり言葉で書いたりしながら，他の児童の作品の良さを感じ取っている。

主な評価方法

観察，児童の発言，作品，アイデアスケッチ，作品紹介カード，メッセージカード

学習活動と評価の過程　全4時間計画（45分：1授業時間）

学習活動	評価の工夫と活用（Ⅰ～Ⅳは評価規準）
1　軽量粘土に絵の具をまぜて，いろいろな色の粘土づくりを楽しむ。 ・複数の色を使うと別の色になることや，粘土の混ぜ方で色の感じが変わることに気づく。 ・粘土に色を混ぜながら，新しい形を思いついて試す。	Ⅰ　自分の思いを表現したり，他の児童の作品を見たりする活動を楽しもうとしている。 ・色粘土のつくり方を工夫し，色や形が変わる様子を楽しみながら活動している様子を，観察したり児童の発言を聞き取ったりして見取る。（観察，発言） ・子どもたちの席やグループを見て回り，気になったことがあれば名簿や座席表などにメモしよう。
2　色粘土の色や触った感じから表したいことを思いついて，絵に表す。 ・表したいケーキの形や色を考えながらアイデアスケッチを描く。	Ⅱ　つくった色粘土や，色粘土を混ぜた感じから，表したい形を思いつこうとしている。（アイデアスケッチ） ・児童がどんなことを表したいか，表したいことを表せているか，アイデアスケッチを描いている段階から確認して，つまずいている児童には適切に声かけをするなどして支援しよう。

53

	・声かけの例:「どんな形のケーキにしたい？　色粘土の色は，ケーキのどこの部分に使えるかな？」
3　思いついた形や色を工夫しながら表す ・アイデアスケッチに表した形を，色粘土を使って実現する。 ・形に表しながら思いついた形を，色粘土を新しく作ったりしながら試す。	Ⅰ　自分の思いを形に表すことを楽しもうとしている。（観察，発言） Ⅲ　粘土や絵の具を混ぜた時の感じなどから，新しい形や色を工夫して表す。（発言，作品） ・アイデアスケッチに表した形や色を，児童たちが粘土で表すことができているか確認しながら，必要があれば粘土以外の材料・素材やへらなどの道具を試すよう助言するなど，適切に支援しよう。
4　でき上がった形に紹介カードをつけて，鑑賞会をする。 ・完成したケーキの名前と，どんなケーキなのかを紹介するカードを作成し，ケーキと一緒に机の上などに置いて展示する。  図5-1　作品紹介カード ・クラスの作品を自由に見て回ったあと，同じグループの児童に向けてメッセージカードを書く。  図5-2　相互鑑賞のための 　　　　メッセージカード	・表現するうえでの児童の思いを，作品紹介カードから読み取る。（作品紹介カード） Ⅳ　他の児童の作品を見る活動を楽しみ，新たな発見をしようとする。（観察，メッセージカード） ・鑑賞会の前に，他の児童の作品のどのようなところを見て欲しいかを教師から話しておこう。 ・メッセージカードには，他の児童の作品の良いところを見つけて書けるように支援しよう。 作品紹介カードの例（図5-1）: 自分の作品に込めた思いや工夫したところなどについて　児童が記入する。児童同士の鑑賞を補助するために役立てるだけでなく，教師が児童の表現上の意図や製作のプロセスを理解し評価するための手立てとする。 メッセージカードの例（図5-2）: グループ内の児童たち同士で，短いメッセージを書いたカードを渡し合う。メッセージカードはもらった児童本人がまとめて台紙に貼り付け，ポートフォリオなど学習の記録として保存するとともに，教師による評価の手立てとして活用する。

4 第3学年〜第4学年における評価の実践例

1 第3学年〜第4学年の特質と評価

　これらの学年では第1学年〜第2学年に比べて，指先や手のひらを使った細かな活動ができるようになり，巧緻性が増す。使ったことのある道具や材料に加え，のこぎりや金づちなどの初めての道具を用いる学習にも意欲的に取り組むことができる。図画工作科を好意的に捉えている児童がほとんどである。

　第3学年〜第4学年における発想や構想に関して言えば，児童一人ひとりの個性が，よりはっきりと作品に現れてくる。とくにグループでの製作活動では児童のアイデアが他の児童へ伝わり，作品に生かされる場面が多く見られる。教師は，その児童が感じたことや色や形などから表現したいことを発想，構想している様子をよく見取ったうえで評価を行う必要がある。一方で，他の児童の作品の真似はしたくないが，何を作るのかを考えるのが苦手な児童も見られる。製作途中での鑑賞活動や紹介，教師が児童の話を聞いてイメージを引き出したり，アイデアを認めて製作を後押したりするような声かけも有効である。

2 評価実践例

　「ぼく・わたしの見立てワールド──身近なものを生かして」では，第4学年の児童がまず校内にあるもの（道具や器具など）と人間の形をした油粘土を発想豊かに組み合わせて見立てを行う。その見立てをもとに，本題材は自由に想像した様子や世界を絵にし，そしてグループから個々の製作活動へ変化していく。そのために，教師の授業中の見取りだけではなく，グループでの見立ての活動を写真として，個々の発想や構想をワークシート，振り返りカードや児童の作品として残し，製作過程に即した評価の工夫を行うことが重要となる。

学年　第4学年

題材名　ぼく・わたしの見立てワールド──身近なものを生かして

学習指導要領上の位置づけ
　B鑑賞（1）ア　親しみのある作品などを鑑賞する活動：自分の見方や感じ方を深める。
　A表現（1）イ　絵や立体，工作に表す活動：主題を表す。
　A表現（2）イ　絵や立体，工作に表す活動：表し方を工夫する。

目標
身近なものの色や形や手触りを手がかりに別のものや場面に見立て，それをもとに豊かに想像をふくらませて，絵に表すことができる。

第Ⅰ部　初等図画工作科の基礎的視点

評価規準
　Ⅰ　造形への関心・意欲・態度
　　①ものを見立てて表現することに興味・関心をもち，想像したことを絵に表す活動に取り組もうとしている。
　Ⅱ　発想や構想の能力
　　①ものの色や形，手触りを手がかりに，別のものや場面を想像して見立てている。
　　②自分で想像したことやイメージマップをもとに，表したいことを考えたり，描き加えたりしている。
　Ⅲ　創造的な技能
　　①絵の具の色の混色や濃淡，重なりなどを工夫して表したいものを絵に表現している。
　Ⅳ　鑑賞の能力
　　①作品例の色や形，手触りから何を何に見立てているのか見出すことができる。
　　②作品の良さや面白さ，工夫点を見つけて伝えることができる。
　主な評価方法　活動観察，対話，振り返りカード，見立ての写真，イメージマップと鑑賞用ワークシート，作品

学習活動と評価の過程　全10時間計画（45分：1授業時間）

学習活動	評価の工夫と活用（Ⅰ～Ⅳは評価規準）
1　見立ての参考作品を鑑賞する。 ・ミニチュア写真家田中達也の作品を鑑賞する。（セロハンテープをクジラに見立てた作品など） ・グループごとに鑑賞活動を行う。 2　グループで見立てワールドをつくる。 ・見立てができそうなものを選び，それらを組み合わせてグループごとに見立てワールドをつくる。	Ⅰ　①ものを見立てて表現することに興味・関心をもち，作品作りに取り組もうとしている。（観察，対話） Ⅳ　①作品例の色や形，手触りから何を何に見立てているのか見出すことができる。（観察，対話） Ⅱ　①ものの色や形，手触りを手がかりに，別のものや場面を想像して見立てている。（観察，対話） ・さまざまなものの特徴から想像して見立てる活動に取り組み，さらに見立ての世界観を粘土の人形を用いて，よりわかりやすく表現させたい。 ・声かけの例「試験管立てのどこが何に見えると思ったの？」(図5-3)

図5-3　試験管立てや分度器などをボーリング場に見立てたグループ

・グループごとにデジタルカメラで角度や距離を工夫し，見立てワールドを撮影する。 ・振り返りカードに授業の振り返りを各自	・授業終了時には振り返りカードに，自分の取り組みについて記述させ，子どもの意欲や態度を捉える。 ・児童が満足感を感じていればそれを認め，苦手意識や悩みを感じていればアドバイスやコメントを記入する。

56

第 5 章 図画工作科における評価

記入する。 3　絵を描く。 ・選んだ写真を参考に画用紙に下書きを描く。 ・イメージマップを用いて想像を広げ、下書きにさらにアイデアを描く。 ・水彩絵の具で着色する（図5-4）。	Ⅱ　②自分で想像したことやイメージマップを用いて表したいことを考えたり、書き加えたりしている。（観察、写真、イメージマップ、作品） ・人物の様子や持ち物、表情など細かい部分を描き加えることで、児童が一層見立ての世界観に入っていけるように働きかけ、かつ作品に個性が出るようにしたい。 ・声かけの例「どんな服装や表情がこの絵に合っているか考えて描いてみよう」 Ⅲ　①絵の具の色の混色や濃淡、重なりなどを工夫して表したいものを絵に表現している。（観察、作品） ・混色や色の重なり、水の量による絵の具の濃淡などを例示し、自分の作品に合う絵の具のぬり方や色の組み合わせを選択できるようにする。

図5-4　海上にある楽器のアスレチックで遊ぶ様子

4　作品を鑑賞する。 ・作品を鑑賞し合い、他の児童の見立てや自由な想像の世界を味わい、コメントを書く。 ・他の児童の作品の良さや面白さを発表し共有する。	Ⅳ　②作品の良さやおもしろさ、工夫した点を見つけて伝えることができる。（観察、鑑賞用ワークシート） ・どんな見立てから作品がつくられたのか、写真も共に見ながら鑑賞させて、他の友達のアイデアの良さや面白さに気づかせたい。 ・声かけの例「友達がどんな思いでつくったのかと、作品を見て自分が感じたことをもとにコメントに書こう」

5 第5学年〜第6学年における評価の実践例

1 第5学年〜第6学年の特質と評価

　この時期の児童は，客観的なものの見方や考え方ができるようになり，集団や社会との関係のなかで自分の存在を考えたり，自他の感情を分所的に理解したりする。こうした発達にともない，自己の心を見つめ，考えたことから表現するなどの知的な創造活動ができるようになる。

　一方で，児童それぞれの発達の差や特性の違いなどから，表現したいことがあっても思うように描けない，つくれないというジレンマを感じることも増えてくる。学習者一人ひとりの自己実現の欲求を満たすため，指導者には，表現技能や材料・用具の扱いなどについてのより専門的な知識と，児童の多様な興味・関心に柔軟に対応できる実践的指導力が求められる。

　第5学年〜第6学年の児童の表現では，作品の上手さや器用さが明確にわかる時期であることから，ともすれば仕上がった作品の出来不出来に重点を置いた評価になりがちである。目標に準拠した適切な評価を実施するためには，児童が実際に活動し学んでいる姿を丹念に見取っていく努力が必要である。

　また，初等図画工作科のまとめの時期として，学習指導の過程や結果を総合的に把握することによって，6年間を見通した学校としての学習指導全体の改善に結びつける視点も重要である。

2 評価実践例

　第5学年の児童を対象とした「キモチカードであそぼう」は，自分の感情をテーマに，自分たちでアートカードをつくり，ゲーム形式の鑑賞活動を行う題材である。評価の工夫としては，イメージと言葉を対応させたゲームの特徴を生かし，児童との対話や観察，ワークシートなどの多様な方法を用いながら，造形表現と言語活動の両面から評価できるようにする。また，鑑賞の能力がどのように発揮され，高まっているかを見取るために，ゲーム形式の活動ルールに鑑賞の視点を組み込んでいる点などに注目してほしい。

学年　第5学年

題材名　キモチカードであそぼう（アートカードゲーム）

学習指導要領上の位置づけ

　B鑑賞（1）ア　親しみのある作品などを鑑賞する：自分の見方や感じ方を深める。

　A表現（1）イ　絵や立体，工作に表す：主題を表す。

　A表現（2）イ　絵や立体，工作に表す：表し方を工夫して表す。

目標

絵から気持ちや感情を想像したり，言葉から絵を選んだりしながらゲームをすることを通して，自他の作品の良さや美しさを味わうことができる。

評価規準

Ⅰ　造形への関心・意欲・態度

　①感情やイメージを色や形で表すことに興味をもち，自分の気持ちを表すことに取り組もうとしている。

　②感情やイメージを捉えながらゲームをすることを通して，自他の作品の良さや美しさを味わおうとしている。

Ⅱ　発想や構想の能力

　①気持ちや感情について自分の表したいイメージが表れるように色や形を考えている。

Ⅲ　創造的な技能

　①絵の具や筆などの特徴を生かし，色のつくり方や濃淡やにじみ，筆づかいなどの表し方を工夫している。

Ⅳ　鑑賞の能力

　①自他の作品について語ったり，他の児童と話し合ったりしながら，表現の意図や特徴などを捉えている。

　②自他の作品について語ったり，他の児童と話し合ったりしながらよさや美しさに気づき，自分の見方や感じ方を深めている。

主な評価方法　ワークシート，作品，観察，対話

学習活動と評価の過程　全4時間計画（45分：1授業時間）

学習活動	評価の工夫と活用 （Ⅰ〜Ⅳは評価規準）
1　色や形の効果を考えて，気持ちを表す簡単な表現を試す。 ・配色カードを用いて複数の色の組み合わせを例示し，感情やイメージの違いを感じ取らせたい。	Ⅰ　①感情やイメージを色や形で表すことに興味をもち，自分の気持ちを表すことに取り組もうとしている。（観察，対話，ワークシート） ・ワークシートの記述や表現から，色や形と気持ちを表す言葉とを関連させて考えているかを把握する。 ・声かけの例「『雨の日のさみしい感じ』を表すには，どんな色の組み合わせがよいか考えてみよう」
2　表したい気持ちや感じに合うように，色や形を考えたり，表現に適した方法を工夫したりしながら，「キモチカード」をつくる。 ・混色や重色，絵の具の濃淡，筆づかいなど，児童それぞれの表したいことに合わせて具体的に助言したい。 ・絵のカードとそれに対応する言葉のカードをペアとしてつくる。	Ⅱ　①気持ちや感情について自分の表したいイメージが表れるように色や形を考えている。（観察，対話，作品） ・観察や対話により児童の表現のねらいを理解し，表したい感情やイメージに適した方法を選んだり，組み合わせたりしているかを把握する。 ・声かけの例「うれしくて飛び跳ねたい気持ちは，筆の使い方を工夫してみたらどうかな」 Ⅲ　①絵の具や筆などの特徴を生かし，色のつくり方や濃淡やにじみ，筆づかいなどの表し方を工夫している。（観察，対話，作品） ・表現の意図に合わせて，混色や重色，水の量の調節，筆づかいなど，表し方を工夫しているかを見取る。
3　グループになり，キモチカードで遊ぶ。	Ⅰ　②感情やイメージを捉えながらゲームをすることを通して，自他の作品の良さや美しさを味わおうとしている。（観察）

・鑑賞のねらいを達成するためにルールを確認し、活動が勝敗を目的にしたものでないことを理解させる。
(1)「つながるゲーム」
・自分がつくった絵のカードと他の絵のカードとの共通点を見つけながらテーブルの上に置いていく。その際、グループの友達を納得させるような説明を考える。
〈予想される発言例〉
「明るい色で、楽しい感じがするところが似ています」
(2)「みつけるゲーム」
・グループの親が言葉のカードを読み、メンバーが対応する絵のカードを予想して当てる。作者は、作品についてのコメントを発表する（図5-5）。
・作者が、絵にこめた気持ちや感情などをメンバーに話すことをルールとし、話し合う活動を大切にさせたい。
〈予想される発言例〉
「暗い空に星が光っているような絵になったので、キラキラした楽しい気持ちという言葉をつけました」

4　本時の学習をふり返り、学習のまとめをする。

・キモチカードに表現された色や形などの造形要素と、感情やイメージを関連させながらゲームを行おうとしているか観察する。
・声かけの例「『絵から○○な気持ちが伝わります』などのように、絵からどんな気持ちが連想できるか考えると面白そうだね」

Ⅳ　①自他の作品について語ったり、他の児童と話し合ったりしながら、表現の意図や特徴などを捉えている。（観察、ワークシート）
・受け取った感情やイメージとともに、色や形、筆づかい、構成などの造形要素を説明に加えているか観察する。
・声かけの例「具体的に画面のどこに着目して、作者の気持ちや表したい感じを想像したのか伝えよう」

Ⅳ　②自他の作品について語ったり、他の児童と話し合ったりしながらよさや美しさに気づき、自分の見方や感じ方を深めている。（観察、ワークシート）

・他の児童と話し合い、表したかった感情やイメージと、表現方法を関連させて相手に伝えたり、他の児童の発言から作品の良さや美しさを感じ取ったりしているかを、観察やワークシートの記述から把握する。
・声かけの例「友だちがどんな思いでカードをつくったのか、自分が感じたことと比べながら話を聞いて、作品のよさを感じ取ろう」

図5-5　「みつけるゲーム」言葉に対応するカードを選ぶ

Exercise

① 教師の個人的な好みと児童の作品の評価との関係は、どのように捉えたらよいだろうか。問題点や注意すべき点などを話し合ってみよう。

② 想像力、イメージする力、創造性などを評価することはできるだろうか。その理由や、可能とした場合の方法の案などについて考えてみよう。

③ 評価を授業の改善に結びつけるために、どのようなことができるだろう

か。具体的な例に基づいて提案してみよう。

📖次への一冊

アイスナー, E. W., 仲瀬律久ほか訳『美術教育と子どもの知的発達』黎明書房, 1986年。
　図画工作・美術教育に関する総合的な理論書。とくにカリキュラムと評価について美術教育の特性を生かしたあり方を示している。

ガードナー, H., 黒上晴夫監訳『多元的知能の世界――MI 理論の活用と可能性』日本文教出版, 2003年。
　多元的知能理論（MI 理論）を基礎として教育と評価の改革に向けた提言を示す。とくに芸術教育やポートフォリオを用いた学習過程の評価についても焦点が当てられている。

松下佳代編著『「新しい能力」は教育を変えるか――学力・リテラシー・コンピテンシー』ミネルヴァ書房, 2010年。
　昨今の教育改革とそれにともなう教育評価に影響を及ぼしている「新しい能力」概念について, 理論的背景と国際比較を踏まえながら多角的に検討している。

リード, H., 宮脇理・岩崎清・直江俊雄訳『芸術による教育』フィルムアート社, 2001年。
　芸術を基礎として子どもの感性を養い, 個性の発達と社会的適応とを協調的に促す教育への改革を目指した理論書（英語初版1943年）。

OECD 教育研究革新センター編著, 篠原康正・篠原真子・裵岩晶訳『アートの教育学――革新型社会を拓く学びの技』明石書店, 2016年。
　各国で発表された心理学・教育学等の研究成果を統計的に分析し, 芸術教育の効果と存在意義を検討している。図画工作科教育の評価を考えるうえでも示唆的な論点を含む。

引用・参考文献

中央教育審議会「幼稚園, 小学校, 中学校, 高等学校及び特別支援学校の学習指導要領等の改善及び必要な方策等について（答申）」2016年。

アイスナー, E. W., 仲瀬律久ほか訳『美術教育と子どもの知的発達』黎明書房, 1986年。

Eisner, E.W., *The Enlightened Eye: Qualitative Inquiry and the Enhancement of Educational Practice*, Prentice Hall, 1998.

国立教育政策研究所教育課程研究センター『評価規準の作成, 評価方法等の工夫改善のための参考資料【小学校　図画工作】』教育出版, 2011年。

文部科学省「各教科等・各学年等の評価の観点等及びその趣旨」（「小学校, 中学校, 高等学校及び特別支援学校等における児童生徒の学習評価及び指導要録の改善等について（通知）」別紙5）, 2010年。

リード, H., 宮脇理・岩崎清・直江俊雄訳『芸術による教育』フィルムアート社, 2001年。

第Ⅱ部

初等図画工作科の指導実践

第6章
造形遊びをする活動と指導実践

〈この章のポイント〉

　児童は材料を並べたり積んだり，場所に体全体でかかわったりするなど，遊びのなかで造形の学びを深めている。図画工作科ではこうした遊びがもつ教育的な意義と創造的な性格に着目し，「造形遊び」を内容に位置づけている。本章では，この「造形遊び」を理解すべく，その学習活動の意義と実践の理解について学ぶ。第1節では，造形遊びの背景と意味，学習指導要領における歴史的変遷から理念と位置づけ，第2節では，各学年における造形遊びの内容と特質の理解，第3節では，各学年における造形遊びの実践について事例とその解説を通して，実際的な理解を深めたい。

1　学習活動の意義

1　造形遊びの起こりと意味

　新学習指導要領で「A 表現」の二つの側面の一つとして示されている「造形遊びをする」（以下，造形遊び）は，学習指導要領［昭和52年改訂］に「造形的な遊び」として新設された。ただ，「造形遊び」や造形遊びに類する造形活動はそれ以前からあったとされている。そのなかでも関係が深いと考えられているのが，東京の「造形教育センター」と，大阪を中心として活動していた「Doの会」，そして「Doの会」と不可分な存在としての「大阪教育大学附属平野小学校図画工作科（以下，附平野小図工科）である。

　昭和40年代頃に，東西で造形教育にかかわる研究組織が造形遊びの前身となる活動を積極的に推進した背景には以下のような共通した問題意識があったと考えられる。

　・民間教育団体が牽引してきた戦後の絵画中心の美術教育の是正，または，コンクール入賞を目指す作品主義への反発。

　・1950年～60年代のハプニングやアクション・ペインティング，コンセプチュアル・アート，環境芸術など現代美術が拡張した美術の地平と美術教育との乖離への問題意識。

　もちろん，こうした状況に疑問をもつ実践研究者たちによる個別の主張や教育運動は以前から存在しており，昭和50年には，多数の造形教育センターの会

▷1　造形教育センター
1955年（昭和30年）にデザインや工作を含めた広い領域から美術・図画工作科教育を探求することを趣旨として活動を始めた研究組織。造形文法，あるいは視覚の習熟と理解を目標とする幅広いデザイン・工作教育，造形教育の研究と普及に取り組んでいた。「造形的な遊び」新設当時は，教科調査官の樋口敏生や，その後任となる西野範夫ほか，多数の指導要領作成協力者が同センターの関係者であった。

▷2　Doの会
1960年代，大阪教育大学在学時に現代美術の影響を強く受けた学生が卒業後に「趣味の会」的に活動を始めた団体がやがて「Doの会」へと発展していく。彼らが「行為の美術教育」として発表した内容が「造形遊び」に影響を与えたと考えられている。その中心的なメンバーに，後に教科調査官となる板良敷敏がいた。

第Ⅱ部　初等図画工作科の指導実践

▷3　大阪教育大学附属平野小学校図画工作科
Do の会の主要なメンバーである板良敷敏は昭和46年に同校の教官となり，現在の造形遊びの原型とも言える教育実践に盛んに取り組んだ。また，改訂当時，同校は文部省の「ゆとりあるしかも充実した教育のための教育課程」の指定校になっている。

員が参加した民間の研究会で Do の会の中心的存在であった板良敷の教育実践が高い評価を受けている。

　このように，当時の美術教育に問題意識をもった実践研究者たちの実践が変化をもたらしたのが，戦後の経済復興を担い過密化した学習内容を見直し，人間尊重の精神に基づいた「ゆとりと充実」の教育へと展開する学習指導要領［昭和52年改訂］につながる文部省の教育改革であり，その流れに導かれる形で，彼らの取り組みが「造形遊び」に結びついていったと言える。

　なお，板良敷ら，附平野小図工科の教師による著書では授業の組み立て方として「からだによる表現（全身的な造形活動）」「材質への作業（材料に基づく発想，連想，模倣）」「空間への活動（場所，環境を生かして）」「構成遊び（初歩的な技法を使って）」を示している（辻田ほか，1978）。活動そのものに価値を見出し，繰り返し活動することを認め，身近な材料を使い，時にはつくったものが消えてしまい，全身的な活動となったりグループで活動したりするがゆえに教室にとどまらないなどの学習活動の特性は，新学習指導要領でも基本的に変わっていない。

　板良敷は著書のなかで「現代は従来の絵画観や作品観だけでは理解しがたい時代であることも事実である。造形遊びは，もう一方の美術からの示唆を少なからず受けるべきであろう。というのは，造形遊びの背景が，児童の興味と関心からだけでは，教育の流行で終わってしまうにちがいないからである」（辻田ほか，1978）と述べ，「造形遊び」が従来の意味や価値を更新する能力を育成する学習活動であることを主張している。社会の変化がいっそう激化する今後の社会を生きる学びの意味とその必要性を「造形遊び」によって主張していたかのようである。

2　学習指導要領にみる造形遊びの変遷

　学習指導要領［昭和43年改訂］における図画工作科の内容は，A絵，B彫塑，Cデザイン，D工作，E鑑賞という5領域で示されていた。それが，昭和52年の改訂でA表現，B鑑賞の2領域にまとめられた。そして，表現領域のもとに三つの項目が置かれ，第1学年〜第2学年の第1項目に「(1)材料をもとにして，楽しく造形活動ができるようにする」すなわち「造形的な遊び」が新設されることとなった。その後，改訂を行うたびに対象学年を広げ，平成10年の改訂で「造形遊び」は全学年に位置づけられた（図6-1参照）。平成20年，29年の改訂でも造形遊びは全学年に位置づけられている。

　内容を詳しく見てみると，昭和52年改訂で示された第1学年〜第2学年の造形遊びは材料をもとにした活動であったが，平成元年改訂で示された第3学年〜第4学年の造形遊びでは，場所の要素が加わった。さらに，平成10年改訂で

示された第5学年～第6学年の造形遊びが「材料や場所の特徴を基に……」となった。学年進行に沿った活動の質的高まりについて整理されたと言える。

また，平成元年まではA表現が三つの項目で示されてきたが，平成10年改訂以降は二つの項目に整理された。平成10年以降，造形遊びはA表現の2項目のうちの1項目であり，内容の大きな柱の一つとなったと言える。

3 幼小接続と他領域とのかかわり

学習指導要領［昭和52年改訂］から「造形遊び」が内容として示され，就学前の造形活動と関連を重視した総合的な造形活動として，第1学年～第2学年で造形遊びが実施されるようになった。低年齢の幼児や児童には，いつもつくりたいものがあるわけではない。ただ，積木を並べてどんどん長くしていったり，積んで板をのせて滑り台にしたり，空き箱の一つを家に見立てて紙に描いた住人や家具を並べたりなど，さまざまな方法で遊びを広げていく。最初から完成時のイメージをもたず，物や素材の色・形・材質から「いいこと考えた！」を試す幼児の造形活動は，遊び性を通して児童の自由な発想や創造性を大切にした造形遊びにつながっていく。

このように，児童は造形遊びを通して色や形，材質，場所や空間，その特徴から発想して創造していく過程で，素材と手や体全体で向き合い，かかわっていく。児童は，造形遊びを通して，色や形から見立てたり，イメージを思いついたり，失敗してもあきらめずに挑戦し，友達と話し合って協力し，時には折り合いをつけ，より面白くするための活動を思いつくなど，さまざまな学びを育んでいる。造形遊びは，作品主義から児童の活動の過程を重視する資質・能力の育みとなる学びの質的転換を示唆してきたと言えよう。

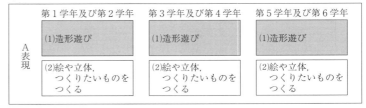

図6-1　学習指導要領における造形遊びの変遷
出所：筆者作成。

第Ⅱ部　初等図画工作科の指導実践

2　学習の内容と特質

1　第1学年〜第2学年の児童の造形遊びの特質と指導

　幼児期から第1学年〜第2学年の児童には，例えば，拾い上げた小石の形や色から食べ物や生き物などのイメージを見つける姿がある。また，雨が上がった地面にできた水たまりを長靴や傘の先で触れる行為そのものを楽しむ姿が見られる。他にも，土や砂などに体ごとかかわって形づくること，材料を並べたり，積んだりすることやその結果できる長さや大きさに体全体でかかわることなどを楽しむ姿が見られる。

　この時期の造形遊びの特質は，児童が思いついて活動することである。そこには，「大きさ，広さ，長さ」などの量的なものや「ワクワクする」「ぞくぞくする」といった質的なイメージ，「ここに並べてみよう」や「もっと積んでみよう」など活動の方法にかかわることなどが見られる。

　接着をともなわない「並べる，積む」行為は，平面から立体への意識の芽生えや，つくったりつくり直したりする構成的な活動や自然発生的なグループによる協働的な活動につながる。過程では，思いついたことができないこともあるが「こうすればうまくいかない」ことを学び，「だから，この材料や用具で方法を工夫してつくる」と新たな技能をつくりだすようにもなる。

　指導にあたっては，造形遊びの設定に必要な量の材料を広くて安全な場所に用意し，児童が「やってみたい」「楽しいことができそうだ」と意欲をもつことができる提案がある導入の工夫，児童が一人で，または，友達と協働しながら発想や工夫を試みる時間の十分な確保が必要である。また，児童がもつ多様なイメージを想定し，児童が試み自体を価値あることと認めるとともに，それらの活動を資質や能力の視点で捉え，育成することが重要である。

2　第3学年〜第4学年におけるの造形遊びの特質と指導

　心や身体が成長するこの時期の児童は，前年までの材料に加えて，長めの木切れや枯れ枝，自分で切ったり，形を変えたりすることができる空き容器や段ボール板などの材料と，のこぎりや金づち，釘など活動に必要な用具，机の下の隙間や，廊下，遊具や樹木のある校庭，机や椅子を片付けた教室や講堂，体育館などの場所との出合いから発想や構想するようになる。また，第1学年〜第2学年の特性も残り，児童によって変容の様子は多様である。

　この時期の造形遊びの特質は，複数の材料や場所，方法などを組み合わせながら活動することである。友人と協力して計画を立て，活動場所の広さや空間

第6章　造形遊びをする活動と指導実践

などを活用しながら，低学年の時には思いつかなかった大きさや広さのものを
つくったり，親しんできた材料や方法で活動しながら，接着剤や接合材の組み
合わせ方を工夫し，時には今までになく丈夫に，時には意図的に動くようにつ
ないだりするようにもなる。

　指導にあたっては，児童が造形的な活動を思いつくことができるよう，材料
を試みに使ってみたり活動場所を探したりする時間を十分に確保することや，
主となる材料と組み合わせて扱う材料を用意しておいたりすることに留意す
る。また，たくさん切った角材や釘を打ってできる形から思いついてつくるこ
となど，行為や方法を発想の手掛かりにすることが有効な場合もある。こうした
指導を有効に働かせるためには，教師自身が，児童の経験や実態を考慮したう
えで，提供する材料や場所から，児童がどのような発想や構想をするかを想定
しておくことが必要である。また，初めて使う用具を提供する場合には，その
危険性などにも配慮し，安全に活動できるよう指導することは言うまでもない。

３　第５学年〜第６学年の児童の造形遊びの特質と指導

　第５学年〜第６学年になると材料経験も豊かになり，手の巧緻性もこれまで
以上に高まることで，材料の特徴や強度を考えた加工や，接着・接合ができる
ようになる。それによって，より大きな構造物をつくりだすことができるよう
になる。造形遊びで扱う材料については，それぞれの形や色だけではなく，柔
らかい，堅い，切ったり削ったり接着したりできるといった材質を捉えられる
ようになる。また，場所についても光が差し込む部屋や光が当たらない廊下と
いったその場所の構造的な特徴や，人々がよく利用する玄関ロビー，学校の顔
としての正門といったように，その場所のもつ意味性をも含んで捉えられるよ
うになる。

　こうした児童の表現の特性を踏まえ，第５学年〜第６学年の造形遊びでは，
材料や場所の特徴を基にした活動が求められるようになる。「特徴を基にした
活動」とは，「特徴を捉え，それを生かした表現をすること」だと言える。例
えば段ボールという材料だからこそできる活動を考えたり，逆にスポンジなの
に硬いように見せかけるというような材料の性質をずらす活動を考えたりする
ことである。また，「人々が出入りするロビーだから，人々が○○な気もちに
なる場所につくりかえよう」と，その場所のもつ意味を生かした活動を考えた
り，「さびしい廊下を華やかにしたい」と，その場所がもつ意味を変化させる
活動を考えたりすることもそうである。

　このような，第５学年〜第６学年の造形遊びは，材料や場所の特徴について
しっかり検討し，それをもとにじっくりと構想を練る時間が必要になる。その
ため第５学年〜第６学年の造形遊びにおいてはアイデアスケッチなども活動内

69

第Ⅱ部　初等図画工作科の指導実践

容を深める有効な手立てとなる。

　児童が表現の意図をもち，計画的に活動を進めていくため，題材によっては，一見，絵や立体に表す活動と同じに感じることもある。しかし，造形遊びはあくまでも材料や場所の特徴から発想する活動であり，その違いから活動過程で高まる資質・能力も異なっている。

3　指導実践

1　第1学年～第2学年

実践事例①：「ならべて　つんで」

　本題材は，児童が量のある材料を並べたり，積んだりすることを楽しむことに応じたもので，いろいろな形や大きさの空き箱を，並べたり積んだりすることから思いついてつくる活動である。題材の目標は次のとおりである。▷4

▷4　本章では図画工作科の評価の観点と対応する目標は「造形への関心・意欲・態度」「発想や構想の能力」「創造形な技能」「鑑賞の能力」の4観点で示す。本書の第5章▷4を参照。

○いろいろな形や大きさの空き箱を並べたり積んだりすることを楽しむ。【造形への関心・意欲・態度】
○空き箱を並べたり，積んだりしてできる形や大きさを捉え，楽しい活動を思いついたり，面白い形を考えたりする。【発想や構想の能力】
○手や体全体の感覚を働かせて，空き箱の並べ方や積み方などを工夫する。【創造的な技能】
○空き箱を積んだり並べたりしながら，手応えを感じたり形や大きさの変化に気づいたりする。【鑑賞の能力】

　本題材で期待できる活動は，空き箱を並べたり積んだりしてできる形を捉え，自分が知っているものや好きなもののイメージにつくることや，できる長さや高さを捉え，体全体を働かせながらつくることなどである（図6-2，6-3）。

図6-2　高さを追求した活動の例

図6-3　建物のイメージで活動した例

導入では，教師の手元が見える近くに児童を集め，「並べたり，積んだり」「並べ直したり，積み直したり」する行為を示しながら本題材の提案を行う。その際，とくにイメージを想起させるような操作は避ける。

活動の過程では，思いつくままに「できそうなこと」「してみたいこと」を試してみるよう促し，試みの場と時間を十分に確保する。発想や構想の能力に重点を置いた評価を行い，児童の発言や活動を共感的に受け止める。板書には大きさや高さ，長さなどをともなう活動と，具体的なイメージをともなう活動を左右に分け，発想の広がりとして示す。「1人で」「友達と協力して」などの活動方法を児童の構想の能力の働きと捉え，児童の考えに任せるようにする。

実践事例②：「しんぶんしと　なかよし」

本題材は，児童が，材料の長さや大きさに体全体でかかわることを楽しむことに応じたもので，新聞紙をやぶいたり，並べたり，つなげたりすることから思いついてつくる活動である。目標は次のとおりである。

> ○新聞紙に体全体でかかわり，大きさや感触などを楽しみながら造形的な活動に取り組む。【造形への関心・意欲・態度】
> ○新聞紙を，並べて敷いたり，細くやぶいてつないだり，ねじったりするなど，いろいろな操作を試みながら，造形的な活動を思い付く。【発想や構想の能力】
> ○手や体全体の感覚を働かせて，新聞紙の並べ方やつなぎ方，破り方や丸め方，ねじり方などを工夫する。【創造的な技能】
> ○新聞紙にかかわることで，形や感触が変化する楽しさを感じ取る。【鑑賞の能力】

本題材で期待できる活動は，新聞紙に体全体でかかわりながら，体にまとったり床に並べたりして柔らかさや大きさを感じることや，やぶいたりねじったりしてできる形を捉えて見つけた形をつくることなどである。

指導にあたって，材料を扱いながらの導入，児童が材料の扱い方を試したり活動の目的を見つけたりするための時間の確保などは「ならべて　つんで」と同様である。本題材では具体的なもののイメージをもつものをつくる，長さや広さだけではなく，材料の柔らかさなども体で感じる活動も見られる。どの活動にも等しく意味や価値があることと受け止め，教師と児童，児童と児童がそ

図6-4　乗り物のイメージで活動した例

図6-5　広さを追求した活動の例

れらを共有できるようにすることが重要である（図6-4，6-5）。

2　第3学年～第4学年

実践事例：「つつんでみよう　こんな物　あんな場所」（題材協力：神戸市立塩屋北小学校　田村昌代教諭）

本題材は，身近な材料や場所などをもとに造形的な活動を思いつくことに対応し，図工室という場所やそこにある備品や用具・材料などを新聞でつつんでいくことから，形を変えたり新しい形を思いついたりして活動を思いついてつくり変えていく授業例を示す（図6-6，6-7，6-8）。題材の目標は次のとおりである。

○新聞紙を使って，図工室にあるものや場所をつつむことを試す。【造形への関心・意欲・態度】
○つつみたい物や場所を見つけたり，つつみ方を考えたりする。【発想や構想の能力】
○新聞紙を使って，ものや場所のつつみ方を工夫する。【創造的な技能】
○つつんだ物や場所を見合い，つつみ方の工夫や面白さを味わう。【鑑賞の能力】

第4学年の授業例を紹介する。このクラスは，明るく元気で落ち着きのある児童が多く，図工でも日頃より意欲的に取り組んでいる。ただし，素材を大胆に扱ったり，思いついたことに挑戦しようとしたりする姿は少ない。そこで，1学期にペットボトルのキャップを積んだりつなげたりしながら，自分なりの表現を繰り返し試し，友達同士で相談して意欲的に活動を広げる姿が見られたことから，2学期にはこの題材に取り組んだ。

新聞紙は手に入りやすく，児童が何度でも試すことができる安心感があり「ちぎる」「折る」「割く」など加工しやすい素材である。この日，教師は図工室でペンチやスティックのり，セロハンテープ，バケツ，電動糸鋸など，児童がかかわりたくなる教室環境を事前に準備していた。

導入時「つつむってどんなの？」と教師は児童に投げかけ，児童が考えた後，教師は新聞紙はそのままつつんでもいいこと，破ってもいいこと，全部つつまなくていいことを伝え「この椅子の形をつつんでみよう！」と話した。

図6-6　物の形にあわせてつつむ

図6-7　カーテンや手すりもつつむ

図6-8　電動糸鋸をつつむ

新聞紙の上に椅子を置いてプレゼントのようにつつむ児童，脚の1本ずつをつつんでいく児童など，椅子と格闘するかのようにそれぞれの考えた方法で椅子をつつんでいった。その後，発想を互いに共有していく時間をもった。そして，学習目標「いろいろなつつみ方にチャレンジしよう！」を提示する。

　教師は「使うものは新聞紙，セロハンテープ，そして，みんなの手」のみであるなどの約束を説明し，活動が始まった。児童は新聞紙を使って，椅子の形がわかるようにつつみ，図工室にある大きな机は女児たち6人が協力して，水道は割いて帯状にした新聞紙を巻きつけていく。ごみ箱のふたは丸い形に変身し，塵取りはもち手の細い部分も形に添わせて巻きつけられたりしている。電動糸鋸を半分つつんだところで隣にある棚もつないでつつもうとする児童がいる。また，スティックのりの両端をねじって「キャンディーみたい」と言いながら，友達と一緒に今後はペンをキャンディーにした。そして，授業が終わりに近づくと，並んだ水道は手すりごと大きなつつみとなって，乾燥棚をつつみ終えた男児たちは隣の大きな空間を隠れ家に見立ててなかに入り，キャンディーをつくっていた児童は組み合わせて兜に発展させようとしている。そして，教師が鑑賞タイムをとった後，児童から次回は，「（見立てた）帽子にもっとくっつけたい」「床をつつみたい」など口々に意見が上がり，次の授業へのイメージや期待が膨らんでいた。

　児童はつつむことで物や場所が変身すること，形に添わせてつつむとその物の形は残るが，大きく覆ってつつむと空間がつくられることなど，つつむことそのものの楽しさからイメージを広げていた。友達や教師に見せて認め合ったり，意見を出し合って協同で大きな物に挑戦したり，全身を使って場や物に挑む真剣なまなざしを見ることができた。

3　第5学年〜第6学年

　実践事例①：「ひらいてみると」

　本題材はビニール傘を主材料として，身近にある空間に働きかける造形活動である。児童は開いた傘の形や色の特徴をもとにイメージをふくらませて，傘の形や色などを生かして，身近な場所を楽しい空間につくり変えてゆく。題材の目標は次のとおりである。

> ○傘の形や色をもとに空間に働きかけ，場所の雰囲気を変えることを楽しむ。【造形への関心・意欲・態度】
> ○傘の形や色をどのように並べたり組み合わせたりすると，空間の様子を変えられるか考える。【発想や構想の能力】
> ○傘の組み合わせ方や並べ方など工夫して思いにあった空間をつくりだす。【創造的な技能】

> ○傘でつくりだした空間のよさや美しさに気づく。【鑑賞の能力】

　透明なビニール傘がもっている形や色そのものによって場所の見え方を変えるだけではなく，設置する場所に差し込む日差しに着目して，傘を透過した光が空間の雰囲気を変えるような活動も期待したい。こうした活動を通して，場所という概念が環境へと高まることを期待したい（図6-9，6-10，6-11）。

　指導にあたっては，まず，導入で主材料である傘の形や色などの特徴を確かめ，傘だからできることについて考える時間を取る。また，活動場所の空間としての特徴に気づけるようにじっくりと活動場所を見て回る時間もとりたい。活動場所で，実際に傘を並べたり吊るしたりしながらその効果を確かめてみたり，設計図を書いて検討したりするなど，第5学年～第6学年らしい見通しをもった活動ができるように配慮したい。また，本題材では校内の廊下や階段などの公共の空間を一定期間占有することになるため，他学年への連絡や配慮も忘れずにしておきたい。

図6-9　活動場所で考える　　図6-10　並べ方を工夫する　　図6-11　高さを調整する

　実践事例②：「いつもの場所をステキな場所に……」

　本題材は，普段，児童が学校生活のなかで何気なく利用している学校内の空間を改めて見つめ直し，児童自身が身近で採集した材料を活用してその空間に働きかけることでその場所の様子や雰囲気を変える活動である。題材の目標は次のとおりである。

> ○普段から利用している場所を，自身が採集した材料を活用してつくりかえる活動を楽しむ。【造形への関心・意欲・態度】
> ○自身が採集した材料でどのようにすれば場所の雰囲気を変えられるか考える。【発想や構想の能力】
> ○つくりかえたい雰囲気になるように，採集した材料の置き方や，並べ方を工夫する。【創造的な技能】
> ○自分たちがつくりかえた空間の雰囲気を味わい，そのよさや美しさに気づく。【鑑賞の能力】

第6章　造形遊びをする活動と指導実践

図6-12　活動途中の空間

図6-13　完成後の様子

　場所の様子や雰囲気を変えると言ってもその場所に不可逆的な変更を加えるのではなく，壁に立てかけたり並べたりするなどといった活動で，活動終了後にはその場所を元に戻すことができるような方法で取り組むようにしたい。
　日常見過ごしている場所に関心をもち，生活をよりよく豊かにするように働きかけられるようになることも期待している。
　指導にあたっては，まず，日常から利用している校内のさまざまな場所を見て回り，場所に対して抱いている「暗い」「さびしい」などのイメージについて話し合う。そのうえで，身近で採集できる材料をもとに，それらの場所に対して多くの児童がもっているこうしたイメージを払拭することを提案する。なお，本事例で紹介している活動は，近隣の海岸清掃の際に採集した漂流物を利用している（図6-12，6-13）。このように，材料を買い求めるのではなく，身近で採集できる材料を利用することは，図画工作の学習が普段の生活へ還元されることにもつながる。
　第5学年〜第6学年の造形遊びは大がかりであると考えられがちであるが，本題材のように，身近な材料の特徴を生かして，その置き方や並べ方を工夫するだけでも，場所の雰囲気をつくり変えることはできる。

Exercise

① 現代の子どもたちにとって造形遊びが必要な理由について考えてみよう。
② 各学年の造形遊びの学習内容と特質の違いや変容について整理してみよう。
③ 指導実践で紹介されている造形遊びの事例以外で，どのような材料や場所，環境を扱うことができるか，グループで話し合ってみよう。

第Ⅱ部　初等図画工作科の指導実践

📖次への一冊

岡田京子編著『子どもスイッチ ON !!　学び合い高め合う「造形遊び」——豊かな学びの世界がひろがる図工の授業づくり』東洋館出版社，2015年。
　　　教科調査官である著者が「造形遊び」で育つ資質・能力を捉える視点を示し，さまざまな地域の「造形遊び」を材料や場所の特長や学年による指導の違いがわかる形でまとめた実践集。

板良敷敏編著『小学校図画工作　基礎・基本と学習指導の実際——計画・実践・評価のポイント』東洋館出版社，2002年。
　　　平成10年の学習指導要領の改訂を踏まえて，当時の教科調査官であった板良敷敏がまとめた図画工作科全般の解説書。造営遊びの考え方や指導についても示されている。

辻田嘉邦・板良敷敏・岩崎由紀夫『実践例による造形遊びのポイント』日本文教出版，1978年。
　　　大阪教育大学附属平野小学校の図画工作部教員が自らの実践をまとめたもの。「造形遊び」が生まれた背景や指導と評価のあり方などさまざまな可能性を追求していたことが窺える。

引用・参考文献

国立教育政策研究所「学習指導要領データベース」。https://www.nier.go.jp/guideline/（2017年10月27日閲覧）

文部科学省『小学校学習指導要領解説図画工作編』日本文教出版，2008年。

武藤智子・金子一夫「『造形遊び』の発生についての歴史的研究（1）——教育課程の改善，及び造形教育センター」『茨城大学教育学部紀要（教育科学）』53，2004年，27～50ページ。

武藤智子・金子一夫「『造形遊び』の発生についての歴史的研究（2）——昭和52年発表図画工作科学習指導要領の編成作業」『茨城大学教育学部紀要（教育科学）』53，2004年，51～68ページ。

武藤智子・金子一夫「『造形遊び』の発生についての歴史的研究（3）——『行為の美術教育』」『茨城大学教育学部紀要（教育科学）』54，2005年，39～58ページ。

武藤智子・金子一夫「『造形遊び』の発生についての歴史的研究（4）——大阪教育大学教育学部附属平野小学校」『茨城大学教育学部紀要（教育科学）』54，2005年，59～77ページ。

辻田嘉邦・板良敷敏・岩崎由紀夫『実践例による造形遊びのポイント』日本文教出版，1978年。

第7章
絵に表す活動と指導実践

〈この章のポイント〉
「絵に表す」活動は，パスや水彩絵の具，色紙，版などさまざまな材料を使い，児童が心象に合った色や形やその組み合わせを探り工夫しながら，自分なりのイメージの世界を可視化する活動である。イメージの世界の広がりや深まりと，感情の発達や内面の成長との関係性についての理解を深めよう。本章では，学習指導要領の内容である「絵や立体，工作に表す活動」の「絵に表す活動」について解説し，第1学年〜第6学年までの発達の特徴に即した指導の工夫を学ぶ。

1 学習活動の意義

1 子どもの発達と絵画表現

子どもにとって絵を描くことは，自分のいる世界を把握し，新たな意味・価値を発見・創造することである。幼い子どもは，手の動きの痕跡として線に興味をもつ。腕や手の機能が発達すると複雑な手の動きに合わせた多様な線が描かれ，手と目のコントロールがきくようになると線の始点と終点が閉じた独立した形がつくり出される。そしてそこに記号的な意味や見立てが始まる。「子どもが描く絵は記号的で，ものの概念や言語の発達と結びついている」(齋藤，2014, 58ページ) と言われるように，人間は認知の発達過程で想像力を働かせ二次元の図像を扱うことができるようになる。行為と感覚を通して環境に働きかけ，意味を探求する活動は，見えないものを見えるようにする，今ここに「ない」ものをイメージし，つくり出すといった絵に表現する活動へ展開する。

図画工作科の学習内容の一つである「絵に表す活動」は，体系化された絵画技法を教えるというよりは，生活や環境のなかで育まれる児童の感情に寄り添い，描く行為の自然な発達を支え励ますことが指導の中心となる。絵は，児童の感じていることや知っていること，目に見えている世界や想像の世界を映し出す。その内容は心身の発達にともない快・不快など生理的なものから，精神的・社会的芸術性を伝えるようになる。時には，絵を描くこと自体がストレスや不満を発散することになる。創造美育運動において久保貞次郎は，「子どもがはつらつとして絵を描こうとする欲望は創造的感情の一つのあらわれ」であ

▷1 このような子どもの描画を「なぐり描き」と呼ぶ。描画行為の始まりと言われる。

第Ⅱ部　初等図画工作科の指導実践

り，美術教育は「子どもの感情を健康に育て，子どもの人格を健康に形づくら
せるために必要」（久保，1958，97〜99ページ）と述べている。

　新学習指導要領解説では，「絵に表す活動」について「およその目的やテー
マをもとに発想や構想を行い，自分なりの技能を活用しながら表し方を工夫し
て思いの実現を図っていく」「思いのままに表す楽しさから，自己を見つめた
り，友人に伝えたりするなど，他者や社会を意識した表現へと広がりながら，
資質・能力を育成する学習」と示している。そして，絵に表す内容・主題は，
児童の生活，学習などとかかわり「感じたこと，想像したこと，見たこと，伝
え合いたいこと」にあるとしている。絵を介して他者とのつながりを得ること
は，児童の感情や精神面を支える重要な経験となる。

　子どもの描画の発達は，多くの心理学，教育学の研究により体系づけられて
きた。小学校の児童は，ローウェンフェルドによる描画の分類で言うところの
図式期〜初期写実の時期〜擬似写実の時期にあたる。図画工作科の学習内容と
して「絵に表す活動」と一言に言っても，このように絵を描く態度がダイナ
ミックに変化する時期においては，指導者はある程度の子どもの絵の発達傾向
を知っておく必要がある。心身の発達を踏まえたうえで，同時に生活のなかで
の感性的な経験の豊かさが表現の質の変化を生むという可能性も頭に入れてお
きたい。

［2］　「絵に表す活動」の思考力，判断力，表現力等

　児童が絵を描く時，自分の好きな形や色を見つける，思いつくストーリーを
付け加える，出来事や印象に残ったことなどを伝えようと表す，観察を深め
る，色や形のバランスを整える，線の強弱や絵の具の感触を確かめるなど，さ
まざまな感覚と思考を働かせる。「絵に表す活動」の思考力，判断力，表現力
等とは主に絵を描く時に働くこのような発想力，構想力のことを示す。

　学習指導要領では，育成する発想・構想の特徴の違いから「造形遊び」と
「絵に表す活動」は分けて捉えられる。「造形遊び」は材料体験として，決めら
れた材料や場所，空間との出会いをきっかけに表したいことを発想し活動を広
げる。一方，「絵に表す活動」は，テーマをもとに発想しイメージを広げ，深
め，思いを表す。児童が表現欲求を満足させ，夢中になって絵を描くような
テーマの枠組みづくりは，教師の指導の重要なポイントとなる。精神発達を踏
まえ，夢や願い，経験や見たこと，伝えたいことなどの児童が表したいと思う
ことを生活のなかから見つけることが必要である。新学習指導要領では「共通
事項」において「形や色などを基に，自分のイメージをもつこと」といった発
想にかかわる学習内容が示されている。イメージとは「児童が心の中につくり
だす像や全体的な感じ，又は，心に思い浮かべる情景や姿などのこと」であ

第7章 絵に表す活動と指導実践

る。これは生まれてからの経験と深くかかわり，その時々の感情や気持ちが一緒に浮かび上がる。イメージの源となる児童の感性的体験そのものを対象の形や色などの気づきと結びつけながら増やしていきたい。

自分の思いや感情が作品を通して他の誰かに伝わるという経験は，表現方法への追求を励まし表現力を高める。自分の感じたことや思ったことを自分の方法で表すという「絵で表す活動」は，児童のリアリティに基づいた判断を色や形にすることであり，児童自身の存在を肯定する。このような思考力，判断力，表現力等を認め励ますことは，精神の発達において，児童の自尊心を育み，精神的に自立した個人の成長を支える。自尊心は多様性を認める豊かな心を育む土壌となる。

子どもの思考力，判断力，表現力等の読み取りは，でき上がった絵はもちろん，製作過程において，直接児童と話すこと，ワークシート，感想シートから読み取ることなどが可能である。作品の製作過程を見る時は，児童の目線で児童の思いや考えを発見し，感動を共感する気持ちが大切である。思考に寄り添い，思いにあった絵画の技法・材料を選択できるようにするなどの支援が重要である。

3 「絵に表す活動」における技能

新学習指導要領解説では，技能について，「発想や構想をしたことを実現するために，材料や用具の特徴を生かして使うとともに，様々な表し方を工夫して表すこと」とし，子ども一人ひとりの自分らしい「技能」は，豊かな思いに基づく「思考力，判断力，表現力等」とともに働き，初めて発揮されると示している。「絵に表す活動」では，自分の表したいこと＝自分の思いを実現する創造的な活動を楽しむ過程を通して，「技能」を育成する。技能は自分の興味から生じる問いを解くために必要なものである。技能により発想や構想をしたことが実現されるだけではなく，技能を働かせるなかから，新たな発想や構想が生まれることもある。すでにある絵画技法を教え活用することを強いるのではなく，今児童が表したいことに合わせて道具と材料が選択できるようにし，新しい開拓の道を探すよう励ます。このような技能の獲得は，新しい状況に対して恐れずに立ち向かう力となる。

「絵に表す活動」の内容は，二次元のものが中心となるが，鉛筆やペン，クレヨンやパス，水彩絵の具などの描画材で支持体となる画用紙や布に描くもの，色紙や布，紐，砂，ビーズなどを集め配置するコラージュ[2]などの手法を用いるもの，スタンプや版を用いるもの，影を使ったり，写真やコンピュータを使うものなど幅広い。表現の欲求は成長発達につれて変化する。それぞれの発達過程において思いのままに扱える材料を選択したい。

▷2 コラージュ
フランス語の「貼る」(coller)という言葉に由来し，印刷された紙や凹凸などの質感のある紙などを切って台紙に貼る技法。

79

第Ⅱ部　初等図画工作科の指導実践

2　学習の内容と特質

1　第1学年〜第2学年

　第1学年〜第2学年の児童は，周囲の人，物，環境を体全体の感覚を通して受け止め，自分の気持ちのままに描くことを楽しむ。自分と世界が一体化し，製作（技術）と気持ち（心）とが切り離せないという発達的特徴をもつ。発想・構想に関する学習内容は，「感じたこと，想像したこと」から表したいことを見つけること，技能についてはのびのびと全身の感覚を使い絵に表すことである。この時期の児童は，見たものではなく知っているものを絵に描くと言われる。絵の特徴には，画面の上下が確定し（基底線を描く），遠くにあるものを上に（重ねず）描く／モノの特質を象徴化して描く（太陽，花，木，家，人などを決まったパターンで記号的に描く）／同じ絵を繰り返す／五感を働かせ体全体で知り得た対象や出来事について視覚的にではなく主観的に描く（自分の感じたことや想像したことが中心）／視点が真上，真横，透視と自由に変化する／自分の姿を描き入れる／話をすることで完結する／興味のある部分を拡大描写（存在感が強いものを大きく描く）する／描きながら発想し，発想が次から次へと変化する／ことなどが見られる。

　このような絵の特徴を児童が記号を扱い表現する発達の重要な過程と捉えることが大事である。授業では，第1学年〜第2学年の児童にとって身近で扱いやすいものを造形材料とし，児童の強い関心や優しい素直な気持ちが表れるテーマを枠組みとして選ぶようにしたい。例えば，季節に注目させる，身近な自然に対して楽しく豊かな感動体験の場を設定する，生活科や社会見学などの体験を関連させる，生き物に対する興味や思いやり，好きなもの，家族との楽しみなどがあげられる。色が鮮やかで，力の強弱で色の濃さを調整できる扱いやすい描画材として，パス，クレヨン，コンテなどがある。その他に共同絵の具で体全体を働かせ大きな面を塗る，細かな部分をサインペンで描くなど，材料や用具に慣れ親しみながら安全面に十分配慮し基本的な扱いを身につける。絵と同様，立体，工作は，表したいことから学習が広がる活動であり関連し合うことが多い。これらの関連について柔軟に捉える必要がある。また，第1学年の初めの時期は，幼児期における造形活動の経験に配慮した指導計画を作成することが重要である。

2　第3学年〜第4学年

　第3学年〜第4学年の児童においては，それまで一体化していた世界と自分

が分離するという発達的特徴があり，自分という主体が客体である世界を見つめるという絵の構図が生じる。発想・構想に関する学習内容には，「感じたこと，想像したこと，見たこと」から，表したいことを見つけるというように「観察する」行為が加わる。この時期の児童は，平面的羅列的表現から，奥行きや遠近感を出そうとする写実的表現への過渡期にあり，目で客観的に捉えたことを絵に描こうとするようになると言われる。この時期の絵の特徴には，絵から自分が抜けだす（自分の姿を描かない）／ものとものとの間に空間があることを認識し，重なりや奥行きを表す／絵の大小が見る人からの距離になる／部分をよく見て丁寧に詳しく描くが全体のプロポーションはとりにくい／部分と全体の統合が進むと製作の見通しがもてるようになる／ことなどがあげられる。

　この絵の特徴に見られる客観性や他者意識の芽生えは，一方で見えていることを表す技能がともなわず，自分の絵を他の児童と比較し自信をなくす子どもを生むことにもつながる。授業では，一人ひとりの表現の特性を見つけて自信をもたせることが重要である。環境への主体的なかかわりや好奇心が強くなり，他教科で学んだ知識をもとに場所や人，もののさまざまな条件を組み合わせ考えることができるようになる。生き物の生活環境を考え表す，複雑な機械や建物の形などを自分なりの方法で描く，物語から想像した世界を描く，夢や願い，冒険心に富む感情を表すというように，児童が主題の表し方を楽しく構想するようなテーマの枠組みを設定したい。自己主張が強くなる一方，他の児童の発想を意図的に取り入れて表し方を工夫することも多い。グループで大きな絵を描く活動など，仲間と発想を刺激し合い，お互いを認め，異なった捉え方や感じ方を大事にする指導も有効である。複雑な色のニュアンスを読み取るようになる第3学年からは水彩絵の具の性質を生かしたい。指導の際には，筆の弾力性を生かして水分を調節しながら描く，パレットを使い混色する，刷毛や細い筆などのさまざまな種類の道具を使うなど，経験を広げることで色使いやかすれ，にじみ，ぼかしなどの絵の具の表情への関心も高めさせたい。

③ 第5学年〜第6学年

　第5学年〜第6学年になると，観察力，抽象的な思考，筋道立った思考など，知的発達が進み，他教科等で学習した内容や考え方から自分を取り巻く環境や生活についての認識が高まる。同時に社会的な出来事や情報を活用し，直接体験していないことにも思いを巡らせることができるようになる。このように，さまざまな視点から自分の行動や考えを検討し，友達の立場になってその心情を思い図るなど，他者を意識し始めるといった発達的特徴がある。発想・構想に関する学習内容には，「感じたこと，想像したこと，見たこと，伝え合いたいこと」から，表したいことを見つけるというように「伝え合いたいこ

第Ⅱ部　初等図画工作科の指導実践

と」が加わる。この時期の児童は，見ている光景を写真のように描き出そうとする写実期に入ると言われる。ものの立体感，明暗，陰影，質感，量感，空間，遠近法を用いるなど，理にかなった描き方へ興味が移行する。見えたとおりに描きたいという気持ちが芽生える，一方見えているように描けないという技術の壁にぶつかり関心を失う場合もある。ものの捉え方，見方，観察の仕方を具体的に一つずつ確かめ，描き方に応用させることで技能の進歩が期待できる。また，上手い下手にとらわれず，感性に直接的に訴える芸術のはたらきを用いた抽象的な絵の製作や絵の国際交流など，構成の美しさやさまざまな国や文化の美意識に目を向けることで，表現に対する考え方を広めることもできる。集中して取り組むことができ，さまざまな用具を使い分け，自分なりに納得のいく表現を追求するようになることから絵のテーマをじっくり考えさせ製作に十分な時間をとる指導計画が望まれる。見通しをもった思考をともなう彫り進み版画，自分を客観的に見つめる自画像，自分の世界を捉えて描く遠近感のある風景や町，想像した未来の社会や自分の絵などの活動を取り入れたい。総合的な学習の時間との関連で，福祉や国際理解に関する内容を扱った題材にも自分らしい考えを発展させて表現することができる。

3　指導実践

1　第1学年〜第2学年

○題材名：「おいしそうなパフェ」
○題材について

　児童は，お菓子やアイスクリームなどの甘いものの食感，味，香りを想像し楽しく絵を描く。本題材では，イメージした味に合わせて色を選択し，色画用紙の器に並べながら，合わせ絵（デカルコマニー[3]）の技法で絵の具を混ぜ合わせ，世界一「おいしそうなパフェ」を完成させる。水を加えない絵の具をたっぷりおくことで，鮮やかな色の発色が期待でき，絵の具が物質的に混ざる感触を体感できる。製作・鑑賞を通して味と色への発見や深まりを促す。

○学習目標
　・パフェを入れる器づくり，合わせ絵の活動に意欲的に取り組む。
　・パフェに入れる具の味や食感をイメージしながら工夫して色をおく。
　・絵の具の感触を楽しみながら自分が思うおいしそうなパフェをつくる。
　・友達の作品を見てパフェの味を想像し味わう。

▷3　デカルコマニー
現代美術において，シュルレアリストが応用したオートマティックな絵画技法を言う。紙に絵の具を塗り，二つ折りにするか，別の紙を押しつけてはがす時に生じる偶然の形に注目した技法。マックス・エルンスト「雨後のヨーロッパⅡ」などが有名。

第7章 絵に表す活動と指導実践

○評価規準

主体的に学習に取り組む態度	思考・判断・表現	知識・技能	思考・判断・表現
パフェの器づくり，合わせ絵の活動に積極的に取り組んでいる。	パフェの味や食感をイメージしながら工夫して色を選んでいる。	絵の具の感触を楽しみながら自分が思うおいしそうなパフェをつくる。	友達の作品を見てパフェの味を想像し味わっている。

○準備物

児童：はさみ，鉛筆，のり，パス，サインペン

教師：色画用紙・画用紙（八つ切），ポスターカラー，ミニスプーン，新聞紙

○指導計画（全2時間）

学習活動	指導上の留意事項
〈パフェの器づくりに取り組む〉 ・色画用紙を二つ折りにした状態で簡単な補助線を引き，好きな形の器をつくる。 ・器の半分の形をはさみで切り，開く。 〈パフェの中身を考える〉 ・器の折り目を中心に，片面に絵の具数種類を置く。（図7-1） ・再び折り，手でしっかりと押さえ，こする。（図7-2） ・開いて中の絵の具同士が重なり合い転写されたことを確かめる。（図7-3） ・新聞紙の上でそのまま乾燥させる。	・白の絵の具が映える濃い色画用紙を準備。好きな色画用紙を選ばせる。 ・安全に配慮し，リズムよくはさみを動かすようデモンストレーションする。「ちょーき，ちょーき，ちょーき……ちょっきん」 ・色をたっぷりとすくえるよう，ミニスプーンを入れた絵の具皿を準備する。 ・好きな具を好きなだけ入れるようにし，「どんなパフェができるかな」などと中身を想像させる声かけを行う。 ・合わせ絵を行う時，色画用紙を新聞紙1枚にはさみ込み，押さえる。

図7-1 デカルコマニー①
（絵の具をおく）

図7-2 デカルコマニー②
（二つ折りにする）

図7-3 デカルコマニー③
（広げる）

| 〈仕上げ鑑賞する〉
・乾燥したパフェを画用紙に貼り，好きなトッピングや自分の姿などをサインペンやパスで描き加える。
・友達と作品を見合う。 | ・作品ができたら，みんなの作品がおいしそうであることを伝え，どのパフェにどんな味が隠されているか互いの作品から見つけ合うなど鑑賞を楽しむよう声かけする。 |

○その他の題材例

「あじさいとカタツムリ」：雨の季節をイメージし画用紙にチョークでぐるぐると水たまりを描きこすりこむ。液体粘土に色をつけ，あじさいの形を指で描

83

第Ⅱ部　初等図画工作科の指導実践

▷4　『ちいさなおうち』
バージニア・リー・バートン著，石井桃子訳，岩波書店，1965年。
ちいさなおうちの周りには次第に大きなビルが建ち並び，電車が走り，どんどん変わり，おうちはずっとその場所に立っていて，いつしか周りをすっかり取り囲まれてしまう。そんな様子を昔住んでいた家族の子孫が見つけ，ちいさなおうちをどこかへ引っ越すことにした。
▷5　ドリッピング
多めの水で溶いた絵の具を筆先に含み，筆で紙に触れず絵の具を垂らしたり，振り落したりして描く方法。
▷6　モダンテクニックの技法
絵の具を垂らす，空気を吹きかける，転がすなどの行為により偶然できた色や形を楽しむ方法。ドリッピング，吹き流し，デカルコマニー，フロッタージュ，マーブリング，スパッタリング，糸ひき，ローリング，ビー玉ころがし，スクラッチ，バチックなどがある。
フロッタージュ：「こすり出し」とも呼ばれる。凹凸のあるものに薄紙をのせ，鉛筆やクレヨンなどでこすり出して描く転写技法。
マーブリング：水の表面に絵の具を浮かせ，水の上に流れる絵の具の模様を紙に写しとる技法。できた模様が大理石（マーブル）の模様に似ていることから名づけられた。
糸ひき：二つに折った紙の間に，絵の具をつけたたこ糸を挟み，上からしっかり紙を抑えながら糸を引く。糸が抜けると左右対称の模様ができる。
ローリング：ラップの芯などに糸を巻いてテープや接着剤で留めたものを用意

く。紐を使ってカタツムリを作る。校内にあるあじさいの色の美しさを子どもなりに感じ，それぞれの色で表現しようとする姿が見られる。
「ちいさなおうちはどこへいった？」：『ちいさなおうち』[44]の物語を紹介。「さて，ちいさなおうちはどこへいったのでしょう？」と問いかけ想像して描く。
児童の幸せそうな場所へ引っ越しさせようという優しい気持ちがあらわれる。
「はっぱかな？」：秋が訪れた花壇に落ち葉をひろいにいき，たくさん見つけた葉のなかからお気に入りの1枚を選び，モデルにして描く。クレヨンと水彩絵の具を用い，色とりどりのはっぱが仕上がる。

2　第3学年〜第4学年

○題材名：「オーケストラ」
○題材について

　児童は，語彙が豊かになり，絵を記号的に用いるだけではなく，色や形の直感的な感じを言葉と関連づけながら表すようになる。本題材では，「音はどんな色や形をしているか」楽器が奏でる音楽を想像し描く。本物の楽器を見たり触ったり音を出し確かめながら，楽器の形を色紙のコラージュにより表現する。いろいろな音を聞いて音色をドリッピング[45]などのモダンテクニックの技法[46]で画面を埋め，楽器と組み合わせ一つの作品にする。いろいろな音の絵が集まり皆の作品を一堂に集めて鑑賞すると色のオーケストラが聞こえてくるようである。画用紙をつなぎ長い紙に共同で製作しても面白い。

○学習目標

・音や楽器のテーマから形や色を想像する活動に意欲的に取り組む。
・音色やリズムを感じながら工夫して色をおく。
・楽器を見，音を出し，触れたことから楽器のイメージを視覚化する。
・友達の作品を見て表現の工夫や色彩の美しさを味わう。

○評価規準

主体的に学習に取り組む態度	思考・判断・表現	知識・技能	思考・判断・表現
音や楽器のテーマをもとに想像する活動に積極的に取り組んでいる。	音色やリズムを感じながら工夫して色をおいている。	見聴き，触れたことから自分の感じたイメージを視覚化している。	友達の作品を見て表現の工夫や色彩の美しさを味わっている。

○準備物

児童：鉛筆，水彩絵の具セット，はさみ，のり

教師：音楽室の楽器，画用紙（四つ切），金網・ブラシ，スポンジ，ローラー，ビー玉・トレー，色紙，新聞紙

○指導計画（全4時間）

学習活動	指導上の留意事項
〈楽器を鑑賞する〉 ・楽器を手に取り，音色や形，色，感触などを味わう。	・観察する楽器については，児童の興味に応じなるべく複数のさまざまな楽器を観察できるようにする。
〈音をモチーフに画用紙をモダンテクニックの技法で埋める〉 ・ドリッピングをする。 図7-4　ドリッピング	・デモンストレーションし絵の具の水分量や筆の振り方，色の重ね方のコツも紹介する。 ・筆に水で薄くといた絵の具をたっぷりふくませ，振りおろしたり，筆をもつ手の手首を軽くたたいたりして，絵の具を飛ばすよう伝える。
・スパッタリングをする。 図7-5　スパッタリング	・ぼかし網を絵の具を付けたブラシ（歯ブラシでも可）でこすり，画用紙の上に絵の具を散らす。色を変えてグラデーションをつくったり，型紙を置いて模様を浮かび上がらせたりする方法があることを伝える。
・ビー玉をころがす 図7-6　ビー玉ころがし ・スポンジでスタンピングをする	・ビー玉を転がす際には，トレーを準備し教室に転がらないよう配慮する。
〈楽器の形をコラージュする〉 ・画面の好きなところに自分が観察した楽器のイメージをコラージュする。	
〈出来上がった作品を鑑賞する〉 ・感想を発表する。	作品を並べ，色のリズムやハーモニーなど感想を言葉で表すよう促す。

○その他の題材例

「動物の力を借りてヒーローになった自分」：「《国宝孔雀明王像》（11世紀）」の
　スライドを鑑賞した後，動物のもつイメージを膨らませ，大きな和紙にそれ
　らの動物を神格化した姿を想像し墨で描く。児童一人ひとりの願いが動物の
　特徴のなかに現れ力強い表現が見られる。

第Ⅱ部　初等図画工作科の指導実践

し，糸の部分に絵の具を染みこませ，紙の上で転がす。糸の巻き方でできる模様が異なる。

スクラッチ：パスを塗った上から釘や竹串で引っかいて描く技法。

バチック：「はじき絵」とも呼ばれる。はじめに油性の描画材で図柄を描き，その上から水で薄めに溶いた絵の具で彩色する方法。

▷7　スパッタリング
金網の上に絵の具を置きブラシでこすって細かい粒子を紙に飛ばす方法。型紙を置いた上から絵の具を吹きかけると白く抜けた像が得られる。

▷8　国宝孔雀明王像
作者不明，絹本著色，仁和寺蔵。

▷9　「泣く女」
パブロ・ピカソ作，油彩，テイト・ギャラリー（ロンドン）蔵。ゲルニカの習作として描かれたものの一つと言われる。

▷10　スチレンボード
目の細かい発泡スチロール板に白色の上質紙が両面に貼ってある発砲ボード。ここでは紙の貼られていない状態の素板（教材）を用いる。

▷11　デフォルメ
作家の主観を強調し，観る者に強く訴えるために形やプロポーションや空間的秩序を意識的に変形して独自の造形的秩序を創りだすこと。対象の変形。

▷12　「ドラ・マールの肖像」
パブロ・ピカソ作，油彩，徳島県立美術館蔵。

「土の中から出てきたものは？」：未来に発掘されたら面白いものをくしゃくしゃにした紙や紙粘土で表現し，土や砂の混じった絵の具で仕上げる。

「天の川」：大きな布を皆で星空にしてみようと，ビー玉と輪ゴム，紐を使って模様を作り，染料を布に染み込ませてダイナミックに染める共同活動。

3 第5学年～第6学年

○題材名：「ぼくもピカソ・わたしもピカソ」

○題材について

　児童は，活動のなかで自己について考える時間をもつことにより自分自身の成長を実感する。本題材では，ピカソの「泣く女（1937）[9]」などの作品を鑑賞し，気づいたことをもとに自分の顔を版で表す。版にスチレンボード[10]を使用することで，傷をつけへこませ，カッターで切り抜く，試し刷りを繰り返す（インクを洗い拭き取るのが容易）などが手軽にでき，版の表情を追求することができる。

○学習目標

　・絵の鑑賞から発見したことをもとに自画像の版表現に意欲的に取り組む。
　・感情を表す顔の表情をデフォルメ[11]したり，イメージを膨らませ版をつくる。
　・版を工夫し，背景の色を考え自分の顔に合った色の調和を探求する。
　・友達の作品を見て表情の表し方の工夫や込めた感情，配色美を味わう。

○評価規準

主体的に学習に取り組む態度	思考・判断・表現	知識・技能	思考・判断・表現
ピカソの絵の鑑賞から発見したことをもとに自画像の版表現に積極的に取り組んでいる。	感情を表す顔の動きや表情をデフォルメしたり，イメージを膨らませている。	試し刷りを繰り返して版や背景を工夫し自分の顔に合わせ，色の調和を探求している。	友達の作品を見て表情の表し方の工夫や込めた感情，配色美を味わっている。

○準備物

児童：油性ペン，カッターナイフ，雑巾

教師：資料画像（ピカソ「泣く女」「ドラ・マールの肖像（1937）[12]」），スチレンボード，カッティングマット，五寸釘，和紙，ローラー，練り板，練りベラ，水性版画インク，ばれん，鏡，セロハンテープ，新聞紙（4分の1大）

○指導計画（全6時間）

学習活動	指導上の留意事項
〈ピカソの絵を鑑賞する〉 〈下絵・版を製作する〉 ・鏡を見て，すました顔ではなく表情をつくりスケッチをする。それらをもとに，感情を強調し下絵をつくる。 ・下絵をスチレンボードに写す。 ・粘土べら，ボールペン，釘，カッターナイフなどを使い，線で彫る→面でへこませる→切り取る等，版をつくる。 〈刷り・版の調整・背景を作成する〉 ・黒のインクで試し刷りを行う。  図7-7　インクをのせる ・彫った部分，へこませた部分，切り取った部分の出来栄えを確認する。 ・版の表面を水で洗い流し雑巾で拭いた後修正を行う。 ・版を完成させる。 ・背景にいろいろな色を入れた和紙を作成し，その上に黒インクで刷る。  図7-8　背景の色をかえて刷る 〈作品を鑑賞する〉 作品を鑑賞し，ピカソの絵から見つけたものやイメージ，色への工夫，互いの作品から見つけたことを発表する。	・ピカソの絵から発見した非対称や表情のデフォルメ，背景の小物などをとりいれてみることを提案する。 ・写す線は，水洗いで線が消えないよう耐水性インキのものを使用する。 ・下書きをスチレンボードに写す際，ボードにちょっとした引っ掻き傷でも跡が残ることを伝える。 ・切り取ってしまった部分はセロテープでつけて復活させることも可能であることを伝える。 ・練り板にインクを出す場所，練る場所，練り方，ローラーによるインクの載せ方，付き加減，ばれんの持ち方，使い方，和紙の表裏*について教師がデモンストレーションし，伝える。 ＊和紙の表面がつるつるしている面（表）に刷る。 ・新聞紙（4分の1）1辺をホッチキスで留め冊子状にしたものを用意し，刷った和紙を1枚ずつ挟んでいくようにする。 ・背景に色を入れる時に，画用紙を版の大きさに切り抜いたものを用意し，見当をつけるよう伝える。 ・いろいろな刷り方で楽しめること，版を切り抜き白抜きにした部分の面白さ，感情表現の多様さなどを取り上げ，鑑賞を楽しむよう支援する。

○その他の題材例

「自転車に乗って」：どこへでも行きたいところに連れていってくれる乗り物だったら，自分が思い描く夢の自転車で行ってみたい所をイメージして描く。

第Ⅱ部　初等図画工作科の指導実践

「心の樹」：アフリカのバオバブの木，絵本のモチモチの木，トトロのくすのき
　　……大きな木には不思議な力があると考えられていたようだ。いろいろな樹
　　を鑑賞した後で自分の心に浮かんだ樹を彫り進み木版画で表現する。
「思い出の絵巻」：小学校の思い出を振り返り，時間の経過を絵巻の長さを用い
　　て表す活動。

Exercise

① 「絵に表す」指導の際の各学年それぞれの表現の特徴について述べよう。
② 各学年の発達を踏まえ，学習過程での児童の工夫などを考え，題材名や具
　体的な指導方法，絵に対する言葉かけの内容について話し合おう。
③ 鑑賞する活動と関連づけた絵の指導についてアイデアを出し合おう。

次への一冊

奥村高明『子どもの絵の見方』東洋館出版社，2011年。
　　多くの教育現場を見聞した著者の経験をもとに子どもの絵の見方を紹介した本。絵
　　から「子どもの声」を聞くことを提案し，絵について作品写真（全体・部分），作
　　文，解説を入れ紹介している。
東山明・東山直美『子どもの絵は何を語るか——発達科学の視点から』NHK出版，
　　2011年。
　　子どもの絵の発達の道筋を軸に，子ども発達，絵の表現，子どもの絵が語るものに
　　ついて発達科学の視点から考察した本。子どもの絵の認知的，身体的，心理学的発
　　達に関する研究をもとに詳細な説明がある。
高森俊『子どもの絵は心——幼児から中学生までの美術教育』創風社，2004年。
　　著者は創造美術教育協会の精神を受け継ぐ美術教育の実践者であり，絵の指導経験
　　をもとに幼児から中学生までの子どもの絵の読み解きと指導について事例とともに
　　解説している。

引用・参考文献

久保貞次郎『子どもの創造力』黎明書房，1958年。
ローウェンフェルド，V.，竹内清ほか訳『芸術による人間形成』黎明書房，1979年。
松岡宏明『子供の世界　子供の造形』三元社，2017年。
文部科学省『小学校学習指導要領（平成29年告示）解説図画工作編』日本文教出版，
　　2018年。
齋藤亜矢『ヒトはなぜ絵を描くのか——芸術認知科学への招待』岩波書店，2014年。

第8章
立体に表す活動と指導実践

〈この章のポイント〉

　立体に表す活動は，児童が感性や知性を働かせ，三次元の空間に創意による立体造形物を製作することを通して自分なりの意味や価値をつくり出す活動である。本章では，立体作品の見方・考え方を四つの段階で示すとともに，立体に表す活動で育成される資質・能力とはどのようなものかを解説する。さらに，児童の発達段階に応じた学習内容と特質を確認し，実践に向けた指導のポイントを解説する。

1　学習活動の意義

1　立体に表す活動とは何か

　初等図画工作科における立体に表す活動はどのように定義できるだろう。立体とは，「いくつかの平面や曲面で囲まれて，三次元の空間の一部を占める物体」であり，立体に表すとは，これらの物体を用いて造形物を製作することである。ただし，小学校における立体に表す活動は，新学習指導要領の記載内容に基づく教育活動として実施されるため，多分に教育的意味が含まれる。そのため，小学校における立体に表す活動とは，児童が感性や知性を働かせ，三次元の空間に創意による立体造形物を製作することを通して自分なりの意味や価値をつくり出すこと，そして他者との相互鑑賞や交流を通してつくり出した意味や価値を更新する活動と言える。このなかの，自分なりの意味や価値とは，立体の製作過程および作品完成後の活動を通して，これまでの学習で得た知識・技能，製作過程で気づいたり考えたりしたこと，そして心のなかに抱いている感情や想念，想像，希望等を総合的に働かせることによって自分なりの考え方や捉え方を創出すること，作品として可視化すること，そして他者に提案することである。つまり，作品のみならず，製作過程や完成後の交流なども含めた用語として立体に表す活動を捉える必要がある。

　小学校の立体で扱う主な材料は，木（角材・板材・ベニア板，自然木），紙（画用紙・色画用紙・ボール紙・波紙・厚紙・コピー用紙・障子紙・新聞紙，紙箱，紙筒），粘土（土粘土・油粘土・液体粘土・紙粘土・テラコッタ用粘土・陶土），針金（スチール線・銅線・アルミ線），糸（毛糸・タコ糸），プラスチック，ガラス，小石などで

▷1　「立体」は，学習指導要領［昭和52年改訂］から使用され始めた。この用語が用いられた背景として，「小学校指導書図画工作編」には，次のような記述がある。「表現の形式からみれば，絵画のような平面造形と彫塑や工作のような立体造形の二つに分けられる。そこで，児童の表現活動に合った自由な表現の分野を，基本的には「絵で表す」と「立体で表す」の二つとしたのである（文部省，1978，20～21ページ）。

第Ⅱ部　初等図画工作科の指導実践

ある。これらの材料に対して，切断，接着，集積，構成，彫刻（彫る・削る），研磨などによる加工・成形を行い，立体作品は製作される。また，題材によって完成した作品を設置することに意味をもたせる場合もある。

　これら，立体に表す活動の特性は次の3点である。1点目は，用いる材料がそれぞれに異なる性質をもっている点である。紙，木，粘土などの材料は，それぞれ質感，重量，触感，加工方法が異なり，これらの性質に応じた，もしくは生かした製作方法が求められる。2点目は，事物に直接働きかける触覚性をもつことである。加工する際には材料ごとに固有の抵抗感があり，製作には計画性が求められる。また，材料に直接働きかけながら製作が進むため，刻々と変化する状況に対して常に思考・判断が求められる。3点目は，作品が空間に実体として存在することである。材料は生活空間にものとして存在する。そのため，重力の問題や材質の問題（割れる，接合できない，もち上げられないなど）が発生し，常に何らかの物理的・現実的な制約のなかで製作が進む。例えば，ものを浮かせたい場合，絵の場合は容易に表現できても立体の場合には特別な工夫が必要になる。これらの特性から，立体製作では常に現実として起こる問題を解決しながら自らの考えたイメージやプランを作品化していくことが求められ，児童の感性・創造性とともに現状を把握する多角的な知識・技能の統合が求められる。

② 立体に表す活動における見方・考え方と育成される資質・能力

　立体に限らず，作品製作では技能のみが単独で働いているのではなく，常に造形的な見る（鑑賞する）力・考える力と，それを実現するための技能とが連動・往還して働いている。本項ではよく質問を受ける，「立体作品をどのように見たり考えたりすればよいのか」について，本書の第10章で示された鑑賞の四つのステップを参照し，立体作品の見方・考え方を分析的に示す。なお，以下に示す見方・考え方は小学生を対象とした初歩的な見方・考え方であるが，その段階や構造は生涯にわたり立体作品を楽しみ，味わうことにもつながる基礎となる。

　第1段階は，作品の視覚的・表象的な判断であり，これが立体を見たり考えたりする場合の起点となる。大きく次の三つの視点がある。1点目は，作品にどのような素材が用いられているか，2点目は作品がどのように加工されているか，3点目は，具象的であるか，抽象的であるか，またそのいずれでもないかといった形態である。

　第2段階では，第1段階での気づきを統合させたりさらに深めたりすることで作者の工夫を読み取る段階となる。そのための視点は次の2点である。1点目は，第1段階であげた用いる素材と加工方法の対照である。例えば，粘土で

▷2　図画工作科における見方・考え方とは，「感性や想像力を働かせ，対象や事象を，形や色などの造形的な視点で捉え，自分のイメージをもちながら意味や価値をつくりだすこと」とされる（中央教育審議会「幼稚園，小学校，中学校，高等学校及び特別支援学校の学習指導要領等の改善及び必要な方策等について（答申）」2016年，168ページ）。

あれば，つまんだり丸めたり伸ばしたりつなげたりすることにより，自由な造形が可能であるが，高く積んだり不安定な構造の作品をつくることには不向きである。他方，木材であればその堅牢さゆえに空間構成や箱等の構造物を製作することには適しているが，切断や接合には相応の用具や技術，労力が必要となる。このように，素材は用いる技法と密接にかかわっており，どの素材がどのように加工されているかという作者の造形的な意図や工夫を読み取ることになる。2点目は，具象・抽象・その他がどのように実現されているかを見取ることである。小学校で行われる児童の立体製作では，(1)現実に存在する人や生物，物，風景などを具象的に表す，(2)架空の生物，物，風景などを具象的に表す，(3)イメージや思いを抽象的に表す，(4)作品を設置することで周囲の環境を変化させるといった題材が設定される。

　第3段階は，作者の表現の意図や工夫を解釈する段階となる。先述の(1)〜(4)で作品の見方・考え方はそれぞれ異なり，(1)であれば作者が対象を観察する過程で何を重視し，それをどのように表したのかという，現実に存在する対象物から抽出された作者の興味関心や表し方の工夫を見取ることになる。(2)は，現実には存在しないものを立体として現実世界に具現化する活動であり，作者の想像力や創造性，そしてイメージを実現させる造形力を見取ることになる。(3)は抽象性ゆえに，主に造形要素から視覚言語としての形態の工夫を見取ることになる。小学校での立体の場合，児童が設定した主題に基づく造形要素として，作品には線的・面的・量的表現のどれが用いられているか（様式），全体と部分はどのように調和しているか（バランス），作品は動的か静的か（動静），空間のなかで形はどのように組み合わされているか（構築性），どのように材料の特性が生かされているか（材質感），形態にどのような印象を与えようとしているか（イメージ）などを読み取ることになる。(4)は，作品と設置される場所との関係である。例えば，机の上，ロッカーのなか，階段，グラウンドなど，同じ作品でも設置する場所が変われば作品の意味や周囲の空間の意味，そして周囲の雰囲気が変化する場合がある。これら目に見えないあり様を作者がどのように自覚的に操作しようとしたかが見取るべきポイントとなる。

　第4段階では，それらの読み取った内容を児童が自分なりに解釈したり，新しい意味や価値をつくったり味わったりする段階になる。例えば，第1学年や第2学年で粘土を用いて人物像が製作され，笑顔の表情とともに喜びが満ち溢れるような表現が見られたとする。その場合，鑑賞者の過去の経験と照らし合わせるなかでどのような状態かを想像し，新たな解釈を生み出すといったことが行われる。また，抽象的な形態であれば，第3段階で示した造形言語を自分なりに解釈し，"説明的ではない"形や色から身体感覚に直接訴えかける表現のよさを味わったり，立体特有の置かれた場所との関係を探ったりすることに

つながる。

　以上のように，見方・考え方とは，単に受動的に見る・考えることではなく，自分の知識や思考をもち出し，比較・対照・解釈・批評を含むことまでを範囲とすることに留意する必要がある。

　次に，立体に表す活動を通して育成される資質・能力とはどのようなものかを考える。以下，「知識・技能」「思考力・判断力・表現力等」「学びに向かう力・人間性等」の三つの柱ごとに解説する。

　立体に表す活動における「知識・技能」には，二つの側面がある。1点目は，教師が教授する知識・技能，2点目は，児童の経験を通して得られる知識・技能である。

　1点目の教師が教授する知識・技能とは，題材の実施にともない，作品製作で必要となる知識・技能であり，参照される児童作品や芸術家が製作した作品の例示を通して，そこに用いられている技法，作品が製作された背景（意図・コンセプト・歴史的背景），造形的な工夫などが提示される。また，児童が初めて用いる用具の場合には実演を通して使用方法が説明される場合もある。これらは年間指導計画や学年進行にともない段階的・発展的に構成される。

　2点目の，児童の活動や経験を通して得られる知識・技能とは，児童が自らの造形活動を通して創出・蓄積・洗練・応用する知識・技能である。この知識・技能のあり方が図画工作科特有のものと言える。例えば，粘土の活動の導入時に切糸を用いて塊を断層的に切る技法を教えたとする。その後，児童が波型に切ったり角度を変えて直角に切ったりすることで，発展的に技法が用いられる場合がある。これらは教えたことではなく，児童が実験的に行ったことであり，試行的な探索の結果は，技法の面でも造形的な効果の面でも新たな知識として児童に蓄積される。

　また，立体作品の製作では，次々と現実的な問題が起こる。例えば，空き箱の構成による動物の製作で，箱同士の接着がうまくいかず作品が崩れてしまうといったことである。これらを乗り越える方法を思案し，解決方法を考案することも自分なりの知識・技能の創出と言える。こうして創出・蓄積した知識・技能は，他の題材で作品を製作する際にも応用可能な知識・技能として汎用性をもち，適宜選択・応用され，学年進行に応じてさらに洗練されていく。このように，立体において（広くは図画工作科において），知識・技能は与えられるだけのものではなく，児童が試行錯誤しながら創出し，蓄積していくものとして捉える必要がある。

　次に，立体に表す活動における「思考力・判断力・表現力等」である。図画工作科は，児童なりの意味や価値を創造する場である。それは，決められたことを決められた手順で実行できること以上に，答えがない問いに対して児童が

第**8**章 立体に表す活動と指導実践

感性を働かせながら自ら思考し，判断しながら表現していく過程を重視する。感性を働かせるとは，自らの美意識や美的感覚，また興味関心や非論理的思考，そして曖昧で輪郭をもたない，言語化されない感覚的な思いなど，科学的な真実や論理性，用途や機能などによらない人間的な心情面での判断を含めて思考を展開することである。もちろん，これは思いつきのみではなく，児童がこれまで学習し修得した知識・技能と相関させることを含む。表現活動では，発想・構想の能力，創造性が育成すべき資質・能力の中心として位置づけられている。

　では，立体に表す活動においてこれらは具体的にどのようなものだろうか。例えば，直径1センチ，長さ1メートル程度の丸棒があるとする。立体作品の製作ではそれを縦に立てて使っても横に使っても斜めに使ってもよい。切断して2本にし，それを交差させてもよいし平行に接着してもよい。また，2本を離して立て，その間にひもを渡してつなげてもよいし家のような構造体をつくってもよい。このように，自らの主題や意図に応じて複数の選択肢を想起し，そのなかから感性を働かせて必要とする工程を選択できる多面的な思考が，立体に表す活動の特徴と言える。活動は材料や用具に直接触れる身体性をともない，児童がつくって考え，さらにつくるという連続のなかで行われる。

　他方，想像のなかでは実現できていても，現実には物理的制約から思ったとおりにならないこともよく起こる。そのため，立体に表す内容における発想・構想の能力，創造性のなかには，(1)イメージを具現化するための計画性，(2)児童自らがもつ知識の認識，比較，俯瞰，吟味，応用，(3)具体的な材料や用具の操作を通した知識と技能の連動，(4)製作過程で生じる問題の解決や軌道修正などが含まれる。さらに形態面においても，立体は上下前後左右，どの角度からでも鑑賞が可能であるため，パーツの位置や角度の把握，そして空間認識を統合させた作品全体の把握が必要となる。このように，立体に表す内容における「思考力・判断力・表現力等」は多様な認識のチャンネルを連続的・往還的に働かせるとともに作品として統合させるところに教育的な意義がある。

　最後に，立体に表す活動における「学びに向かう力・人間性等」である。立体に表す活動での学習事項は，どのような心情，能力，態度の育成につながることが目指されるのだろうか。ここでは，立体に特化したものを3点あげる。1点目は，児童が生活する社会や世界に立体に表して作品をつくるという行為・活動が存在すること，そして人類の歴史のなかでそのような行為・活動が連綿と行われ続けてきたことを知ることである。このことにより，はるか昔につくられた立体作品と自分たちの作品との共通点を見出したり，芸術作品を日常生活のなかで楽しみ，味わえるようになったりする心の育成が目指される。2点目は，多角的なものの見方や考え方ができることである。立体は，身体感

93

第Ⅱ部　初等図画工作科の指導実践

覚を通して材料の重さや触感，そして抵抗感を感じ取りながら活動が行われる。これらはヴァーチャル（仮想的）ではなくリアル（現実的）な体験である。また，立体は片側からだけではなく多方面からの鑑賞に堪えうる構造を備える必要がある。これらの，多角的に物事を見たり考えたりする力を養うことが目指される。3点目は，態度面において，自分の作品を最後まで仕上げることを通して忍耐力や責任感を育むことである。立体製作では，思いつきで作品が製作できる訳ではなく，時に辛抱しながら粘り強く取り組むことが求められる。つくることの楽しさに加え，これらを乗り越え，自らが設定した到達点にたどり着く計画性や実現力が身につけば，児童の確かな自信につながるだろう。これらの多くは，省察的な活動により児童の気づきにつながる場合が多い。題材単位での目標設定とともに，人間形成を念頭に置いた最終的に身につけさせたい力を教師が認識することも重要である。

2　学習の内容と特質

［1］　第1学年〜第2学年

　第1学年〜第2学年の立体では，粘土や柔らかい紙を成形したり小箱を組み合わせたりする活動を通して，触った感じを捉えたり，意味が生成される喜びを知ったりする。例えば，粘土を丸め，目や鼻，髪の毛をつけて顔の形をつくる，そして，それより少し多めの粘土を顔の下側につけて立たせるといった操作により，それまで「物」として存在していた粘土が，児童にとって「人」となり，さらに「お母さん」や「お父さん」，「友達」，「自分」，「憧れの人」に変化する。また，動きをつけて走っているようにすることもできるし，物をもたせたり加えたりすれば笛を吹いている人や憧れのサッカー選手もつくれる。このように，製作の過程で人の形は変わり，その人の動作や心情，役割も変化する。この経験は，ものから形へ，形から意味への転換を経験することにほかならない。操作と形と意味とは常に連動し，児童がもつ知識及び技能と思考力，判断力，表現力等は往還や照会を繰り返しながら，渾然一体となって発動する。そのため，指導では作品の出来不出来には極力言及せず，児童自身が表したいことを見つけられること，そして，作品の意味世界を広げ，深めていけることを重視することが求められる。

　技能面では，幼稚園からの連続性を考慮しつつ，思ったことを手や体全体の感覚を働かせながら屈託なく形にしてみるなかで，立体の多様な表現の基礎となる技能を身につけることが望まれる。技能に児童を添わせるのではなく，児童のイメージの実現に必要となる技能を適宜提示したり，もしくはいくつか選

第**8**章　立体に表す活動と指導実践

択肢を示し，そのなかから選択させたりするなかで児童自身が材料や用具の扱いに慣れ，製作に必要となる技能を身につけることが望ましい。

ただし，第3学年～第4学年に向けて次にあげる知識及び技能は確実に身につけさせたい。(1)思い描いたイメージを自分なりの考えで形にできる。(2)自分の作品で考えたことを簡易な言葉で他者に伝えられる。(3)立体に関する基礎的な材料や用具の使い方がわかる（のり・ボンド，はさみ，へら等を用いた接着・切断・成形などの知識と技能）。(4)製作に適した環境を整えられる（のり下紙，粘土板，手拭用のふきんなどの必要な用具の準備）。(5)マナーを守り，材料や用具を大切に扱う（出たごみを片づける，材料を無駄にしない，危険なことはしない）。

2 第3学年～第4学年

第3学年～第4学年の立体では，粘土や紙に加え，木片を釘打ちでつなげたり段ボールを組み合わせて大型の作品を製作したりするなどの活動が行われる。この学年では第1学年～第2学年に特徴的であった，記号的，感覚的な表現を超え，イメージを具現化したり，より大きな空間を使って作品を製作できたりするようになる。また，生活経験が拡大し自分の嗜好や興味関心も徐々に個別化，多様化し始める時期であり，自らが望んだり憧れをもったりする世界なども表現に反映されるようになる。ただし，ローウェンフェルドが9～11歳の特徴を「写実的傾向の芽生え」（ローウェンフェルド，1963，237～274ページ）と呼ぶように，例えば具象的な表現であれば，実物と自身の造形物との比較が行われるようになる。そのため，第1学年～第2学年では曖昧な形態でも満足であったものが，出来栄えや再現性にも徐々にこだわりが出始めるようになり，つくり出した形態が自らのイメージを反映できているかどうかにも意識が向くようになる。そのため，指導ではまず表したいことが見つけられたことを評価し，それを具体的に表すための多様な方法を教師や友達同士と協働的に模索できるような指導の工夫が求められる。

技能面では，粘土・柔らかい紙・小箱に加え，木切れ，板材，段ボールや発泡スチロールなどのこれまで使用していなかった材料や，釘，小刀，使いやすいのこぎり，金づち等の抵抗感のある用具が使用される。よって，第3学年～第4学年ではこれまでに経験・修得した技能をより確実なものにするとともに，新たな技法の習得が目指される。また，加工方法のみならず，表したいことに合わせて表し方を工夫することや，用いる材料や技法により表現の幅が広がることにも留意させたい。また，造形面でも配置やバランス，形の組み合わせ，また，立体で動物や人などの具象物を表すための基礎的な技法についても身につけていくことが望まれる。

続く第5学年～第6学年に向け，修得しておくべき立体に表す活動に関する

第Ⅱ部　初等図画工作科の指導実践

知識及び技能は次のとおりである。(1)自ら表したいことを見つけられる。(2)ある程度計画しながら主題を実現するための表現方法を工夫できる。(3)観察や製作のなかで感じたことや気づいたこと，思いついたイメージを他者に伝えられる。(4)立体を製作するための材料や用具の特性を理解し，のこぎり，小刀，彫刻刀等の配慮が必要な用具を適切かつ安全に使用できる。

3　第5学年～第6学年

　第5学年～第6学年の立体では，心棒を使った立体作品や光を用いて空間を変容させる作品，環境に働きかける作品，複数の素材を組み合わせた作品，そして糸のこぎり（電動工具）を使用した作品等，これまでの学年には見られなかった立体の多様な表現が行われる。この学年では，計画的に製作できるようになるとともに，作品の美的判断や批判力が備わってくる。その反面，出来栄えに強いこだわりをもち始め，図画工作科に苦手意識をもち始める児童が多いのも特徴である。そのため，具象的な対象物を観察する際の基礎的な見方・考え方，そして表し方の指導と併せて，技能的な巧拙のみに集約されない評価のあり方を指導する必要がある。例えば，立体では完成作品の形態のみならず，アイデア（途中での変更も含む），製作意図，計画の適切さ，用いる材料の選択，用いた表現技法，作業の丁寧さ，完成までの粘り強い取り組みなど，作品を鑑賞・評価する際の複数の規準を設定できる。これらを「思考力，判断力，表現力等」における評価に反映させ，児童自身にも多様な評価の規準があることを意識させることも必要である。このことにより，作品製作の過程で何がうまくいき何がうまくいかなかったのかを分析的に見取れる力を身につけることにもつながると考える。ただし，この学年では人的な環境づくりにも留意する必要がある。場合によっては周囲の評価によってせっかく積み上げた思考がすべて否定的に捉えられてしまうことがあるため，一人ひとりの考えを肯定的に受容する環境づくりにも努めたい。

　技能面では，前年度までに学んだこと，そして，自らがこれまで身につけた材料の加工や立体造形に関する知識及び技能を取捨選択したり組み合わせたりしながら自分なりに工夫して使えることが望ましい。そのためには，"どう考えればよいか"，そして"考えたことをどのように実現すればよいか"という考える道筋そのものを自分なりに組み立てる力を身につけることが望まれる。

　中学生に向け，習得しておくべき立体に表す活動の基礎的な知識及び技能は次のとおりである。(1)自ら表したいことを見つけ，主題を表す方法を計画できる。(2)これまで身につけた材料や用具に関する知識及び技能を総合して製作できる。(3)観察や製作の過程で感じたことや気づいたこと，思いついたイメージ，そしてそれを表す方法について考えたことを他者に伝えられる。(4)立体作

品の基礎的な見方・考え方を理解できる。

次節では，第2節の内容を踏まえ，各学年における立体に表す活動の実践に向けた簡略な指導計画と指導のポイントを示す。

3 指導実践

1 第1学年～第2学年

○題材名：「ふしぎないきものみつけたよ」
○活動概要：粘土を使って想像した生き物をつくる。
○目標：【知識及び技能】粘土の多様な表現方法を知ることができる。【思考力，判断力，表現力等】生き物の形を自分なりに工夫できる。
○指導計画：【第1次】遠い国のジャングルで発見された生きものの名前を知り，名前から形を想像し，交流する。【第2次】自分が想像した形をつくる。
○材料用具：油粘土（1キログラム），へら，粘土板，保管用棚
○本時の展開（第1次・第2次連続）

図8-1 「ふしぎないきもの」参考作品
学生作品（新井馨作）。

児童の学習活動	指導上の留意点
・生き物の名前を知る。 ・生き物について想像し，発表する。（住んでいる場所，大きさ，形，動き方，体の固さ，足の数など）	・ジャングルで発見された，まだ誰も姿を見たことがない謎の生き物であることを伝える。 ・どのような種類の生き物かを児童間で交流することで，多様な発想や形のイメージがあることを伝え，一人ひとりが自分の考えをもつことやそれらを自分なりに表現できることの良さを児童に伝える。【思考力，判断力，表現力等】 ・同じ考えに偏らないように留意する。発表では適宜観点を示し，多様な考えが認められ，想像がさらに広がるような声かけをする。児童の発言を板書する。
めあて：だれも見たことがない生きものをそうぞうしてつくってみよう。	
・粘土を用い，作品製作を始める。 ▲1：製作が始められない ▲2：材料が足りない	・丸める，ひもにする，積む，穴をあける，くっつけるなど，多様な粘土の表し方に気づかせ，技法とアイデアのつながりに留意させる。進捗状況に応じて，大きさ，部分と全体との関係，粘土の多様な表現技法等を紹介し，アイデアと形態とのつながりを意識させる。【知識及び技能】 ▲1→板書を生かしながら，イメージを広げる。 ▲2→材料は1人あたりの分量を決めておく。

※▲は起こりうる問題を示す。

2　第3学年～第4学年

図8-2　「ハイパー・マンション」参考作品
学生作品（会田憧夢作）。

○題材名：「ハイパー・マンション」
○活動概要：粘土を用いて建造物を製作する。
○目標：【知識及び技能】倒れない構造を工夫し，形づくることができる。【思考力，判断力，表現力等】製作過程で思いついたことを適宜作品に取り入れることができる。
○指導計画：【第1次】粘土を高く積むゲーム（遊びのなかで高く積む構造を工夫し，大きな空間を意識しながら活動する）。【第2次】第1次で交流した構造に関する留意点を生かして自分なりの建物を製作する。【第3次】建物にミニチュアの人を住まわせ，細部を検討する。【第4次】相互鑑賞を行う。
○材料用具：土粘土（3キログラム），ヘラ，粘土板，湿布，ビニール袋，丸棒
○本時の展開（第1次・第2次連続）

児童の学習活動	指導上の留意点
・粘土を高く積むゲームをする。 ・工夫の共有	・重心やバランス等，作品が倒れない頑丈な構造にはどのような要素がかかわっているかを感覚的に気づかせ，問題解決のための工夫をクラス内で共有する。【知識及び技能】
めあて：ハイパー・マンションをつくろう。	
・自分なりのマンションを製作する。	・バランス・強度等の構造や棒状・板状・塊状の粘土等を使うこと等，発見したことを生かすよう伝える。建物をつくる過程でも発想・構想は連続することを意識させる。友達同士で複数の建物を空中回廊でつなげるといった児童のアイデアにも柔軟に対応する。【思考力，判断力，表現力等】
▲：壊れる	▲→壊れた形を作品に生かす方法を提案する。

※▲は起こりうる問題を示す。

3　第5学年～第6学年

図8-3　「○○なお面」参考作品
学生作品（山本千尋作）。

○題材名：「○○なお面」
○活動概要：はりこの技法を用いて実際に身につけられるお面を製作する。
○目標：【知識及び技能】例示を踏まえ，自分なりの製作方法で立体をつくることができる。【思考力，判断力，表現力等】既習事項と関連づけながらアイデアを考案することができる。
○指導計画：【第1次】お面の基本形をつくり，そこにさまざ

まなパーツ（部品）を組み合わせて形態を考える。同時にテーマを考える。
【第2次】はりこの方法で表面を紙片で覆う。【第4次】着色する。【第3次】相互鑑賞を行う。
○材料用具：画用紙（3センチ幅の短冊），ホッチキス，コピー用紙（紙片），木材用ボンド，トレイ，絵具，ワークシート，ビニール袋など
○本時の展開（第1次・第2次連続）

児童の学習活動	指導上の留意点
	めあて：○○なお面をつくろう。
・短冊で基本形をつくり複数のパーツを組み合わせる。	・さまざまな大きさや形状のパーツを組み合わせることで多様な形態ができることを伝える。【知識及び技能】 ・青森のねぶたや坂茂の建築を紹介し，伝統文化や現代建築と児童作品とのつながりを意識させる。 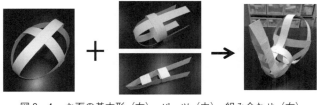 図8-4　お面の基本形（左）・パーツ（中）・組み合わせ（右）
・テーマを考える。 ・ボンド溶液をつくり，貼り込みをする。	・他教科や領域等の既習事項をもとに想像力を働かせ児童なりのテーマを考えさせる。【思考力，判断力，表現力等】
▲自重で陥没してしまう。	▲→見通しをもって貼り込む順番を考える，陥没しないための補助具を作成するなど，問題を解決することも学習活動として重視する。【知識及び技能】

※▲は起こりうる問題を示す。

▷3　坂　茂（ばんしげる，1957〜）
建築家。紙管を利用した建築や災害支援活動で知られる。東日本大震災では，避難所で紙筒と布を用いた間仕切りを設置し，避難者のプライバシーを確保した。

Exercise

① 立体に表す活動を通して育成できる資質・能力とはどのようなものだろう。また，立体作品の見方・考え方とはどのようなものだろう。

② 1キログラムの粘土にはどのような可能性があるだろう。1キログラムの粘土を使ってどのような学習活動が考えられるだろう。

③ 児童が発想・構想したアイデアを立体作品として表現する場合，どのような指導上の留意点があるか考えてみよう。

📖次への一冊

中原佑介『現代彫刻』美術出版社，1987年。

　　19世紀後半〜20世紀半ばの立体作品の動向を，背景とともに叙述している。

神林恒道・ふじえみつる監修『美術教育ハンドブック』三元社，2018年。

　　美術教育の全体像を俯瞰しながら，立体の位置づけや可能性を学習できる。

引用・参考文献

福田隆眞・福本謹一・茂木一司編著『美術科教育の基礎知識』建帛社，2010年。

ローウェンフェルド，V., 竹内清・堀ノ内敏・武井勝雄訳『美術による人間形成――創造的発達と精神的成長』黎明書房，1963年。

真鍋一男・宮脇理監修『造形教育事典』建帛社，1991年。

文部科学省『小学校学習指導要領（平成29年告示）解説図画工作編』日本文教出版，2018年。

文部省『小学校指導書図画工作編』日本文教出版，1978年。

OECD 教育研究革新センター編著，篠原康正・篠原真子・袰岩晶訳『アートの教育学――革新型社会を拓く学びの技』明石書店，2016年。

第9章
工作に表す活動と指導実践

〈この章のポイント〉

　工作は，ある程度明確な意図や用途のある表現活動である。工作に表す活動で子どもたちは，つくる知識・技能を身につけながら，創造的に考える力を育むことができる。工作に表す活動を通して，児童が新しい時代に求められる資質・能力を身につけるために，新学習指導要領の「知識及び技能」「思考力，表現力，判断力等」「学びに向かう力，人間性等」の観点から工作の学習活動を理解することは重要である。本章では，工作に表す活動の教育的意義，活動内容と特質，指導実践について学ぶ。

1　学習活動の意義

　表現活動が多様化している現代において「工作」という言葉を明確に定義することは容易ではない。例えば，表現活動に使われる材料や技法だけで「工作」の活動を限定することはできない。では，新学習指導要領ではどのように「工作」を説明しているのだろうか。学習指導要領解説で「工作」は，「意図や用途がある程度明確で，生活を楽しくしたり伝え合ったりするものなどを表すこと」（文部科学省，2018年，27ページ）と解説している。また，実際は「絵に立体的なものを加えたり，工作で表面に絵をかいたりするなど，表す過程では関連し合うことが多い」としている（文部科学省，2018年，27〜28ページ）。小学校の教科の学習領域としての「工作」は，児童の表現活動に沿って理解することが重要である。

　学校教育における工作の歴史は，明治期に学校教育に導入された「手工」までさかのぼる。「手工科」は，1890（明治23）年の「学校令」改正によって，尋常小学校において学校の判断で選択，加設する加設科目となった。しかし，「手工科」は普通教科として扱われたり，農業や商業などの実業教科または職業教科として扱われたりするなど位置づけが曖昧であり，学校の経済的負担や教師不足などの理由から明治後期には廃止の動きまであった。また「手工科」は現在の「技術・家庭科」のルーツでもあり技術教育の性格が強かった。大正期から昭和初期にかけては新教育運動の影響を受け，手工教育家の石野隆や画家の山本鼎のはたらきかけで手工教育は児童の創作を重視する動きが広がった。一方で，阿部七五三吉は模倣を手工における創作の基礎と位置づけたた

▷1　模倣は，徒弟制度的学びの特徴である。徒弟制度的学びは，バイオリン製作の工房など，特殊な技能の習得が欠かせない領域で行われてきた。

め，模倣を否定する安易な創作手工教育を厳しく批判した。1941（昭和16）年に「国民学校令」が出され，芸能科のなかに「図画」および「工作」が設置されたが，目指した教育は戦争遂行のためであった。

戦後，「芸能科図画」「芸能科工作」を統一して「図画工作科」が設置され，学習指導要領［昭和33年改訂］の「目標」には，「創造的表現の能力」など今日まで継続されてきた個人の成長，発達に焦点をあてた教育目標の文言がほぼ出そろった。工作の内容は学年によって異なる5～8項目の一部として示された。例えば，第1～第4学年の「いろいろなものを作る」は工作の活動にかかわるものである。学習指導要領［昭和52年改訂］から内容は，表現と鑑賞の2領域で示され，工作の内容は，表現のなかの「使うものをつくる」（第1学年～第4学年）や「デザインしてつくる」（第5学年～第6学年）にかかわる事項に示された。学習指導要領［平成元年改訂］で工作は表現のなかの「つくりたいものをつくる」に示された。学習指導要領［平成10年改訂，平成20年改訂］は，絵画や立体に表すこととつくりたいものをつくることを関連づけ一体的に扱えるよう内容をまとめて示し，「工作的な活動」を引き続き重視し，その指導にあてる授業時間数の確保を明記した。このように工作は，これまで形を変えながらも図画工作科のなかで重要な表現活動として位置づけられてきた。

新学習指導要領「図画工作科」の教科の目標では引き続き「創造性」が重視されている。そして，育成を目指す資質・能力の三つの柱のそれぞれに「創造（性）」を位置づけ，この教科の学習が造形的な創造活動を目指していることを示した。教科の目標(1)には「創造的につくったり表したりすること」，(2)「創造的に発想や構想をしたり」，(3)「創造しようとする態度」という形でそれぞれ示されている。以下，創造性に焦点をあて，工作教育の意義について解説する。

つくる喜びは工作教育の重要な意義の一つである。児童がつくる喜びを経験することは，これまでの学習指導要領においても重要視されてきた。「つくったり鑑賞したりする喜びを味わう」は，日本の美術教育の特徴である。ものづくり（工作）は，人間の基本的な欲求であり，人々の生活の発展の言動力となってきた。材料を加工して何かをつくる時に感じる喜びは祖先が行った儀式のための道具づくりなどに通じ，文化や文明の進歩に大きな力をもたらしてきた（Dissanayake, 1992）。このことは学習指導要領の教科の目標の(3)にある「創造しようとする態度」にもつながる。

工作に表す学習活動は，児童の身体的運動技能を育成するという点においても重要である。手や身体を使って素材や材料に働きかけ，それらを操作して，ものをつくりあげることは，工作に表す活動の中心である（Gardner, 1983）。工作は，ある程度，材料の扱いやつくり方に決まりがあり，最終的には作品を完成させることに重点が置かれる傾向にある。そのため，材料の使い方を知るだ

けでなく，目的のためにそれらを使いこなす力が求められる。例えば，のこぎりの使い方を本で読んで知るのに加えて，作品をつくるために適当な長さに角材をのこぎりで切ることができることである。これは工作の活動の「知識及び技能」にあたる。また，領域特有の知識及び技能（工作という領域）を身につけることは創造的なもの生み出す条件の一つである。

考える力の育成は，工作の重要な教育的意義の一つである。工作に表す活動では，つくる活動のなかで複雑な意思決定の力が必要とされ，子どもたちの問題解決力や批評的思考力などの複雑な，高次の考える力を育てる（Owen-Jackson, 2002）。とくに，工作の製作過程は「行動」と「ふり返り」の連続するサイクルである。児童は素材を感じ，体験，探究することで，そこから発想・構想し，発展させていく。

人格形成は，教育全体で，また，工作教育においても重要な目標である。これは新学習指導要領の教科の目標(3)「学びに向かう力，人間性等」にかかわる。工作では，つくることを通して，子どもたちが「発想・構想から作品をつくりあげるまでの全ての過程において責任を持つこと」「一生懸命に取り組むこと」などを学ぶ。このように工作の活動で児童は自分の仕事への責任などを学ぶ。

新学習指導要領の教育内容の改善事項の一つに，伝統や文化に関する教育の充実があげられている。図画工作科での具体的な方向性として「生活を美しく豊かにする造形や美術の働き，美術文化についての理解を深める学習の充実を図る」（文部科学省，2018，6ページ）ことが示された。子どもが自分の属する社会の美術文化について学ぶことは，文化的，個人的アイデンティティの健全な形成を支援し，文化遺産継承と文化創造活動への参加につながる。工作の学習は，文化の創造に関して重要な役割を果たしている。

一つひとつの教育的意義は工作の学習活動に限定されたものではないが，工作の活動の意義を理解することは，児童に多様な表現活動の機会をつくることにつながる。

2　学習の内容と特質

1　第1学年～第2学年

この時期の児童は，体を使って周りのさまざまなものにかかわり，活動する傾向が見られる。また，身体を動かしてものに働きかけるなどし，具体的な活動を通して，感じたり考えたりする。第1学年～第2学年の工作に表す活動の特徴としては，最終的な完成作品をイメージして

図9-1　粘土の冷たさや硬さ・柔らかさを感じる

活動するよりも，素材や材料を探究することそのものを楽しんだり，その延長でつくりながら考えたり，それぞれの思いを試したりする傾向が見られることである（図9-1）。

内容に関しては，工作に表すことよりも「工作に表すことを通して」という点が重要である。第1学年～第2学年の活動においては，絵や立体，工作はその活動過程において関連し合っている場合が多い。教師は工作の活動の特徴を理解したうえで，活動内容を柔軟に捉えることが重要である。

「A表現」(1)イ「思考力，判断力，表現力等」に関して，とくに工作に関連して重要な点は，つくりながら発想し，イメージを広げていくことである。「感じたこと，想像したことなどから，自分の表したいことを見付けること」は，自分の想像から表したいことを見つけることである。低学年では，つくりながら考え，また，考えながらつくることが多いため，発想に関しては柔軟に対応することが大切である。また，「好きな形や色を選んだり，いろいろな形や色を考えたりしながら，どのように表すかについて考えること」については，工作の活動でも，どのように表したいかを材料や用具を使いながら考えていく。

「A表現」(2)イ「技能」の内容は，工作に表すことを通して，材料や用具を安全に使い，その扱いに慣れること，また，体の感覚などを働かせ，表現したいことをもとに工夫してつくることである。この時期の児童の手の巧緻性や素材や材料体験などを考えると，工作にかかわる知識や技術を身につけさせることよりも，造形表現領域（絵，立体，工作）の垣根を超えた自由な体験を児童のなかに蓄積できることが大切である。第1学年～第2学年においては，身近で扱いやすいものを用いることが大切である。例えば，紙である。身近な材料である紙は，薄紙，折紙，画用紙，色画用紙，ボール紙，段ボールなどさまざまな種類がある。第1学年～第2学年の児童でも薄紙を丸めたり，折紙をちぎったりすることはできる。しかし，画用紙を手で大きく破くことはできても，細かくちぎることは容易ではない。力のいる作業，細やかな作業は発達によるところが大きい。指導の工夫としては，材料や用具を使うことを創造的に表すことへつなげて，楽しみながら身につけていくことが大切である。また，幼児期での素材や材料の体験の量や質にも関係するため，児童の活動の様子を観察したり，今までどのような造形体験をしてきたかを聞くなどしたりするとよい。

② 第3学年～第4学年

第1学年～第2学年が個々に活動する傾向があるのに対して，第3学年～第4学年になると周りの友達の活動にも関心を示すようになる。一括りに言えることではないが，この時期の児童は自立への欲求が強まり，現実とこれまで自

分が経験してきたことや思っていたこととの間にギャップを感じるようになってくる。工作に表す活動にかかわる特徴としては，体力もつき身体の働きも巧みさを増し，扱える材料や用具が増え，さまざまな試みが見られるようになる（図9-2）。

「A表現」(1)イ「思考力，判断力，表現力等」に関して，とくに工作に関連して重要な点は，自分の感じたことや想像したことに加えて「見たこと」から，表したいことを見つけるとある。また，表したいことや「用途」などを考えるとある。工作の活動の特徴として「用途」がよくあげられるが，どのように使いたいかということもまた発想や構想の要素となっている。

「A表現」(2)イ「技能」の内容は，前学年までは，比較的自由に探究するような活動のなかで，身近で扱いやすい材料や用具に慣れることに重点が置かれていたが，この学年では「材料や用具を適切に扱う」ことが示されている。児童が自分の表したいことに合わせて材料や用具を選ぶこと，かつ安全に使うことができるようになることのほか，新学習指導要領では，図画工作科における材料や用具の扱いについて「指導計画の作成と内容の取扱い」に示しており，第3学年～第4学年においては，前学年までに経験したものに加え，「木切れ，板材，釘，水彩絵の具，小刀，使いやすいのこぎり，金づちなどを用いること」とある。これは，これらを使用しなければならないということではなく，体も成長し，手などの働きも巧みさを増すこの時期の児童が使うことのできる材料や用具の種類に合ったものということである。また，第3学年～第4学年では他の児童が使っている材料や用具を見て，自分のやっていることを広げていくこともできるので，活動のなかに交流する場面を自然なかたちで設定することも大切である。また，改善点や新しい見方があることなどをアドバイスできるように教師が材料や用具，表現方法などについて知っておくことは大切である。

図9-2　粘土でより細やかな形をつくることができるようになる

▷2　用途のあるものづくりは，明治期に美術の概念が日本へ導入される以前の純粋美術と工芸を分けない日本土着の美術のあり方に通じる。初等図画工作科では，用途が「工作に表わす活動」を規定するというより，生活のなかで使うものをつくるという意味合いをもち，児童が身近にものづくりを考えるきっかけとなる。

3　第5学年～第6学年

この時期までに児童はさまざまな材料や用具の経験をしてきている。表したいことに合う材料や用具，表現方法を選ぶなどこれまでに身につけた知識や技能を生かして表すことができるようになる。材料や用具の扱い方も巧みになり，自分の表したいことにこだわってつくる姿が見られるようになる点から，工作に表す活動の特徴を楽しみながら行うことができると言える。また，自分の表したいテーマを表現するために，納得するまで表現方法を試したり，周りのアイデアを取り入れたりしながら活動する姿も見られる。工作に表す活動は材料や用具と表現が密接にかかわっているため，第5学年～第6学年では工作

第Ⅱ部　初等図画工作科の指導実践

に表す活動にも幅が出てくる。

「表現A」(1)イの「発想や構想」に関しては，第5学年〜第6学年になると
さまざまなことから発想や構想を広げていく。新学習指導要領の「感じたこ
と，想像したこと，見たこと，伝え合いたいことから，表したいことを見付け
る」は，表したいことのもとになる自分のイメージについてである。「形や
色，材料の特徴，構成の美しさなどの感じ，用途などを考え」は，表したいこ
とを表すために児童がさまざまな手がかりをもとに構想することについてであ
る。それぞれがつながりあるものと捉え，指導に生かすことが重要である。ま
た，「どのように主題を表すかについて考えること」は主題の表し方や計画を
考えることである。これら発想や構想の方法は，第5学年〜第6学年の終わり
には，はじめに主題や作り方を決めてから製作するのか，または，材料や用具
を触りながら主題を決めて製作していくのかをそれぞれの児童が選択していく
ことができるようになることを目指したい。そのためには，第1学年〜第2学
年，第3学年〜第4学年でさまざまな発想や構想のプロセスを体験するような
指導が大切である。

「表現A」(2)イの「技能」に関しては，児童が自分の表したいことに合わせ
て，経験や技能を生かす内容が特徴となっている。工作の題材の場合，例え
ば，地域で採取できる粘土など，地域素材の活用なども考えられる。表現方法
に合った材料や用具を選ぶことに加えて，材料や用具の背景なども理解し，大
切に使うことができるようにすることも重要である。また，第1学年〜第2学
年から継続して同じように，表現方法に応じた材料や用具の活用は，表したい
ことに照らし合わせて，自分で工夫して行くなかで身につくということを忘れ
ずに指導したい。さらに，多様な表現の方法の選択に関して，工作では材料や
用具が始めからある程度は絞られたなかでの活動になるため，とくに材料や用
具を活用しながらその効果を体験的に知るような指導の工夫が大切である。視
覚資料や友達の表現方法などに気づくような支援が考えられる。

3　指導実践

１　第1学年〜第2学年

第1学年〜第2学年の工作に表す活動「A表現」(1)イ(2)イを，実践例を示し
ながら解説する。第1学年〜第2学年の工作に表す活動の特徴としては，身近
な素材を使った工作（紙，粘土など），生活を楽しむためのものなどがあげられ
る。ここでは，身近な素材として段ボールを使った遊べるものをつくる活動を
紹介する。

○題材名：つくってみんなで遊ぶ工作「しゅっぱーつ！　ゆめのでんしゃ」（題材協力：千葉大学教育学部附属小学校図工科）

○題材の内容と指導

図9-3　児童が製作した「お菓子の電車」で遊ぶ体験をする学生

本題材では両脇に穴を開けたダンボールに絵を描き，それらを麻ひもで結んでつなげて電車をつくる。電車は児童が日常生活で見たり利用したりするため，想像を広げやすい。「ゆめのでんしゃ」は友達とかかわりながら思いついたことや気づいたことからイメージを広げていくことをねらいとしている。描画材としては段ボールに着色しやすいような濃度に調整した共同製作用の絵の具を用いる。また，乾燥した後は，クレヨンで描画もできるようにするなど，画材の組み合わせを工夫できる。段ボールという大きな紙をいくつもつなげてつくる電車に，たっぷり絵の具をつけてのびのび身体を使って描く活動である。

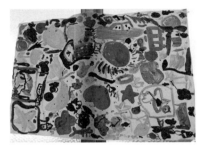

図9-4　共同製作用の絵の具で描いた駅

○育てたい資質・能力

「ゆめのでんしゃ」で遊ぶことを考え，色や形を工夫しながら描いたりつくったりすることができる。【知識及び技能】

「ゆめのでんしゃ」というテーマ，また，段ボールをつなげて遊ぶことから，つくりたい「ゆめのでんしゃ」を思いつくことができる。【思考力，判断力，表現力等】

自他の「ゆめのでんしゃ」で遊んだりして，色や形と動きの組み合わせを楽しむ。【学びに向かう力，人間性等】

○材料と道具：ダンボール，クレヨン，共同製作用の絵の具，皿やトレーなど絵の具を入れるもの，筆，穴をあける道具，麻ひもなど

○授業の計画

時　　間	児童の主な活動
1.5時間	共同製作用の絵の具をつかって駅を描く。
1時間	表したいテーマを考え，つくりたい「ゆめのでんしゃ」の構想を練る。
1時間	テーマに沿った「ゆめのでんしゃ」をつくる。 つくりたい「ゆめのでんしゃ」のテーマが同じ児童同士でグループになり共同で製作する。
1時間	イメージを共有しながら電車ごっこを行い，互いの作品の良さを感じ，伝え合う。

○主体的，対話的で深い学び

本題材は，児童が共同で，考え，つくって，遊ぶ（使う）ことを経験できる

題材である。電車本体からつくり始めずに，大きな紙に駅（図9-4）から描きだすことによって，材料や用具の使い方を創造的活動のなかで自然に身につける工夫ができる。第1学年〜第2学年の場合，初めに発想，構想してから計画どおりに描くよりも，絵の具で好きなものを好きな色で描きながら他の児童と対話しながらつくっていく場面が見られる。つくりたいもののテーマごとにグループで活動することにより，グループの他の児童と意見を交わすことを通してつくりたいものをより深く探求することができる。最後に，つくった電車や駅で遊ぶことは，創造したものから創造的な活動（遊び）が生まれる場面でもある。また，自分たちがつくったものだけでなく，遊びを通した鑑賞活動として自分や他の児童の作品の良さにも気づくことができる。

2　第3学年〜第4学年

　第3学年〜第4学年の工作に表す活動「A表現」(1)イ(2)イの実践例を示しながら解説する。第3学年〜第4学年の工作に表す活動の特徴としては，これまでの材料や用具の使用経験を生かしながら，自分のイメージや用途を考えて発想，構想し，表すことである。ここでは，さまざまな材料を自分のイメージに合わせて選んだり，材料から発想したりして，身につけるものとしてメダルをつくる活動を紹介する。

図9-5　「がんばったでしょう」のメダル

○題材名：「思いを伝えるメダル」――身につけるものをつくる

○題材の内容と指導

　本題材では，これまで親しんできた材料や道具や表し方を使って，相手に思いを伝えるという目的などから発想を広げて，身につけるものとしてのメダルをつくる。比較的扱いやすい，使い慣れた材料を思いに合わせて，さまざまに組み合わせて，創造的に表現するため，メダルという制約がありながらも表現の自由度が高い題材である。また，自分の思い（例：感謝）を相手に伝えるという主題のため，実感をもって取り組むことができる。

　指導にあたっては，個々の表したいことを対話によって共有することで，発想を広げる。多くの材料を用意することで材料の組み合わせを創造することができるようにする。活動の最後には，相手にメダルを渡して身につけてもらうことで，自分の作品や自分の良さを知る鑑賞活動につながる。

○育てたい資質・能力

　材料や用具の使い方に慣れ，材料の組み合わせを工夫して表すことができるようにする。【知識及び技能】

　つくるものの目的やさまざまな材料を組み合わせることからイメージを広

げ，表したいことを見つけ，どのように表すか考えることができるようにする。【思考力・判断力・表現力等】

自分や友達の作品の色や形などの組み合わせのよさを伝え合いながら，進んで活動に取り組む。【学びに向かう力，人間性等】

○主な材料・用具：紙皿，大きめの安全ピン（胸にピンで留める形にする場合），折紙，色画用紙，薄紙，紙テープ，モール，リボン，毛糸，フェルト，ボタン，油性ペン，のり，セロハンテープ，はさみなど

○授業の流れ

時　間	児童の主な活動
0.5時間	何で，どのようにつくるのかイメージをふくらませる。
3時間	色やかたちなどを探究しながら，つくりたいもののイメージをふくらませ，発想する，というように，つくりながら考える，考えながらつくる。
1時間	互いの表現を鑑賞し合う。

○主体的，対話的で深い学び

どんな思いを誰に伝えるかということからイメージが広がっていく場合もあれば，材料からつくりたいもののイメージを広げていくこともある題材である。それぞれの思いを言葉で表現したり聞いたりする場面をつくったり，材料の特徴について目を向ける声かけや対話があると児童の「使ってみたい」を引き出し，より主体的で深い学習へとつながる可能性がある。

3　第5学年～第6学年

第5学年～第6学年の工作に表す活動「A表現」(1)イ(2)イを，実践例を示しながら解説する。第5学年～第6学年の工作に表す活動の特徴を一言で説明するなら「総合的な工作」である。これまで学習してきた材料や用具の使い方，表し方などを児童が自分の表したいことに合わせて，選択しながら，自分なりにこだわりをもって試行錯誤しながら活動する。

○題材名：「図工カメラマンになろう」

○題材の内容と指導

本題は，児童が自分の発想を自由に広げ，第1学年からこれまで使ってきた材料や用具を使ってつくりたいカメラをつくる。そして，自分でつくった世界で一つだけのオリジナルのカメラをもって学校探検し，写真を撮り（カメラに紙を入れ，シャッターを押した後にカメラに入れた画用紙に絵を描く），アルバムをつくる。さまざまな材料を組み合わせて，つくり出すことを楽しみながら，造形

図9-6　「へんしんカメラ」

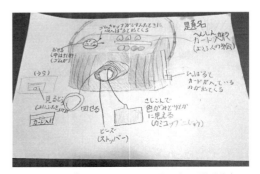

図9-7　「へんしんカメラの取り扱い説明書」

第Ⅱ部　初等図画工作科の指導実践

的なものの見方や考え方を育てる工夫をした題材である。

　材料は，菓子などの空き箱を用意し，それを土台にし，雑誌の切り抜きや包装紙などを貼り，覗き窓やレンズがあるカメラをつくる。つくるもの（カメラ）は絞られているが想像性を刺激するテーマ設定とそれを使った製作後の遊びが，自然に互いの思いを伝え合う姿につながる。

　指導にあたっては，互いのイメージや表現のよさを共有する交流場面を繰り返し設定し，教師も，児童が自らの感じ方や表現に自信をもち，安心して自己表出できるような言葉かけや働きかけをしていく必要がある。

○育てたい資質・能力

　カメラの機能や用途と表したい感じを大切にして，材料や用具の使い方を工夫し，色，形，材質などを工夫しながら自分の意図を表すことができるようにする。【知識及び技能】

　機能や用途と材料などから自分の表したいカメラを構想し，どのように表すかを考えることができるようにする。【思考力，判断力，表現力等】

　思いや発想，表現の工夫を互いに伝え合うことができるようにする。【学びに向かう力，人間性等】

○主な材料と用具：菓子などの空箱，さまざまな紙（折紙，包装紙，新聞紙など），のり，クレヨン，アクリル絵の具，カラーペン，毛糸，リボン，麻ひも，はさみ，穴あけパンチ，ニードル，画用紙（取り扱い説明書に使用），色鉛筆（写真撮影時に使用）

○授業の流れ

時　間	児童の主な活動
1時間	カメラの機能や形の特徴について知る。 使う場面を考えたり使う材料を選んだりして，どのように表していくかイメージをもつ。
2時間	さまざまな材料を組み合わせて工夫してカメラをつくる。
1時間	カメラの取り扱い説明書をつくる。
0.5時間	互いの表現を鑑賞し合う。
1時間	カメラマンになって学校を探検し，写真を撮る（絵を描く）。
1時間	写真（絵）を画用紙に配置しアルバムをつくって鑑賞し合う。

○主体的，対話的で深い学び

　本題材は，児童が発想・構想し，製作したカメラを使ってさらに遊びのなかで絵に表す活動を行う。また，表現活動のなかに工作的要素や絵画的要素が混在している。実際の授業では「どこで，どんなふうに使うカメラにしようか」「このカメラならこんな写真が撮れるよ」という児童の活発で主体的な学習活動が観察された。題材自体に児童が主体的に取り組む工夫がなされているとい

える。さらに，教師が児童同士の交流の場を製作のプロセスのなかで意識的に
つくっていくことでより深い学習へとつながっていく。

Exercise

① 工作は絵画や立体に表す活動とどのような相違点や共通点があるか考えて
みよう。
② 工作に表す活動における「知識及び技能」はどのようなものが考えられる
か，具体的な例をあげてみよう。
③ 児童たちの創造性を育む工作の活動とはどのようなものか，また，どのよ
うな指導の手だての工夫があるか調べたり，考えたりしてみよう。

📖次への一冊

大坪圭輔『工芸の教育』武蔵野美術大学出版局，2017年。
　　本書は，工作，工芸教育の背景から現代の課題まで幅広く取り扱っている。日本の
　　学校教育における工芸（工作）の歴史や理論について広く学ぶことができる。
春日明夫『玩具創作の研究』日本文教出版，2007年。
　　本書は，学校でつくられた玩具という視点からみた造形教育の歴史的変遷について
　　述べている。工作に表す活動で取り上げられることの多い遊べる工作としての玩具
　　についても詳しいが，広く工作，工芸，デザイン教育についても詳しく知ることが
　　できる。
内野務『造形素材にくわしい本』日本文教出版，2016年。
　　工作に表す活動において素材は大きなきっかけとなるものである。本書は，子ども
　　とのかかわりに素材を位置づけて，その変化ややり取りを詳しく解説している。
辻政博『図工のきほん大図鑑──材料・道具から表現方法まで』PHP研究所，2013年。
　　紙，木，ねんど，身近にある材料とそれに関する技法や表現を，子どもたちの製作
　　や作品の写真，図や絵を使ってわかりやすく解説している。
槙英子『保育をひらく造形表現』萌文書，2008年。
　　幼児期の子どもの豊かな造形表現をどのように援助したらよいのか，どのようにで
　　きるのかを考え，実践する手がかりを解説している。初等図画工作科についての書
　　籍ではないが，第1学年～第2学年の児童の造形活動，造形的発達の流れを理解す
　　ることができる。

引用・参考文献

Dissanayake, E., *The pleasure and meaning of craft*, American craft, 1992.
Gardner, H., *Frames of Mind: The Theory of Multiple intelligences*, Basic Books, 1983.

文部科学省『小学校学習指導要領（平成29年告示）解説図画工作編』日本文教出版，
2018年。

Owen-Jackson, G., *Teaching and Learning about Design, Aspects of Teaching Secondary Design and Technology*, Routledge, 2002.

第10章
鑑賞の活動と指導実践

〈この章のポイント〉
　鑑賞に関する学習指導の立案と実践に必要となる基礎的な知識として，児童の人格形成をねらいとした鑑賞の目的と方法，児童の発達段階を踏まえた学習内容とその特質について解説する。本章では，鑑賞の主要な方法である対話型鑑賞の構造とともに，児童の発達の道筋を踏まえながら，小学校低学年，中学年，高学年の各段階で展開される学習指導のあり方について，具体的な授業事例の検討を通して学ぶ。

1　学習活動の意義

1 　学習の目的

　図画工作科における鑑賞の目的は，形や色などによる造形表現を読み解くリテラシーとともに，感性や想像力の働きを高めて，審美眼を養うことである。
　鑑賞で扱う芸術作品は，コミュニケーション手段である一つの言語として捉えられ，鑑賞活動は，文学作品を読む活動のように，(1)作者，(2)作品で語られていること，(3)読み手による三者一体的な関係によって展開される。形や色などで表された感情や価値のイメージとの対話を通して，児童は，自分にとっての真実を見出したり，自分の価値に応じて思考・感情・知覚をバランスよく再組織化したり，これまでに経験した出来事から意味や価値を新しく構築したりする。児童が自己の個性を発揮して，感性や想像力を働かせながら作品と作用し合うならば，大なり小なり，自己や自己を取り巻く世界に対する新しい認識が生まれ，以前とは異なる見方や感じ方によって環境とかかわれるようになる。
　初期の学習では，児童は，大まかな形や色などの造形的特徴や大雑把な感情の特質しか見分けられないかもしれないが，鑑賞の学習を重ねることによって，個々の作品の造形形式の微妙な差異を感じ取れるようになり，複雑な感情や価値のイメージも識別し味わえるようになる。作品に表された美醜や善悪などの種々の感情や価値のイメージから感じ取ったり考えたりする活動を通して，作品の技巧面のみでなく，眼には見えない精神的なよさや美しさのレンズとも言える審美眼が培われる。

第Ⅱ部　初等図画工作科の指導実践

　　鑑賞学習を通して児童一人ひとりの審美眼を形成していくことは，生涯を通して芸術とのかかわりを深める基礎となるばかりでなく，普段の日常生活のなかで，個人の行為を方向づける価値基準の形成とも深く関係している。児童は，図画工作科で養われる精神的なよさや美しさを感じ取ったり考えたり検討したりする力を日常生活のなかで生かしながら，自らの行為を選択し，価値の選択を通して自己の品性を形成していくのである。

［2］　学習の方法

　　児童の生活のなかで生きて働く真正の審美眼を培っていくために，図画工作科で行われる鑑賞学習の方法は，作品と児童との相互作用の活性化を目的とした対話型で進められる。この方法は次の二つの活動と対置される。一つ目は，実際の作品をじっくり見ることをせずに，本をめくって作品のタイトルや作者名などをチェックする活動である。このような活動には，児童の感性や思考の働きが欠如しており，児童が主体的に作品を楽しむことにも関係していない。二つ目は，作品の形や色などの造形形式と無関係に，単に空想や妄想にふけらせるような活動である。この活動には，作品に表されたイメージと児童の見方や感じ方との相互作用が欠けており，児童は自己の世界をめぐるばかりで，成長につながる新しい発見がなされていない。

　　作品と児童との対話の活性化を目指す鑑賞学習では，一般的に，以下に示す四つのステップから構成される方法が用いられる（表10-1）。四つのステップの活動は，それぞれが独立しているものではなく重なり合う部分があり，実際

表10-1　対話型鑑賞の四つのステップと発問例

四つのステップ	対話を促す発問例
ステップ1 描写内容の発見——描かれているものを見つける	○作品に何が描かれていますか。 ○じっくり作品を見ましょう。どんな出来事が起こっていますか。 ○作品の部分をもっとよく見てみましょう。何が見つけられますか。
ステップ2 表現方法の分析——作者の判断を見て取る	○作品からどんな感じがしますか。どこからそう思いましたか。 ○どうして作者は別の色よりもその色を選んだと思いますか。 ○なぜ，作者は，若い女性よりも老婆を描くことに決めたと思いますか。 ○どのような色が組み合わされていますか。どうして作者はそのような組み合わせにしたのでしょうか。
ステップ3 意味の解釈——語られていることを考える	○作品を通して作者は何を伝えたかったのでしょうか。 ○この作品にタイトルをつけるとしたらどんなタイトルをつけますか。その理由は何ですか。 ○この作品からどんなストーリーが想像できますか。
ステップ4 価値の判断——自己とのつながりをつくる	○この作品はよい作品だと思いますか。その理由は何ですか。 ○この作品を，毎日，見たいと思いますか。その理由は何ですか。

の授業づくりにおいては，児童の知識や経験などのレディネスに応じて，単一のステップに焦点を当てたり全ステップが行われたりする場合もある。

また，鑑賞学習の留意事項として，可能な限り，第3学年〜第4学年以上の児童には，実際の作品と複製品との相違を認識させることがあげられる。これについては，美術館を訪問して実物を目の前に確認することが望ましいが，本やカタログなどから見つけた同じ作品を使って，サイズや色などに相違があることに気づかせる方法でもよい。

対話型鑑賞の方法と合わせて，美術館，図書館やインターネットなどを活用して追加の専門的な情報を見つける方法を示し，児童による自発的な学習を促すことがすすめられる。

2　学習の内容と特質

1　第1学年〜第2学年

第1学年〜第2学年の児童は，動物，家族，自然など，自分の身近にあるものが題材である作品を通して，美術に興味をもつようになる。鑑賞では，形や色などの大きな造形的特徴を捉えながら作品とかかわり，「この絵は，黄色いお城に見えました。オレンジ色や黄色い時計もあってミカンの国に見えました。三角の屋根もありました」などと，作品の主な題材，形や色などの認識をもとに想像を広げていく。また，経験をベースに自己の見方で自由に連想することも，第1学年〜第2学年の児童の作品の見方に特徴的であり，「洞窟でコンサートをしているみたいです。絵が未来の地球みたいでおもしろいです」などと，自分が実際に見たり聞いたりしたものと結びつけながら，自己のイメージを広げていく。

第1学年〜第2学年の鑑賞学習を計画するにあたり，作品を選定する際には，(1)形や色などの造形的特徴がわかりやすく明確であること，(2)人物，動物，生き物など，児童が生活のなかで親しんでいる題材が描かれていることなどが考慮される。

第1学年〜第2学年の鑑賞学習の趣旨は，(1)自分の見方・感じ方を生かしながら作品を鑑賞する楽しさを味わわせること，(2)形や色の種類など，児童の視覚世界の語彙を増やしていくこと，(3)作品から感じたり考えたりしたことを言葉で表すことなどであり，学習例には以下のような活動があげられる。

○2点以上の作品を比較鑑賞し，類似点や相違点を見つけて，形や色などの大きな造形的特徴を捉えさせる活動。
○作品に表されたイメージを，形や色などの大きな特徴の観察に基づいて話し合う活

第Ⅱ部　初等図画工作科の指導実践

　　動。
〇作品から短いお話をつくったり，吹き出しなどを用いて，作品に描かれた人物や生き物などのセリフを想像したりする活動。

［2］　第3学年〜第4学年

　第3学年〜第4学年になると，作品の製作過程に関心をもつようになる。表現手段である絵の具や木材など材料の違いを識別できるようになり，形や色，表し方などの創意工夫を考えながら，作品に表されたイメージとかかわりが深められるようになる。「色が鮮やかで岩の隙間から木や花が出ているのがいいと思いました。川の描き方で川の流れ方がよくわかりました。岩がどれも違う形で本物のように見えます」などと，形や色などの大きな造形的特徴に加えて，作品の詳細部分と全体のイメージとの関係を考えながら鑑賞が進められるようになる。
　第3学年〜第4学年の鑑賞学習を計画するにあたり作品を選定する際には，この時期の児童は，写実的な作品をよい作品とみなす傾向が強いので，多様な造形形式による作品と出会わせて，児童の美術に対する概念を広げることが望まれる。
　第3学年〜第4学年の鑑賞学習の趣旨は，(1)材料の違い，形や色，表し方などの創意工夫に気づかせること，(2)大きな造形的特徴のみでなく作品の詳細部分にも着目させながら，作品に表されたイメージとのかかわりを深めることなどであり，学習例には以下のような活動があげられる。

〇写実的な作品のみでなく，抽象的な作品を含む多様な造形形式と出会わせることを目的としたアートカード教材を用いた学習ゲーム活動。
〇作品の製作過程がわかるスケッチなどを完成作品と合わせて提示し，どこをどのように工夫したのかを話し合う活動。
〇作品の一部を白抜きにして提示し，周りの詳細部分を観察しながら白抜き部分を想像して描かせる活動。

［3］　第5学年〜第6学年

　第5学年〜第6学年の児童は，写実的な作品のみでなく，架空の物語を題材とした作品にも興味をもち，抽象的な作品や見慣れない作品であっても，児童の興味・関心と結びつけられるならば理解することができるようになる。また，作品の構図の創意工夫にも着目しながら，分析的な見方ができるようになり，作品に込められた作家の思いなど精神的な側面から鑑賞が深められるようになる。「この絵は奇跡の町を表しています。その町には，十の集落があり，十の集落は，アルプスの雪どけの川の水を引き暮らしています。十の集落はと

ても幸せで，争いや殺人などは全くありません。すべてが自給自足。この町の人たちは働きものです。男性は，家や畑や田を作り，女性は，果物やラベンダーの香水や紅茶を作っています。奇跡の町は幸せの町」のように，メタファーとして作品を読み深めていくことができるようになる。

　第5学年〜第6学年の鑑賞学習を計画するにあたり，作品を選定する際には，この時期の児童は，精神性を感じ取れるようになり，より複雑な造形的特徴を捉えられるようになるので，(1)自己や社会のあり方と関連したテーマが扱われていること，(2)より複雑な形や色，構図などの造形的特徴が備わっていることなどが考慮される。

　第5学年〜第6学年の鑑賞学習の趣旨は，(1)より複雑な形や色，構図などの創意工夫に気づかせること，(2)作品が製作された背景を考慮に入れて作家の思いなど精神的な側面から作品を読み深めることなどであり，学習例には以下のような活動があげられる。

○多種多様な作品を提示し，造形形式の特徴から，どの作家の作品であるかを識別する活動。
○対比，リズム，奥行き，動き，強調，統一感など，構図の特徴や創意工夫について分析的に話し合う活動。
○メタファーとして作品を読み深め，自己や社会のあり方について話し合う活動。

3　指導実践

1　第1学年〜第2学年

「あおぞらちゃん」

「ほのおのカメレオン」

図10-1　「ごちゃまぜカメレオン」児童作品例
出所：西田恭子教諭提供。

○題材名：「ごちゃまぜカメレオン」(題材協力：広島市立本川小学校　西田恭子教諭)
○題材について
　エリック・カール作の絵本「ごちゃまぜカメレオン」は，児童が大好きないろいろな動物にカメレオンが変身する物語である。この絵本には，さまざまな形や色の工夫がある動物の絵が描かれており，児童に形や色などの工夫を見つ

第Ⅱ部　初等図画工作科の指導実践

けながら見る楽しさを味わわせることをねらいとした鑑賞活動に適している。

　学習は次のような構成で展開する。(1)「ごちゃまぜカメレオン」の読み聞か
せを行い，カメレオンが形や色を変えていろいろな動物に変身する様子に興味
をもたせる。(2)カメレオンの変身の絵12点から児童が面白いと思った変身を1
点選ばせ，その理由を形や色，イメージなどの特徴から話し合わせる。(3)児童
自身がカメレオンの変身を描き，自分で新しい形や色などをつくり出す喜びや
楽しさを味わわせる。(4)児童全員の作品を黒板に貼って学級全体で交流し，が
んばったところを振り返るとともに，友達の作品の面白さに気づくことを通し
て，作品の見方や感じ方を広げる。

　低学年は具体的操作期にあり，「①絵本の鑑賞→②表現→③児童作品の相互
鑑賞」という学習構成によって，児童が自らの手で行う表現活動と結びつける
ことで鑑賞を深めさせる。

○題材の目標

　・「ごちゃまぜカメレオン」の絵を見ることに興味をもち，主体的に取り組
　　むことができる。【造形への関心・意欲・態度】

　・自分のカメレオンをイメージし，イメージに合った形や色，表し方などを
　　思いつくことができる。【発想や構想の能力】

　・自分のイメージに合ったカメレオンをつくり出すために，形や色，表し方
　　などを工夫することができる。【創造的な技能】

　・「ごちゃまぜカメレオン」や，友達の作品の形や色，イメージなどの面白
　　さに気づくことができる。【鑑賞の能力】

▷1　本章の実践事例では
評価の観点については2010
年の4観点を用いる（本書
の第5章▷4を参照）。

○題材の評価規準[1]

造形への関心・意欲・態度	発想や構想の能力	創造的な技能	鑑賞の能力
「ごちゃまぜカメレオン」の絵を見ることに興味をもち，主体的に取り組んでいる。	自分のカメレオンをイメージし，イメージに合った形や色，表し方などを考えている。	自分のイメージに合ったカメレオンを表すために，形や色などによる表し方を工夫している。	「ごちゃまぜカメレオン」や，友達の作品の形や色，イメージなどの面白さに気づいている。

○学習指導計画（全2時間）

　第一次：『ごちゃまぜカメレオン』を読み聞かせ，絵本の絵の鑑賞を行う（1
　　時間，本時）。

　第二次：自分なりのカメレオンを描き，出来上がった作品をクラス全体で鑑
　　賞する（1時間，本時）。

○準備物

　指導者：『ごちゃまぜカメレオン』の絵本，絵本にあるカメレオンの絵12
　　点，ワークシート，カメレオンの輪郭線を印刷した八つ切り画用紙。

児童：クレヨン

○本時の展開

学習活動	指導上の留意点	評価規準（評価方法）
1　学習内容の把握 ○本時のめあてを確認し，見通しをもつ。	○絵本からカメレオンの絵12点を黒板に提示し，めあてを確認するとともに，学習の見通しをもたせる。	○本時のめあてを確認し，見通しをもっている。（行動観察）
きづいたことやおもしろいとおもったところををつたえよう		
2　絵本の鑑賞 ○『ごちゃまぜカメレオン』のお話を聞きながら，変身するカメレオンの絵を見る。 ○変身したカメレオンの絵12点から1点を選び，「形」，「色」，「イメージ」などに着目して，気づいたり面白いと思ったりしたことをワークシートに記入し，発表する。	○鑑賞の着眼点として，黒板に，「形」，「色」，「イメージ」を提示する。 ○児童の意見に共感しながら聞く。	○興味をもって，変身していくカメレオンの絵を見ている。（行動観察，発言） ○気づいたことや面白いと思ったところを見つけている。（ワークシート） ○感じたことや考えたことを発表し，友達の話を聞いている。（行動観察，発言）
3　鑑賞のための表現 ○自分のイメージしたカメレオンを画用紙にクレヨンで描く。 ○クラス全体で，作品を鑑賞する。	○一人ひとりの表現をしっかり認め，自信をもって進めていくことができるように言葉かけをする。	○自分の表したいカメレオンを思いついたり，形や色，表し方などを考えたりしている。（行動観察，発言，作品）
4　まとめ ○本時を振り返り，感想を発表する。	○一人ひとりががんばったことを確認する。	○本時の学習を振り返っている。（発言，ワークシート）

2　第3学年〜第4学年

○題材名：「百鬼夜行図にあそぶ——共同製作を通して」（題材協力：尾道市立山波小学校　青山寿重教諭）

○題材について

　わが国の伝統的な美術作品「百鬼夜行図」には，付喪信仰をベースに生活にある道具などが妖怪に化けて夜更けに練り歩く様子が描かれている。この作品には，人物や動物と道具などが組み合わされた創造的な妖怪が描かれており，児童に発想のよさ・面白さを味わわせることをねらいとした鑑賞活動に適している。

　学習は次のような構成で展開する。(1)耕三寺博物館を訪問して「百鬼夜行図」の実物を鑑賞し，形や色などの工夫や発想のよさや面白さに気づかせる。(2)時計や本など身の回りのものと生き物を組み合わせて妖怪をつくり，児童自

図10-2 「百鬼夜行図帖」（19世紀頃）
出所：耕三寺博物館所蔵。

身の手による現代版「百鬼夜行図」を製作する。(3)耕三寺版「百鬼夜行図」と現代版「百鬼夜行図」を比較鑑賞する。

　第3学年～第4学年の児童は，作品の製作過程について興味をもつ発達段階にあり，製作を取り入れた鑑賞活動を仕組むことで，作家の創造的思考に着目しながら作品を味わえるようにする。

○題材の目標
・自分の見方や感じ方をもって，主体的に「百鬼夜行図」の鑑賞に取り組むことができる。【造形への関心・意欲・態度】
・自分の妖怪や百鬼夜行図をイメージし，イメージに合った形や色，表し方などを思いつくことができる。【発想や構想の能力】
・自分のイメージに合った妖怪や百鬼夜行図を表現するために，形や色，表し方などを工夫することができる。【創造的な技能】
・友達との交流を通して，「百鬼夜行図」や自分たちの作品の形や色，表し方のよさや面白さを味わうことができる。【鑑賞の能力】

○題材の評価規準

造形への関心・意欲・態度	発想や構想の能力	創造的な技能	鑑賞の能力
自分の見方や感じ方をもって，主体的に「百鬼夜行図」の鑑賞に取り組んでいる。	自分の妖怪や百鬼夜行図をイメージし，イメージに合った形や色，表し方などを思いついている。	自分のイメージに合った妖怪や百鬼夜行図を表現するために，形や色，表し方などを工夫している。	友達との交流を通して，「百鬼夜行図」や自分たちの作品の形や色，表し方のよさや面白さを味わっている。

○学習指導計画（全8時間）

第一次：「百鬼夜行図」（耕三寺博物館所蔵）を鑑賞して気づいたことをまとめ
る（1時間）。

第二次：形や色，表し方などを工夫して現代版「百鬼夜行図」をつくる（5
時間）。

第三次：児童製作の現代版「百鬼夜行図」について，感じたことを交流する
（1時間）。

第四次：耕三寺版「百鬼夜行図」を再鑑賞し，感じたことを交流する（1時
間，本時）。

○準備物

教師：「百鬼夜行図」（耕三寺博物館所蔵）のカラーコピー，児童製作の現代版
「百鬼夜行図」

児童：ワークシート

○本時の目標

耕三寺版「百鬼夜行図」を再鑑賞し，形や色，表し方の工夫について，新し
く気づいたり感じたりしたことを伝えて交流する。

○本時の展開

学習活動	指導上の留意点	評価規準（評価方法）
1　学習内容の把握 ○本時のめあてを確認し，見通しをもつ。	○現代版「百鬼夜行図」の製作を踏まえて，本時で耕三寺版「百鬼夜行図」を再鑑賞することを伝え，学習の見通しをもたせる。	○本時のめあてを確認し，見通しをもっている。（行動観察）
耕三寺版「百鬼夜行図」について，形や色，表し方を手掛かりに新しく気づいたことを交流しよう。		
2　「百鬼夜行図」の鑑賞 ○耕三寺版「百鬼夜行図」について，自分が伝えたいことを確認する。 ○耕三寺版「百鬼夜行図」について形や色，表し方を手掛かりに新しく気づいたことを交流する。	○現代版「百鬼夜行図」の製作において，耕三寺版「百鬼夜行図」の表現から参考にした点や，製作後に新たに気づいたすばらしさについて，ワークシートを用いて考えをまとめさせる。 ○児童が製作した現代版と比較させながら，耕三寺版の工夫点を，「形」「色」「表し方」の視点で話し合わせる。 ○耕三寺版を教室の前に展示し，現代版を横壁面に展示して，両方を一度に比較鑑賞できるように，教室環境を整える。	○形や色，表し方を手掛かりに，自分の気づきをまとめることができる。（ワークシート） ○耕三寺版「百鬼夜行図」の表現のよさについて，形や色，表し方の特徴を捉えながら，気づいたり感じ取ったりしている。（発言内容，ワークシート）

3　まとめ ○耕三寺博物館の学芸員から感想をいただき，本時を振り返る。	○肯定的な見方から気づきを交流できるように促す。 ○作品には作者の思いが詰まっていることや，形や色，表し方の工夫を通して思いは伝えられることに気づかせる。 ○見る楽しさや表現する楽しさを共有しながら作品の見方や感じ方を広げる活動のよさを確認する。	○新しい気づきがあり，友達との交流を通して，作品鑑賞が深められたかを振り返っている。（発言，行動観察）

3　第5学年〜第6学年

○題材名：「北斎が『冨嶽三十六景』に込めた秘密」（題材協力：尾道市立瀬戸田小学校　藤井皆人教諭／藤原靖之教諭）

○題材について

　国内外で親しまれている葛飾北斎の代表作である「冨嶽三十六景」は，各地から望む富士山を主題とした浮世絵シリーズである。本題材では，とくに構図が優れた「神奈川沖浪裏」「尾州不二見原」「五百らかん寺さゞゐ堂」を取り上げ，これらの作品の比較鑑賞を通して，構図に着目しながら作品を読み解く楽しさを味わわせることをねらいとしている。

　学習は次のような構成で展開する。(1)「神奈川沖浪裏」を提示し，「この作品の中で，どんな出来事が起きていますか」「作品のどこからそのように感じましたか」などの発問を基本とする対話型鑑賞を行い，富士の存在に気づかせるための構図の工夫を話し合う。(2)「尾州不二見原」と「五百らかん寺さゞゐ堂」を提示し，「富士に目が向くように北斎がしかけた『秘密』を解き明かそう」と発問を投げかけ，富士に着目させるために類似した構図が取られていることに気づかせる。(3)「冨嶽三十六景」をカラー印刷した画用紙を台紙にコラージュ作品を製作し，クラス全体で相互鑑賞を行う。

「神奈川沖浪裏」(1831年頃)

「尾州不二見原」(1831年頃)

「五百らかん寺さゞゐ堂」(1831年頃)

図10-3　北斎「冨嶽三十六景」

出所：(公財)アダチ伝統木版画技術保存財団。

第10章　鑑賞の活動と指導実践

　第5学年〜第6学年の児童は，強調，奥行き，リズムなど構図の特徴に着目して分析的に作品を読み解ける発達段階にあり，本題材を通して，構図に着目して主題を味わう楽しさに気づかせる。

○題材の目標
　・構図の工夫に着目して作品を読み解くことに主体的に取り組むことができる。【造形への関心・意欲・態度】
　・構図の工夫を見つけたり考えたりすることができる。【発想や構想の能力】
　・コラージュ作品の製作において，構図を工夫することができる。【創造的な技能】
　・構図の工夫を考えながら作品を読み解く楽しさを味わい，作品の見方や感じ方を広げたり深めたりすることができる。【鑑賞の能力】

○題材の評価規準

鑑賞への関心・意欲・態度	発想や構想の能力	創造的な技能	鑑賞の能力
構図の工夫に着目して作品を読み解くことに主体的に取り組んでいる。	構図の工夫を見つけたり考えたりしている。	コラージュ作品の製作において，構図を工夫している。	構図の工夫を考えながら作品を読み解く楽しさを味わい，作品の見方や感じ方を広げたり深めたりしている。

○学習指導計画（全2時間）
　第一次：「神奈川沖浪裏」「尾州不二見原」「五百らかん寺さざゐ堂」を比較鑑賞し，作品の構図の工夫を捉える（1時間，本時）。
　第二次：構図を考えながら「神奈川沖浪裏」にコラージュをする（1時間）。

○準備物
　指導者：「神奈川沖浪裏」「尾州不二見原」「五百らかん寺さざゐ堂」の拡大カラーコピーと作品カード
　児童：ワークシート

○本時の目標
　「神奈川沖浪裏」「尾州不二見原」「五百らかん寺さざゐ堂」の比較鑑賞を通して，構図の工夫を考えながら作品を読み解き，作品の見方や感じ方を広げたり深めたりすることができる。

○本時の展開

学習活動	指導上の留意点	評価規準（評価方法）
1　「神奈川沖浪裏」の鑑賞 ○作品を鑑賞して見つけたり感じたりしたことをポートフォリオに書き，対話を通して広げ深めていく。	○「神奈川沖浪裏」の作品カードを児童一人ひとりに配布し，じっくり見させる。	○主体的に作品とかかわろうとしている。（行動観察）

123

	○「この作品の中で，どんな出来事が起きていますか」「作品のどこからそのように感じましたか」「もっと発見はありますか」という三つの発問を基本とした対話型鑑賞を通して，構図の工夫に気づかせる。	○作品を見て気づいたり感じたりしたことを，作品にある造形的な根拠に基づいて言葉で表している。（発言）
2　本時のめあての把握 ○本時のめあてを確認する。		

富士に目が向くように，北斎がしかけた構図の「秘密」を解き明かそう！

3　比較鑑賞 ○「尾州不二見原」と「五百らかん寺さざゐ堂」を比較鑑賞し，作品の構図の工夫を捉える。 ①ワークシート記入による個人活動。 ②小グループでの交流。 ③学級全体での交流。	○「尾州不二見原」と「五百らかん寺さざゐ堂」の作品カードを配布し，いずれの作品にも描かれている「富士」に着目させ，ワークシートを用いて，構図の工夫を発見させる。 ○各グループの代表者に，交流した意見を発表させ，学級全体で深めていく。	○「尾州不二見原」，または「五百らかん寺さざゐ堂」を選んで，構図の工夫を発見している。（ワークシート，発言） ○友達と積極的に交流している。（発言，行動観察）
4　まとめ ○ワークシートに本時の振り返りを記入し，まとめをする。	○構図の工夫に着目して作品を読み解く面白さを学級全体で確認する。	○本時の学習を振り返っている。（ワークシート，発言）

Exercise

①　美術館などを訪問して作品を1点選び，第1節にある対話型鑑賞法の4つのステップを活用してレポートを作成し，それをもとに小学校ではどのような鑑賞活動ができるかを話し合ってみよう。

②　美術館やインターネットで，児童が美術鑑賞で利用できる情報を探してみよう。

③　第1学年～第2学年の鑑賞学習で扱いたい作品を1点選び，その作品を選んだ理由を具体的な造形的特徴をあげながら友達と話し合ってみよう。

📖次への一冊

ゴンブリッチ，E. H.，田中正之ほか訳『美術の物語』ファイドン社，2007年。
　　原始の洞窟壁画から現代アートにいたるまで，芸術家たちがどのような問題に取り組みどのような方法で解決しようとしたのかという視点から歴史を組み立てた世界

中で読まれている美術史入門書。

パーソンズ，M. J.，尾崎彰宏・加藤雅之訳『絵画の見方——美的経験の認知発達』法政大学出版局，1996年。
　　絵画の解釈には「お気に入り」「美と写実主義」「表出」「フォルムと様式」「自律性」の5つの美的発達段階があることを実証した研究書。

アイスナー，E. W.，仲瀬律久ほか訳『美術教育と子どもの知的発達』黎明書房，1986年。
　　学校で行う美術教育のカリキュラムにおいて，美術製作のみでなく，美術史，美術批評を学習領域として取り上げる根拠や学習指導法を提示している。

中村和世監修『文部科学省検定済教科書　図画工作　準拠　図画工作学習指導書アートカード解説書』開隆堂，2015年。
　　美術作品をカード化したアートカード教材のねらい，特性，活用方法，各学年の児童の特性に応じた授業づくりの事例を示している。

引用・参考文献

デューイ，J.，鈴木康司訳『芸術論——経験としての芸術』春秋社，1969年。
デューイ，J.，松野安男訳『民主主義と教育』（上・下）岩波文庫，1975年。
デューイ，J.，市村尚久訳『学校と社会・子どもとカリキュラム』講談社，1998年。
Ragans, R., *Art Talk*, McGraw-Hill, 2000.

第11章
図画工作科の指導計画

〈この章のポイント〉

　小学校に赴任して図画工作科運営にあたることを想定した時，どのような段取りと見通しをもったらよいのだろうか。図画工作科の指導計画を支えるものは，学習指導要領解説に示された目標および内容，各学校の教育目標，材料・用具，そして児童の実態である。授業実践においては，図画工作科で育成する資質や能力を的確に捉え，手立てや場を吟味していくことが必要である。本章では，よりよい指導計画を検討する力を身につけるため，指導計画立案のための諸要素，題材についての具体的な計画書である学習指導案について学ぶ。

1　指導計画を立ち上げる前に確認したいこと

1　勤務校の学校教育方針

　文部科学省（2017）による学校基本調査によると，全国には2万95校の小学校がある。そのすべての学校では，学校長を中心としたマネジメントにより，専門性に基づく「チーム学校」として学校運営方針が打ち出されている。それは，「こんな学校をつくり，こんな児童を育てたい」という願いと施策の縮図であり，現代の諸問題を乗り越えていくべき，強い姿勢を読み取ることができる。小学校に勤務する際には，まずその学校の運営方針や要覧などを押さえたい。指導計画の土台である学校や地域の特性を知り，それらを教科運営にいかして立案することが求められているからである。具体的には，学校行事や地域の伝統的な催し，所属市町村主催の作品募集等を把握したうえで，指導計画を連動させていく必要がある。

2　図画工作科にかかわる環境の現状

　近年，小中，高大だけでなく保幼小の連携が強く求められている。その背景には，「小1プロブレム」という児童の不適応現象がある。幼児教育から学校教育への移行において，幼児期の遊びを中心とした総合的な学びを通して育まれたものが，各教科における授業を中心とした学習に円滑に接続されていないという実情が背景にある。とくに育ちの連続性を踏まえ，集団で学ぶよさと規

▷1　学校基本調査
学校教育法に規定されるすべての学校および市町村教育委員会を対象に毎年実施される。その年の5月1日時点の学校数，学級数，在籍者数，長期欠席者数，教職員数，学校敷地面積，学校建物の面積，学校経費，卒業生の進路状況などが調査対象となる。2017年度の児童数は644万8658人であった。

▷2　小1プロブレム
幼児期から児童期にかけては，自制心や耐性，規範意識が十分に育っていないことから，小学校第1学年などの教室において，学習に集中できない，教師の話が聞けずに授業が成立しないという課題全般をさす。新学習指導要領では，幼少教育の目標として「学びの基礎力」を一つのつながりとして育成するという一貫した見方が示された。

第Ⅱ部　初等図画工作科の指導実践

図11-1　第2学年教室環境例
題材名：「みんなはめいたんてい──ルノアールおじいさんあかるいはいろのひみつ」
出所：筆者実践撮影。

▷3　幼稚園教育要領〔平成29年改訂〕前文において、「幼児の自発的な活動としての遊びを生み出すために必要な環境を整え、一人一人の資質・能力を育んでいくこと」が明記され、「環境を通して行う教育」を基本とすることは、改訂前と変わっていない。

律を、適切に習得する必要がある。各学校で生活科を中心に、合科的・関連的な指導や弾力的な時間割の設定など、指導の工夫や指導計画の作成が行われ「スタートカリキュラム」が編成されている。願いを形にする図画工作科の活動は、その特性を生かして他教科との連携を積極的に図りながら、入学時の児童に適切な学習内容を提供している。

　さて、幼児教育の指導案や保育案で特徴的なのは「環境の構成」が展開の最初に組まれていることである。幼児教育という文脈において、「環境」とは物的なものだけでなく、保育者や友達とのかかわりを含めた状況、いわゆる「ひと・もの・こと」すべてをさし、それらを整えることが指導者の第一の役目として求められる。

　それでは、図画工作科教科運営における「環境」を整理してみよう。

　一つ目は、活動場所である「学校内の施設」である（図11-1）。基本である教室、図工室、さらに特別教室や中庭、校庭などがどのような場として活用できるか、限られた状況ではあるが先入観に捉われず考えていきたい。フリースペース的な生活科室は、座のテーブルなども設置され、教室とは異なる視点から作品と対峙できる。

　二つ目は、児童が直接手に触れる「材料・用具」である。材料は、造形活動において必須のものであり、その手触りや質感などを含めた吟味は、重要な造形環境の選択である。その特性から、紙類、段ボール、木片、釘などだけでなく、身の回りにあるものすべてに「材料として活用できないか」という熱い眼差しを向けることができる。

　さらに、用具について、図工室や教室における物的環境として、どのような物が備わっているか把握しよう。はさみやのりは、教室の児童のお道具袋のなかに、クレヨンや油粘土などはロッカーに保管されていることが多い。図工室の用具類は、電動糸のこぎり等の大物の「備品」と「消耗品」に分けられる。備品は備品台帳に記載されているので、そちらも合わせて把握したい。図画工作科準備室の用具の収納については、ひきだしなどに用具の画像を貼り付け、収納数を明記しておくことは利便性と管理の面で有効である。学内で使える用具類については、一覧表にして教師間で共有する。のこぎりや小刀などの刃物類は、安全管理のために施錠できるところに保管し、日常的に整理整頓、点検、管理することが義務付けられている。

　三つ目は「人的資源」である。人から受ける感化は重要な教育の要素である。さらに教育資源として「人材」を見出し、児童につなげるというコーディ

第11章　図画工作科の指導計画

ネイト力が求められている。例えば学校の歴史を知りたい時は，地域に古くからあるお店やお寺を訪ねるとよい。住職さんは昔をよく知る語り部である。さまざまな児童を取り巻く「こと」は，刻々と変化している。多くの学校で，ボランティア登録制度があり，保護者や地域の協力を得て教育課程が運営されている。双方向的なつながりから，地域は，児童の「思考力，判断力，表現力等」の出力の場としても捉え直されている。

③　前年度までの図画工作科年間指導計画

学習は既習事項のうえに積み上げられる。そのため，前年度の児童の学びの傾向と履歴を確認したうえで，本年度の指導計画を立案しよう。

新旧の別なく学習指導要領には，育成する能力のみが示されており，その資

表11-1　年間指導計画題材配列例

	4月	5月	6月	7月	8月	9月	10月	11月	12月	1月	2月	3月
1年	すきなものなあに？：絵4／しぜんとなかよし：砂・造形遊び2	ねんどでたくさんつくったよ：立体2／いでかくってきもちいいね：造形遊び・絵4	うきうきボックス：工作4／てでかくってきもちいいね：絵4	ちょっきんぱでかざろう：工作4／いきものコロコロ：絵4		かがやいているわたし：絵2／キラキラ・こちこち：立体4	あきをあつめて：造形遊び4／びりびり・ぐしゃぐしゃ：絵4	キラキラシャワー：共同制作4／展覧会の準備・鑑賞	おしゃべりカードづくり：工作2／うつしてあそぼう：版画・絵4	えとのえ：絵2／ねんどでどんどん：立体4／おおきなかみでわっくわく：造形遊び4	ふうせんにのって：立体・絵6	→
2年	はるみっけ！：絵・工作4／えのぐとなかよし：造形遊び・絵4	消防写生会：絵4／キラキラしゃぼん：遊び・絵4	カレーの好きなインドゾウ：絵4	ふたりはなかよし：絵・ステンシル4／新種の魚発見！：絵4		夏の思い出：絵2／ペタペタ動物ランド：立体8	ふしぎなぼうし：工作4／落ち葉のデザイン：絵4	キラキラシャワー：共同制作4／展覧会の準備・鑑賞	ピコリン星人と宇宙船：立体8	からふるコッチン：工作4／orハッピーゆきだるま：立体6	たのしいやすみじかん：紙版画6	しんぶんしでつくろう：造形遊び4
3年	こすり出し探偵：鑑賞・絵4	ふしぎなのりもの：絵6／トントンくぎ打ちあそび：工作4	木ちゃんハウス：工作6／のら猫物語：絵4	宇宙へとびだせ：絵4／旅する絵：絵6		うれシーサー，たのシーサー：粘土6	ダンボールでつくろう：共同制作6	展覧会の準備・鑑賞4	ふわふわさんのドアかざり：工作6	たのしい水族館：立体6	→	きらきらサクラ：絵4
4年	ながーく，ながく：造形遊び2／花と空気と花びんの絵：絵6	クネクネさん：工作6／交通安全ポスター：絵4	こんなお城にすみたいな：絵4	楽しいアイランド：粘土4／アートカードをつくろう：鑑賞・表現4		藍染エコバック：工作・染物4	ヒロオタワー：共同制作4	展覧会の準備・鑑賞4	光と影ファンタジー：立体4／ダンボールトンネル：工作・造形遊び6	織り機をつくろう：工作4	鳥獣戯画をみよう・まきものをつくろう：鑑賞・絵4	→
5年	春の花，感じたままに：絵4	防災ポスター：絵4／季節を感じて：立体6	糸のこドライブ：立体6	その場くん登場！：絵4		七色ランプシェード：工作6	ビー玉だいぼうけん：共同制作・造形遊び6	展覧会の準備・鑑賞3	美術館鑑賞会：鑑賞5	木版画であらわそう：絵・版画6	→	
6年	めざせローラー達人：造形遊び2／カッターのアドリブ：絵4	芸術劇場：立体8	掘り進み版画：絵・版画6	美術鑑賞会・写真美術館：鑑賞3		ナイスないす：工作10	墨の歌：共同制作・造形遊び4	展覧会の準備・鑑賞3	思い出の場所：鑑賞・絵6	額縁作り：工作4	→	

出所：渋谷区立広尾小学校（東京都）平野智春教諭提供。

質・能力を育む直接的な題材は示されていない。その決定は，図画工作科担当教員に任されている。教師が提案した題材をとおして児童は，能力を獲得していく。そのため，どのような題材をどのような配列で行うのかを記した年間指導計画は図画工作科指導計画の大きな要であり，おおよそ以下の三つに類型できる。

> a：教科書会社の案をもとに図工主任，学年主任等で調整する教科書援用型
> b：市町村の図画工作科主任で協議して分担して作成する市町村主導型
> c：専科担当や学級担任等によるオリジナル題材で構成する独自型

　表11-1はc型である。第1学年～第2学年は，短時間の題材の比率が高く，さまざまな活動が組まれ，学年が進むほど，時間をかけた題材が増える。年度当初から見通した学校独自の美術館見学，隔年に実施の校内展覧会，児童の感覚に働きかける端的な題材名などから，作成者の創意工夫が伝わってくる指導計画である。

　次節では，指導計画の作成の基盤となる，「小学校学習指導要領における指導計画の作成と内容の取扱い」に関する事項，評価規準と評価基準の理解，児童の発達の特性について学ぶ。

2　各学年の指導の充実を図るために——指導計画の作成

1　指導計画の作成と内容の取扱いに関する配慮事項

　指導計画作成上の配慮事項は，九つの事項に整理されており，そのキーワードを図式化した（図11-2）。今回の改訂で新設されたのは(1)，(6)，(8)の3事項であり，次のような今日的な教育課題が主張されている。「(1)主体的・対話的な深い学びの実現に向けた授業改善」は，学力の3要素を踏まえた各学年の指導の充実を図るための強い指針である。「(6)特質を踏まえた鑑賞」は，未知の世界を探る鑑賞活動の深化，「(8)障害のある児童などへの指導」はインクルーシブ教育システムの構築を目指す方向性が示されている。

　また，「(3)〔共通事項〕の取扱い」において，「アは，形や色などの造形的な特徴に関するものであり，『知識』に関する事項である。イは，イメージに関するものであり，『思考力，判断力，表現力等』に関する事項である」と明記されたことは，曖昧とされてきた学習内容を共有するうえで画期的である。「(5)共同してつくりだす活動」を適宜取り上げることは，児童の他者との関係性を結ぶ力の低下，学び合いの体験不足が背景にある。道徳の教科化にともない，学校の教育活動全体を通じて行う道徳が浸透し，真善美との関連を図りながら「(9)道徳科などとの関連」を押さえる必要がある。

▷4　インクルーシブ教育
インクルーシブとは，「包括的な，包み込む」という意味をもち，共生社会の実現に向けて，障害のある子どもを含むすべての子どもに対して，一人ひとりの教育的ニーズにあった合理的配慮に基づく適切な教育的支援を，「通常の学級において」行う教育のことである。

▷5　図画工作科に関連する道徳的諸価値としては，「C　主として集団や社会との関わり」に関する「郷土の伝統と文化の尊重，郷土を愛する態度」「我が国の伝統と文化の尊重，国を愛する態度」と「D　主として生命や自然，崇高なものとの関わり」に関する「感動，畏敬の念」などがあげられる。教師の切り返し，板書の構造化などが工夫され，よりよい自己の生き方を見つめ「考え，議論する道徳」授業が展開されている。

第11章　図画工作科の指導計画

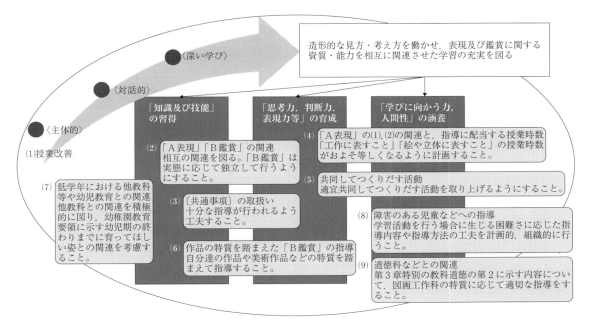

図11-2　「指導計画作成上の配慮事項」キーワード図
出所：文部科学省（2018, 104〜112ページ）をもとに作成。

　児童の潜在的な願いを触発する主体的，対話的な深い学びの実現には，何を授業刺激として何を学び，生み出すのかという指導者の教育内容の把握と，学びの場づくりが深くかかわる。以上の事項を踏まえたうえで，どのような素材やテーマと児童を出会わせていくのか，指導内容の選択，題材の設定を検討することが求められている。

2　評価規準と評価基準

　授業はあらかじめ計画されるプロセスであり，意図的な能力形成のプロセスである（蓮尾，1999）。それらの意図的なプロセスを通して，児童はどのような資質・能力を伸ばし，何を身につけたのか。児童の学習状況をどのように捉え，評価したらよいのだろうか。新学習指導要領の内容に示されている指導事項から具体的な目標を設定し，その実現状況を評価するものが「観点別学習状況の評価」である。教師の主観に左右されずに公平に絶対評価（目標に準拠した評価）を行うための指標を「評価規準」という。

　目標と評価は表裏一体であり，評価規準は到達目標でもある。表11-2に示されているように，児童に習得させたい「知識・技能」「思考・判断・表現」「主体的に学習に取り組む態度」の3観点の実現状況を，活動場面を想定してより具体的な児童の姿として文章で記し，それらの質的評価を行うものである[6]。

▷6　本章執筆時（2017年11月），新学習指導要領に基づく評価の観点の改訂は発表されていないため，仮の案を示す（本書の第5章 ▷4を参照）。

第Ⅱ部　初等図画工作科の指導実践

表11-2　各教科等の評価の観点のイメージ（案）

観点（例） ※具体的な観点の書きぶりは，各教科等の特性を踏まえて検討	知識・技能	思考・判断・表現	主体的に学習に 取り組む態度
各観点の趣旨のイメージ（例） ※具体的な記述については，各教科等の特性を踏まえて検討	（例） ○○を理解している／○○の知識を身に付けている ○○することができる／○○の技能を身に付けている	（例） 各教科等の特性に応じ育まれる見方や考え方を用いて探求することを通じて，考えたり判断したり表現したりしている	（例） 主体的に知識・技能を身に付けたり，思考・判断・表現をしようとしたりしている

出所：文部科学省教育課程部会　総則・評価特別部会（第3回2016年3月14日）配布資料をもとに作成。

　一方，「評価基準」との違いは何だろう。評価基準とは，評価規準で示された力の習得状況の程度を示すものであり，数値やA，B，C等の記号等で示される。観点別学習状況における「A：十分に満足できる」「B：おおむね満足できる」「C：努力を要する」状況と判断されるもの，各A，B，Cは評価基準であり，その質的な内容を具体的に示したものが評価規準といえる。教師の具体的な指標は，外にあるのではなく教師が児童の実態と合わせてつくり上げていくものである。よい授業は，扱う材料や用具の魅力と，授業の本質である児童の上るべき目標の設定が，評価規準としてマッチングしている。

3　各学年の発達段階を踏まえた指導計画

　児童の実態に合わせて指導計画は検討される。ここでは発達の著しい6～12歳の児童の身体的な発達や表現の特性などを，学習指導要領の児童観，共通事項，認知の発達などから表11-3のように整理した。

　第1学年～第2学年の児童の特徴は，「対象と一体になって活動」し，「既成の概念にとらわれずに発想する」ことである。題材の選定にあたっては，例えば自分がつくった乗り物など，空想的な表現が適している。動物の親子の表現では，「カブト虫さんの親子」「ひまわりさんの家族」といったストーリーを引き出す導入で，大きさの大小を描くことができる。そのなかに自分がいることが，この年代の児童の創作の醍醐味である。展開描法は円になって手をつないでいる様子を，空想的な内側の視点から見回すために皆寝ているように描かれる。そこに表れている児童の認識を教師は受容的に受けとめ，尊重したい。

　第3学年～第4学年の児童の造形表現の特徴は図式期から写実前期への移行期であり，空間の認知の仕方が絵画意識として描画に反映される。鳥の視点で見下ろしたり，ありの視点で見上げたり，空想的視点をもち，同一画面内で視点が動くダイナミックな表現の面白さを共に味わいたい。題材の選定に当たっては，徐々に重なりの表現が可能になり，「何かの向こうに消防車がある」といった構図的な描き方ができるようになる。また，金子一夫によると，画面に

▷7　図式期
5歳～8歳頃の子どもの絵は図式的傾向を示し，太陽，家，木，花，人などを簡潔な記号のような線で表し，地面を表す基底線や空が出現して，画面上に空間の設定ができる。この段階を経て，遠近を意識した表現や写実期の奥行きを表す斜めの獲得につながる。

132

第**11**章　図画工作科の指導計画

表11-3　各学年の児童の発達の特性

「各学年の目標及び内容」における 傾向や特徴	共通事項 ：「Ａ表現」「Ｂ鑑賞」の指導 を通して	認知（J. ピアジェ）
●第１学年及び第２学年 ○周りの人，物，環境などに体ごと関わり全身で感じるなど，対象と一体になって活動する。 ○具体的な活動を通して思考したり，既成の概念にとらわれずに発想したりする。 ○表現及び鑑賞の活動においても，つくりながら考えたり，結果にこだわらずに様々な方法を試したり，発想が次々と展開したりするなどの様子も見られる。	ア　自分の感覚や行為を通して，形や色などの感じに気付くこと。 イ　形や色などを基に，自分のイメージをもつこと。	●前操作期 （概念以前の段階　２～４歳） 自己中心的，主観的。原因-結果の概念。シンボルを使って考え始める。形・色は，後には大きさにより分類。言語の役割が増大。 （直観的な段階　４～７歳） シンボルを使って考えることが多くなる。まだ主観的ではあるが，関係性の理解ができる。分類して考える。多数の概念を扱う。一度に一つの性質にしか注意を向けることができない。知覚優位の思考がしだいになくなる。
●第３学年及び第４学年 ○友人と共に活動することを好み，交流し合いながら活動を思い付いたり，広い場所や狭い空間などを利用しながら思い付いたりし，活動そのものに夢中になる姿が見られる。 ○ある程度対象や事象を客観的に捉えられるようになる時期ではあるが，夢や願いを表現したり，想像したりすることを楽しみながら表現が次々に展開していくなどの姿も見られる。	ア　自分の感覚や行為を通して，形や色などの感じが分かること。 イ　形や色などの感じを基に，自分のイメージをもつこと。	
●第５学年及び第６学年 ○新聞やテレビなどからの情報を活用して考えたり，直接体験していないことに思いを巡らせたりすることができるようになる。 ○様々な視点から自分の行動や考えを検討したり，友人の立場に立ってその心情に思いを巡らせたりするようになる。表現及び鑑賞の活動においては，自分なりに納得のいく活動ができたり，作品を完成させたりしたときなどに充実感を得る傾向が強くなってくる。また，自分の作品や発言を第三者的に振り返ったり，集団や社会などとの関係で捉えたりするようにもなる。	ア　自分の感覚や行為を通して，形や色などの造形的な特徴を理解すること。 イ　形や色などの造形的な特徴を基に，自分のイメージをもつこと。	●具体的操作期（７～12歳） 自己中心性の減少，量や重さの保存の概念，一連のものとして項目を分類する。数を逆唱することができる。具体性をもたない性質によって，概念的にまとめ上げる。知覚に頼らなくなる。 ●形式的操作期（10代） 抽象的な考えや概念化，論理的そのもの，推論する，帰納的および演繹的推論，一度にいくつもの変数を扱える。仮説を構築し吟味する。

出所：文部科学省（2018）各学年の目標及び内容，共通事項：ディ・レオ（1999, 164～165ページ）をもとに作成。

自分の姿を描く児童から描かない児童へと多数派が入れ替わるのが小学校第４学年であるという。「存在する自己」から，「観察する自己」への変化である（金子，2016）。

　第５学年～第６学年の児童の特徴は「直接体験していないことに，思いを巡らす」などの視点が備わってくることである。対象との間に距離をおいた分析が可能となる。題材の設定にあたっては，写実的表現の欲求を満たす絵画題材や，生活に役立つ工作などが適している。一方，自己に対して肯定的な意識をもてない状況も出現する。「どんなところでもたくましく生きていける」心と技の習得は，「野生の思考」に根ざす深い創作活動から醸成される。互いの感性を尊重し合い，学び合う場のしかけを吟味し，より実践に即した方向性を検

▷8　野生の思考
文化人類学者レヴィ・ストロース（C. Lévi-Strause）の著書名であり，「ありあわせの道具材料を用いて自分の手でものを作る」（ブリコラージュ）に例えられる。

133

第Ⅱ部　初等図画工作科の指導実践

討する必要がある。

　指導計画は，時系列の年間や学期を通じての枠組から，単元，一単位時間の指導案に至るまでさまざまなものがある。いずれも指導の目標，内容などと合わせて評価の方法や時期についても位置づけることが求められている。次節ではとくに，共有することの多い学習指導案について解説する。

3　授業をつくる——図画工作科の学習指導案

⬛1　学習指導案の構造

　学習指導案は，教師の授業設計案である。とくに授業を他者と共有したり，検討したりする際に必要となる。目標と評価，教材に関するグランドデザインに，時系列のプログラム，学びを促進するためのさまざまな授業刺激や手立て[49]を整理することができる。学習指導案作成で最も重要なことは，「何を学ぶのか」「何ができるようになるのか」の核となる具体的な教育内容を見極めることである。児童の実態を知り，その学びに最適な素材を選択し，活動プログラムを決定する。授業は，教師と児童の相互作用で変化する生ものであり，同じ味つけが再現できない料理とも似ている。課題が易しすぎても，難しすぎても納得のいく学びを提供することはできない。目標のぶれない授業は，どんな不測の事態にも対応できるしなやかさをもつ。

　以下に細案といわれる一般的な指導案の型を示す。なお，教員採用後，指導案を作成する際には各所属校，指定の形式に従うこと。

▷9　授業は教授学の立場から四つのそれぞれ独立したフィールド（教育内容，教材，授業刺激，学習者）があると言われている。授業を省察する際は，どの部分が適切で，どの部分が不十分であったか，四つのレベルに分けると捉えやすい。授業刺激は，そのうちの一つであり，学習目標を達成するために用いられる授業技術である。板書構成やワークシート，机の配置やグループ編成などだけでなく，教師の声の大きさや語り口調があげられる。蓮尾力の「授業は刺激のシャワーである」という捉えは，秀逸である。

指導教科名「図画工作科学習指導案」

日時　授業者名　場所など

1　題材名
　：題材のねらいを児童に端的に伝えるインパクトのある文言で構成する。

2　題材の目標
　：題材を通して習得させたい力を，学習指導要領に基づいて具体的に記述する。本形式では3観点を並記するのではなく，包括的に示している。さらに詳しくは到達目標を示す評価計画で述べる。

3　題材について
　：題材設定の根拠を，児童の実態，題材観，指導観から記述する。

（1）児童の実態
　：本題材の学習内容に関する児童の関心や技能面の実態，既習事項の定着状況や学習上の課題について記述する。実態を示すアンケート内容を含むことが望ましい。

（2）題材観
　：題材を通して期待できる教育的意義や学習指導要領における位置づけ，題材の詳細，題材名に込めた授業者の願いなどについて記述する。

（3）指導観

第11章　図画工作科の指導計画

　　　：児童の実態を受け，目標達成に向けた具体的な手立て，学習の流れ，場の構成等の環境づくりについて解
　　　　説する。
4　題材の指導計画と評価計画
　　　：「学習内容・学習活動」を時系列のまとまりで記し「学習活動に即した具体的な評価規準・評価方法」につ
　　　いては，学習活動に即して観点別評価規準を設定し，具体的な児童の姿として記述する。学習状況を表す「〜
　　　している」という文末表現で，「おおむね満足できる」Ｂの状況を記す。1単位の時間のなかで，1〜2視点
　　　の評価になるように焦点化する。評価方法をかっこ内に記す。
5　本時の学習
　　　：ここからは包括的な内容ではなく，より具体的に詳しく記述する。
　　(1)本時の目標
　　　　：題材の目標を達成するために，本時において児童にどのような力を身につけさせるのかを記述する。能力を
　　　表す「〜できる」という文末表現で表す。指導案中には4か所，目標に関して述べる部分がある。題材の目
　　　標→到達目標を示す評価計画の評価規準→本時の目標→本時の展開の評価項目の表記は，順により具体的に
　　　詳細に記す。
　　(2)準備
　　　　：材料，道具，提示資料，視聴覚機器などを具体的に記す。
　　(3)本時の展開
　　　　：導入，展開，まとめ，3段階に分けて捉え，予定時間を記す。
　　　導入
　：板書に示すめあては，四角で囲み，学習のねらいを児童向けに言葉を整理して示す。指導上の留意点について
　は，「〜することで，……ができるようにする」または，「……のために，〜をする」など，手立て（〜）とねらい
　（……）を明記することが望ましい*。
　　　展開
　：学習活動の流れと学習する内容が明確になるように記述する。「〜考える」「〜を話し合う」「〜を選択してつく
　る」など児童の動きを表す動詞を適切に使って記述する。評価は，「〜している」という語尾で児童の学習状況を
　示す。
　　　まとめ
　：本時の児童の成果を共有し，次時へつなげる。児童の言葉でまとめられるのが理想である。

　＊「指導上の留意点」は，その場面での教師の「ねらい」と「手立て」を整理すると書きやすい。教師の無駄な動きも整理できる。

　　略案は，上記の1と5を記したもので，教育実習の際など本時の学習を検討
する際に使われる。実際の授業の運営にあたっては，時間配分も重要である。
一単位時間内で，導入5分とまとめを除いた実質の活動時間を30分は確保した
いところである。児童の学びの欲求を満たすことのできる，教師の感化と素材
との一体感を大切にした授業づくりを目指したい。

2 学習指導案例

第5学年2組　図画工作科学習指導案

指導者　髙橋　文子

1　題材名　ハ・イロー！
2　題材の目標
　変化する自然の表情について効果音を聴きながらイメージをふくらませ，使いたい色合いやつくり出したい場面について考え，色コンテや色紙を用いて工夫して表すことができる。
3　題材について
(1)児童観
　本学級の児童は，色のイメージについてあまり広がらず，固有色を強くもっている実態が見られた。図画工作科への興味・関心は個人差があり，持続力がともなわない場面が見られた。そこで，1学期には93色の色紙を自分のマーク

図11-3　雨のテーマから「会社帰りのサラリーマン」

づくりに用いて，色の多様さと組み合わせの面白さを体感したり，校外のスケッチに出かけた際は，樹木やセメント工場の建物などの特徴を捉えて描くことに集中力を発揮したりした。この時期の児童は，自分らしさを表すことのできる題材では，友達と活発に交流したり作品を見せ合ったりする様子が見られる。児童相互によさを認めあえる創作の場として，色や形の組み合わせの心地よさを共有する。
(2)題材観
　だれもが自分の造形的な秩序の感覚をもっていて，色の好みや配色，好きな材料とその質感，形とその配置などには一人ひとりの児童のこだわりや表現の魅力を読みとることができる。これらのこだわりや表現の魅力は児童がこれまで体験し，獲得してきた資質と能力といえるだろう。本題材は，とくに造形要素としての色に目を向け，もてる力を働かせて表現活動に楽しく取り組むことをねらいとしている。題材名の「ハ・イロー」は「入ろう」を意味し，身体全体を使って色の世界に入っていくような感覚を大切にする。比較的扱いやすい描画材である色コンテを用いて，指先や手の平を使って色を重ねたり，隣り合わせたりした時の深まりの効果を実感することで，色を感じ取る資質や能力を伸ばすことを期待している。
(3)指導観
　色を感じ，色とのかかわりを深める授業構成として，導入では，自然の情景をテーマとして扱う。教師がガイド役となって色が感じられる幾つかの場面や情景を言葉や音楽や音で提示する。児童は，約10分ずつの時間で自分のイメージに合った色を選び，薄紙であるがフラットでのりのよいクロッキー帳に，情景の色のイメージをぬり重ねて即興的に表現していく。情景イメージは①「朝の光，森，草原」②「昼　虹色」③「雨」④「夕焼け」とした。2時間目は，④とそれぞれ色面の多いイメージに，色紙を切り取って貼ったり，細部を描き加えたりする過程を組み，アクセントを得て情景が次第にはっきりとしていくことを期待した。森の鳥のさえずりや雨音などの効果音（NHK効果音集より）を用いて，教師の語りかけを行う。また，グループ構成は児童相互に働きかけ合う関係を大切にするため4人グループの自由班とする。自然のもつ色合いの美しさや色の対比を追体験してつくり出すことは，児童の造形感覚を形成する上で有効であると考える。
4　題材の評価計画と指導計画（2時間扱い）

	学習内容・学習活動	学習活動に即した具体的な評価規準，評価方法（　）
第1時 （本時）	・課題と四つのテーマを知り，どんな色が使えるかを話し合う。 ・①〜③の自然のさまざまな表現を，順に主となる色を旗の提示で確認しながら，色コンテを使ってクロッキー帳	【主体的態度】：色コンテの色合いを見ながら，自然の情景を描くことに思いを巡らし，どんな色を使ったらよいか積極的に考え，意見を述べている。　　（観察・発表） 【思考・判断・表現】：色を重ねたり，ぼかしたり，点や線

		に描く。	のタッチで描いたりして自然の色合いを構想している。 （観察・作品）
第2時		・④の場面を同様に描く。 ・気に入った画面にさらに色紙をのせて，合う色を探したり，色紙を切って加えたり描き込んだりする。 ・作品を机上に並べ，相互鑑賞をする。	【知識・技能】：気に入った画面にさらに色紙をのせて，合う色を探したり描き込んだりすることで，色の重なりの効果を生かしている。　　　　　（作品・学習カード） 【思考・判断・表現】：色の重なりや色の対比に注目して，友達の作品の表し方のよさを感じ取っている。 （発表・学習カード）

5　本時の学習（全2時間中の第1時間目）

(1)本時の目標

　テーマに合う色を重ねたり，ぼかしたり，点や線のタッチを組み合わせたりしながら，自然の色合いのイメージを広げて表すことができる。　　　　　　　　　（課題を解決するために必要な思考力，判断力，表現力等）

(2)準備　色コンテ（24色）10セット，黒コンテ，白チョーク，93色の色紙，学習カード，
　効果音CD，CDプレイヤー，掲示用資料［児童：クロッキー帳，はさみ，のり］

(3)本時の展開

児童の活動	・指導上の留意点　◎評価
●導入（5分） ・本時の活動内容を知る。 ・「朝の森・草原」イメージにどんな色をのせたいか話し合う。 「ハ・イロー」 自然のいろいろな表情を，色コンテを使ってクロッキー帳にぬりこんでみよう。場面に合わせてタッチも工夫しよう。 ●展開（35分）  ・鳥の鳴き声，街の雑踏，雨音等の効果音を聞きながら，イメージを広げて描く。 〈予想される児童の姿〉 ・黄色と緑が混ざったら黄緑に変わってきれいだな。 ・朝の光の中の木をたくさん描いてみたよ。いい感じ。 ・昼は明るいイメージでいろんな色をちりばめてみたよ。 ・雨や水色や青をぼかして，白いしずくを描いてみたよ。 ・色合いを決めるのがちょっと難しい。 ・手が汚れちゃったけど，迫力が出て面白いな。 ●まとめ（5分） ・本時の3作の中で気に入った画面を話し合う。 ・色は，一色だけより重なったり，隣り合う色と引き立て合ったりする効果があることを実感する。 ・次時は，夕焼け空と気に入った画面に93色の折り紙を貼ったり，描き込んだりすることを知る。	・課題を知らせ，「朝の森・草原」をテーマにどんな色が使えるか話し合うことで，意欲をもって，さまざまな色をぬりこんだり，思いついたものをかき込んだりできることを知る。 ・活動予定の時間を確認し，次のテーマへの移行は効果音の変化で知らせる。 ・さまざまな色合いを体感できるように，教自然の色や表情など，順に四つのテーマを提案する。 ◎テーマに合う色を重ねたり，ぼかしたり，点や線のタッチを組み合わせたりしながら，自然の色合いのイメージを広げて表すことができる。，どんな色を使ったらよいか積極的に考え，意見を述べている。【主体的態度】 （観察・発表） ・色コンテのさまざまな用い方について，aぬり重ね（コンテを寝かせて），bぼかし（指やティッシュで），c点や線のタッチ，d消しゴムで白ぬき（星など）は，各テーマで提案し，様々な表現を試みることで，楽しく表現できるようにする。 ◎テーマに合う色を重ねたり，ぼかしたり，点や線のタッチを組み合わせたりしながら，自然の色合いのイメージを広げている。【思考・判断・表現】 （観察・作品） ・手をよく働かせてよい色合いを生み出し，イメージを広げて描くことができたことを称揚し，休憩を経て次時の活動につなげられるようにする。

第Ⅱ部　初等図画工作科の指導実践

〔効果のあった授業刺激〕

図11-4　板書

図11-5　導入時：テーマから児童の発表を促し色旗の提示

図11-6　グループによる学び合い

図11-7　クロッキー帳に色コンテで夕焼け空を描いている作例

Exercise

① あなたが図画工作科の学習をとおしてとくに大切に育てたい資質や能力を，「○○ができる子」「○○する子」という子どもの姿で表し，指導観を述べてみよう。

② 指導案の「題材名」は児童一人ひとりに対する創造活動への道しるべというべき最初の提案になる。ねらいを適切に表し，児童の心が動く題材名を工夫してみよう。

③ 評価規準と評価基準の違いをわかりやすく説明してみよう。

📖次への一冊

内野務・中村隆介『アートフル図工の授業——子どもをひらく題材ノート』日本文教出版，2012年。

内野先生，中村先生が提案する児童が素材のよさを体感し，施行錯誤しながら表現する豊富な題材例が魅力である。

岩井俊雄『光のえんぴつ，時間のねんど——図工とメディアをつなぐ特別授業』美術出版社，2009年。

図工という枠組みで，メディアアーティストが提案する各学年の児童にフィットした心躍るメディア題材が掲載されている。

小澤基弘，高須賀昌志『創造のたね——ドローイングのはなし』日本文教出版，2011年。

作家インタビューの形式で，ドローイングの背景にあるイメージの世界や意識と無意識のつながりが語られ，その奥深さを探求することができる。

引用・参考文献

Di Leo, J. H., *CHILD DEVELOPMENT: ANALYSIS AND SYNTHESIS*, 1977（ディ・レオ，J. H.，白川佳代子・石川元訳『絵にみる子どもの発達——分析と統合』誠信書房，1999年）.

蓮尾力「イメージ形成のための授業研究」『大学美術教育学会誌』31，1999年。

金子一夫「美術教育方法論における超越的外部の必然性——『無規定的過程概念』，その他」『美術教育学』37，2016年。

国立教育政策研究所『評価規準の作成，評価方法等の工夫改善のための参考資料小学校図画工作』2011年。

Lévi-Strauss, C., *LA PENSÉE SAVVAGE*, Librairie Plon, 1962（レヴィ＝ストロース，C.，大橋保夫訳『野生の思考』みすず書房，1976年）.

三澤一実監修『美術教育の題材開発』武蔵野美術大学出版局，2014年。

文部科学省『平成29年度学校基本調査』2017年。

文部科学省『小学校学習指導要領（平成29年告示）解説図画工作編』日本文教出版，2018年。

髙橋文子「線描と子ども」近藤俊明・渡辺千歳・日向野智子編著『子ども学への招待——子どもをめぐる22のキーワード』ミネルヴァ書房，2017年，193〜204ページ。

第Ⅲ部

これからの初等図画工作科

第12章
図画工作科教育の新たな取り組み

〈この章のポイント〉

　社会のあり方が変化するとともに，図画工作科もその役割を更新していく必要がある。第1節では，インクルーシブ教育を念頭に，児童の個性や創造性を尊重する仕組みについて主体性をキーワードに考える。第2節では，学校という枠組みを開き，地域社会と連携した教育方法について取り上げる。第3節では，教科としての図画工作科に求められる新たなミッションに着目し，社会とつながる深い学びを達成する視点を示す。上記の観点をもとに，本章では多様化する現代美術と呼応するように拡張する図画工作科の新たな取り組みについて解説する。

1　図画工作科における「主体」とは

1　個人に向き合う時間として

　2017年に施行された「文化芸術基本法」の基本理念には「文化芸術活動を行う者」の「自主性」と「創造性」の尊重が掲げられている。この理念は「児童の主体的・対話的で深い学びの実現」を旨とする新学習指導要領にもつながる。本節では，図画工作科の新たな取り組みについて考えるうえで，文化芸術活動を〈自主的〉かつ〈創造的〉に取り組む「主体」として児童を措定する。

　まず，本章の出発点として絵本作家ドクター・スースの遺稿をもとに詩人のジャック・プレラツキーと挿絵画家のレイン・スミスによって完成された『とてもすてきなわたしの学校（原題：Hooray for Diffendoofer Day!）』（1998年）を取り上げる。主人公が通う「なんでもスクール」には，「むすぶことをおしえるトワイニング先生」や「ムギワラとソックスだけでバッグパイプをこしらえる音楽のフォックス先生」「とくいな科目は分からないけどなんでもおしえるボンカーズ先生」など，個性豊かな教師たちがユーモアたっぷりに描かれる。一方で，近所にある「じゅうじゅんスクール」は「なにからなにまでおなじことをする」学校だ。同じ服を着て一列に並んで歩く児童の顔に笑顔は見えない。編集者のジャネット・シュルマンは，未完成だった原稿を前に「彼が試みたのは，個性と創造的な考えの大切さを，人々に知らせることではなかったか」（ドクター・スースほか，1999）と思い立ち，出版を実現させた。今日の学校の姿

▷1　文化芸術基本法
文化芸術振興基本法（2001年制定）が2017年に改正され，「文化芸術基本法」に改称された。改正にあたっては，文化芸術そのものの振興に加え，観光・まちづくり・国際交流・福祉・教育・産業等の文化芸術に関連する分野の施策についても法律の範疇に取り込まれた。

第Ⅲ部　これからの初等図画工作科

を顧みると，果たして「なんでもスクール」と「じゅうじゅんスクール」のどちらに近いのだろうか。「学校」をテーマとするこの絵本は，本章を貫く一つの問いを投げかける。

2　学校教育における「個」の解放と限界

　学校教育が既存の制度のもとに成り立っている以上，自由な表現には限界もある。このテーマについて，「あいちトリエンナーレ2016」でも行われたオスカー・ムリーリョによる「フリークエンシーズ」を事例に考えてみたい。世界各地で実施されているこのプロジェクトは，机にキャンバスを張って一定期間学校生活を送るというものである。展覧会では，愛知県内の小・中学校4校で実施した成果が世界各地の子どもたちの作品とともに展示されていた。

　アーティストの意図は，授業中の落書きや給食のシミなど，学校生活の痕跡が記録されていくことにあった。しかし，そもそも日本の教育現場において，授業中に机に落書きすることは推奨される行為ではない。また，衛生上の問題もあり，すべての条件を受け入れることは難しい。そのため，全校児童で実施した学校の場合，学習机の隣にサブデスクを置く形式が取られた。最初に開かれた説明会では「自由に使っていい」ことが伝えられたという。アーティストの掲げる大胆な発想に不安を覚えた教師も少なくなかったようだが，約半年におよぶプロジェクトが始まると，国語の時間に漢字を書いたり，算数の時間に筆算をしたり，図画工作科の時間を超えて各々の使い方がなされていた。とは言え，なかには「自由」というお題に戸惑い，白いままだった児童がいたことも見過ごすことはできない。

　このプロジェクトでは，何らかのテーマを与えられて意識的に描かれたものではなく，生活を送るなかで残されていく痕跡が「作品」として展示される。これは，教育社会学的な目的をもった芸術活動であると同時に，図画工作科の新たな方法を構想するうえでも興味深い実践である。ここから休憩時間や余暇時間も含めた自発的な造形へと展開していく可能性もある。キャンバスを張らないまでも，例えば自由に使えるクロッキー帳を用いることで日常的な教育現場に組み込むこともできる。以下，本書の主たる対象からは逸れるが，特別支援学校の高等部での事例を取り上げる。

　生徒Aは目的がはっきりしないと奇異な行動をとることがあり，クロッキー帳を渡された当初は何を描くべきか戸惑っていた。ただ，生徒Aには高等部への入学以前から5桁の数字を描く様子が見られたため，担任が「休み時間に数字を描いていいよ」と促した。一見すると何の脈絡もない5桁の数字には，3桁目にコンマが付され，数字はすべて違うらしい。同じ数字を描いたことに気づき，塗りつぶされたものもある。毎日続けていった結果，9か月でクロッ

▷2　オスカー，ムリーリョ（O. Murillo, 1986～）アーティスト。コロンビアに生まれる。幼い頃にロンドンに移り，絵画を学ぶ。作家としては，絵画というジャンルに限らず彫刻や映像，インスタレーションなど多様な手法を用いて視覚芸術を拡張するような作品を発表している。

キー帳は残り2ページとなっていた（図12-1）。

生徒Aは自閉症を有しており、一般に知られるように独自の「こだわり」がある。近年、アール・ブリュット[3]やアウトサイダー・アート[4]に関する展覧会が各地で開催され、ここで取り上げたような「作品」を目にすることもある。滋賀県甲賀市にある福祉事業所「やまなみ工房」に所属する岡元俊雄も、集団のなかにいるとイライラし、パニックを起こすなど「コミュニケーションの困難さ」を抱えていた。ある時、彼がトラックに強い「こだわり」をもっていることに施設長が気づき、トラックを描くことを勧めたところ、寝転びながら次々と描き始めたという。今では、国内外の展覧会に作品を出展している。

図12-1　生徒Aの休み時間でのクロッキー帳
出所：筆者撮影。

自閉症児に限らず、「コミュニケーションの困難さ」はしばしば表現したいことを表現するための手段がないことから生じる。それぞれの「こだわり」に気づき、造形活動を促すことによって独自の表現に出会う機会を創出することもできるのである。大人は経験から得られた表現技法を提案しがちだが、児童は未だ経験していないことも多く、制作の過程で失敗という名の挑戦を続けていく。そのためにも、教師は特定の技法を提示する代わりに、一人ひとりの個性をよく観察する必要がある。

3　共生社会の実現に向けた図画工作科の意義

時として学校という枠組みでは収めることの難しい「個（性）」をどのように捉えるべきなのだろうか。ここでは、図画工作科という時間のもつ意義を考える。日本では、2020年のオリンピック・パラリンピックに向けて、インクルーシブ教育の取り組みが高まっている。2016年のリオオリンピックでは、テクノロジーを駆使した演出と障害のあるパフォーマーとのコラボレーションによる舞台が世界に発信されたことも記憶に新しい。このことも、共生社会の実現に向けて広義でのアートがもたらす可能性を示唆している。

新学習指導要領では「障害のある児童などについては、学習活動を行う場合に生じる困難さに応じた指導内容や指導方法の工夫を計画的、組織的に行うこと」という項目が新設された（第3の1(8)）。これは、図画工作科におけるインクルーシブな学び[5]を達成していくための指針となりうる。また、学校における合理的配慮として、（ア）教員支援員などの確保、（イ）施設・設備の整備、（ウ）個別の教育支援計画やそれに対応した柔軟な教育課程の編成や教材などの配慮があげられている。例えば、知的障害のある児童生徒が在籍する筑波大学附属大塚特別支援学校では、体育館の床面にプロジェクションマッピングを投影できる「ミライの体育館」というプロジェクトが展開されている。高等部

[3] アール・ブリュット
フランス語で「生の芸術（Art Brut）」を意味する。ジャン・デュビュッフェによって提唱された。障害のある人や美術の専門教育を受けていない人々によって作られた作品など、伝統的な美術史ではほとんど評価されてこなかった美術表現に対する新たな評価軸として用いられてきた。

[4] アウトサイダー・アート
アール・ブリュットと同様に、従来の美術界の外側（アウトサイド）において生み出される美術の総称として英語圏を中心に用いられる。

[5] 障害者権利条約によれば、インクルーシブ教育システムとは、人間の多様性を尊重し、障害者が精神的および肉体的な機能を最大限まで発達させ、自由な社会に効果的に参加することを目的に、障害のある者とない者がともに学ぶ仕組みである。障害のある者が一般的な教育制度から排除されないこと、自分の生活する地域で初等中等教育の機会が得られること、個人に必要な「合理的配慮」が提供されることなどが必要とされている。

第Ⅲ部　これからの初等図画工作科

▷6　博学連携
社会教育施設としての博物館と学校が連携することを言う。実地に出向いて見学するほか、学芸員などが学校に出向いて授業を行うアウトリーチや教材の貸し出しなど、さまざまな方法がある。学習指導要領［平成元年改訂］において、社会科の指導計画の作成にあたり、博物館や郷土資料館等の活用を図ることが規定されたこともあり、1990年代以降博物館教育に関する議論が重ねられてきた。図画工作科では、学習指導要領［平成10年改訂］において、鑑賞の指導にあたり、「児童や学校の実態に応じて、地域の美術館などを利用すること」という一文が追加された。

▷7　アウトリーチ
本来は「出張」を意味する用語であるが、転じて博物館や美術館が学校に出向いて授業を行うことをさす。美術館等における鑑賞活動の事前学習として行われることもあれば、アーティストを派遣して授業内で完結する表現活動として展開されることもある。

図12-2　床の色や線を見て色水ペットボトルを置く生徒たち
出所：中村晋氏提供。

の生徒を対象に「色水博士研究所」という題材名で展開した授業では、床面に映し出された色相環に三原色の色水で100色のペットボトルを並べたり、教師や友達の顔写真を見ながらどの色が似合うのかを相談しながら選んだりしていた。こうした取り組みは言葉による理解や表現につまづいている児童生徒への視覚的な支援であり、「合理的配慮」に通じる。

このような教育実践は各学校の施設上の条件によって容易に実現できないこともある。ただし、すべての取り組みを学校のなかだけで完結するのではなく、外部と連携することで効果的な学習成果が得られることもある。次節では学校の枠組みを超えて地域社会と連携した図画工作科の可能性を検討する。

2　地域と連携した図画工作科の展開

1　美術館との連携

新学習指導要領では、鑑賞の指導にあたり「地域の美術館などを利用したり、連携を図ったりすること」が掲げられている（第3の2(8)）。いわゆる「博学連携」はさまざまな形で実践されているが、本節では以下の二つのパターンに着目する。第一に美術館でのプログラムの実施であり、第二に美術館からのアウトリーチ活動である。前者の事例として水戸芸術館現代美術センター、後者の事例として川口市立アートギャラリー・アトリアを取り上げ、具体的な仕組みについて講じる。

水戸芸術館は、音楽・演劇・美術の三部門からなる複合文化施設として1990年に開館した。美術部門を担う現代美術センターでは、同時代の美術にスポットを当てた企画展を中心に事業が展開される。難解と思われがちな現代美術の鑑賞を支援するために、1992年より対話型のギャラリートークが行われてきた。これは会期中の週末にボランティアのギャラリートーカーとともに展覧会を鑑賞するプログラムである。学芸員による知識伝達型のギャラリートークとは異なり、対等な立場で双方向のやり取りをする点に特徴がある。この手法に基づき、2008年より小・中学生を対象にした「あーとバス」という事業が行

表12-1　「あーとバス」のプログラムの一例

15～30分	バス移動（含乗降時間）
5分	あいさつ、説明
60分	グループに分かれて対話型鑑賞（各班に2～3名のガイド）
20分	鑑賞を振り返るワークショップ
5分	集合、あいさつ
15～30分	バス移動（含乗降時間）

出所：筆者作成。

われている（表12-1）。市内の各学校と芸術館とをつなぐバスを運行し，クラスや学年単位で対話型鑑賞とワークショップに取り組む。ガイド役は，芸術館のスタッフや大学生，社会人のボランティアが担う。こうした教育活動は同館の「教育プログラムコーディネーター」によって運営されている。展覧会の企画を担当する学芸員のほかにこうした専門職が置かれることで，きめ細かな対応が可能となる。

　川口市立アートギャラリー・アトリアでは，2006年の開館以来，学芸員と教師が協議を重ねて図画工作科や美術科等の授業にアーティストを派遣する「アーティスト・イン・スクール」に取り組んでいる。単発のワークショップではなく，継続的に授業に参加することで児童との関係性が構築されていく点に特徴がある。学校の協力さえあれば，校内に期間限定のアトリエを構えることもできる。2017年度にはミヤザキケンスケを招聘し，計5日間にわたって展開された（表12-2）。授業内容は，画家として国内外で壁画を制作してきた経験を生かし，3.5×8メートルのテント地に巨大な絵画を描くというものであった。学校側には普段は扱うことの難しい題材に取り組むメリットがあり，美術館側には地域との連携を強化するメリットがある。制作された作品はギャラリーで展示され，最後の授業は展覧会場で行われた。この事業では，教師・学芸員・アーティストの三者がそれぞれの専門性を生かし，チームとなって授業がつくられていく。

　上記の事例は，コレクションの常設展示よりも人々とアートをつなぐ活動を重視する新しいタイプの美術館における実践である。アイリーン・フーパー・グリーンヒルは，展示を主要なコミュニケーション手段とする従来のミュージアム（近代的博物館）に対して，地域連携をはじめ多様なかかわり方の回路を生み出す「ポストミュージアム」という考え方を提示している（グリーンヒル，2000年，152～153ページ）。今後は，従来の博学連携で見られたように美術館等で展示を鑑賞するという受動的な関係性だけではなく，両者がお互いの持つ資源を共有しながら高度に連携を図っていくことが求められる。

2　NPO や地域住民との連携

　続いて，地域における芸術文化活動の担い手の一つとして，特定非営利活動法人（NPO）にスポットをあてる。地域に根差した教育活動を展開するためには，学校のなかに地域連携の中核を担う教職員が配置される場合もあるが，地域の側に受け皿となりうる組織があることでより充実した学びを達成することができる。ここでは学校の内と外のつなぎ役としての NPO の役割に着目する。

　東京都荒川区南千住に拠点を置く NPO 法人千住すみだ川は，銭湯や寺院を舞台に音楽祭を開催するなど，地域住民の視点からアートプロジェクトを実践

表12-2　アーティスト・イン・スクールの流れ（2017年度）

1日目	講師紹介とアイスブレイクのゲーム
2日目	下絵の作成とテント地への下塗り
3日目	グループに分かれてモチーフの描画
4日目	重ね塗りと似顔絵の描画
5日目	展覧会場で完成した作品を鑑賞

出所：筆者作成。

▷8　1998年に施行された特定非営利活動促進法では，特定非営利活動を行う非営利団体に法人格を付与することで，ボランティア活動をはじめとする市民が行う自由な社会貢献活動の健全な発展を促進し，公益を増進することが目指されている。その活動内容は災害救援活動や環境の保全，まちづくりなど多岐にわたる。

第Ⅲ部　これからの初等図画工作科

図12-3　「町の記憶PROJECT」（2010年7月13日）
出所：海老江重光氏提供。

してきた。定款によれば，同法人の目的は「芸術の力と地域・世代・ジャンルを超えた人々の志と協働によって，地域の歴史・風土・資源に光を当てる住民参加型の芸術文化活動を行い，自分たちの暮らす町らしさを考え，雇用の創出，子どもたちの育成を図ることで，住民が元気で誇りをもってくらし，訪れる人々と夢や希望を分かち合える21世紀のモデル地域をつくること」にある。この目的に則って企画された「町の記憶PROJECT」は，フロッタージュの技法を用いる酒百宏一との協働によるプロジェクトであった。初回の活動日には，地元の小学校に通う児童が解体直前の工場で建物の記憶をこすり出した（図12-3）。学校と連携したプログラムと並行して月に1回のペースで参加型のワークショップを開催し，2012年10月までに1万枚を超える町の記憶が擦りだされた。一連の活動は，NPOの理事を務める地域住民がコーディネーターとなって企画をもち込み，学校長の理解を得ることで初めて成立する。

　地域に拠点を置くNPOが仲介することで，学校教育の現場に芸術活動を組み込む機会を増やすこともできる。AISプランニングが札幌市の補助を受けて実施している「おとどけアート」事業では，アーティストが一定期間学校に滞在し，児童と学校生活をともにしながらアート活動が展開される。こうした事業を組み立てるうえで予算の問題を無視することはできないが，次節で取り上げる放課後政策のような既存の仕組みを組み替えることで対応できる可能性もある。

　図画工作科は他の教科に比べて地域の力を取り入れやすい。法人格をもたない団体でもそのネットワークの一翼を担うことはできる。とくに，中山間地域等の小規模校では，地域と一体化したプロジェクトが展開される例も見られる。徳島県三好市にある公立小学校では，図画工作科の授業の一環で川原に石を並べて巨大な絵を描きだした。近年では，地域に根ざした美術教育（Community-Based Art Education）に関する注目も集まっているが，こうした実践を通して児童もまた地域づくりの一端を担う存在になりうる。

▷9　Community-Based Art Education
地域に基づく美術教育のことであり，頭文字をとってCBAEと表記されることもある。1980年代に推進されたDBAE（学問に基づく美術教育）が美術史や美術批評といった学術的な学びを美術教育に取り込むことで表現偏重の教育方法に新たな方法を提示したのに対して，学校を取り囲む地域社会との連携を図ることに主眼が置かれる。NPOや美術館等の活動への参画やアートプロジェクトと連動した教育実践などの方法がある。

3　アーティストの力を借りる

　アーティストの発想を取り入れることも教科としての可能性を広げる一つの方法である。第1節で取り上げた「フリークエンシーズ」も，学校とアーティストの接点から生じたプロジェクトである。では，アーティストにとって「学校」という場所はどのような意味をもつのだろうか。ここでは，北澤潤による「放課後の学校クラブ」を事例に考える。

148

北澤は，地域住民との協働で「もうひとつの日常」を創出するプロジェクトを国内外で展開するアーティストである。「放課後の学校クラブ」では，この方法論を学校に応用し，子どもと大人が一緒になって，それぞれのやりたいことと向き合いながら「もうひとつの学校」がつくられる（図12-4）。しかし，こうした発想を学校現場で実現するためにはいくつものハードルがある。そもそも，綿密にカリキュラムが定められている学校教育においてアーティストの自由な発想は一種の異物である。2011年から実施している学校の場合，コミュニティスクールが受け皿となって活動が始まった。

図12-4 「放課後の学校クラブ」（2013年5月19日）
出所：筆者撮影。

このプロジェクトでは「もうひとつの学校をつくる」という命題があるだけで，そこで何をするかは参加者に委ねられる。そのため一連の活動は参加した児童の通う「いつもの学校」を振り返ることから始まる。学校にはどのような場所があり，誰がいて，どのようなことが行われているのかなどの構成要素をあげていく。それらを参照しながらオリジナルの学校の企画を立てる。その際，アーティストを含む周囲の大人たちは，参加児童と対話をしながら活動を見守るサポーターに徹する。各自の考える学校を実現するためにはどのように準備を進めていかなければいけないのか，あるいはどのようなものが必要なのか，一人ひとりが企画書にまとめていく。そのプロセスにおいて，アーティストと児童，あるいは児童同士の対話から豊かな発想が育まれていく。

北澤はこのプロジェクトを推進する姿勢として「待ちの方法論」という言葉を用いている。そこではアーティストの投げかけた「問い」をきっかけに，そこに集う人々とともに「学びの共同体」が育まれていく。活動を重ねていくなかで，例えば参加児童の保護者からこうした方がいいのでは，といったアイディアが発せられることもあった。結果的に，そこから波紋が広がるように地域社会へと拡張していくこともある。ただ単に技術を学ぶだけではなく，現代社会を捉える眼差しを共有することもアーティストの協力を得る重要な意義となる。次節では，図画工作科と社会とのかかわりにスポットをあてる。

3 社会とつながる図画工作科

1 現代美術と図画工作科の接続

今日では，「もの」としての作品をつくるだけではなく，「こと」を起こしていく芸術実践が見られるようになってきた。前節で取り上げた「放課後の学校

第Ⅲ部　これからの初等図画工作科

クラブ」もその一つである。このような現代美術の変化に応じて，図画工作科もまたその役割を柔軟に変化させていく必要がある。本節では，従来の「表現」と「鑑賞」という二つの領域に加えて「参加」というキーワードを据えることにより，教科としての新しい可能性を考える。

　現代美術の一つの潮流に「ソーシャリー・エンゲイジド・アート（以下，SEA）」というジャンルがある。これは「現実の世界に関わり，人びとの日常から既存の社会制度まで，何らかの"変革"をめざすアーティストたちの活動を総称するもので，参加・対話のプロセスを含む，アクティブで多様な表現活動」（秋葉ほか編，2014）とされる。ただし，一口に「参加」と言ってもいくつかの段階がある。パブロ・エルゲラ（P. Helguera）は，それらを「名目的な参加」「指図された参加」「創造的な参加」「協働の参加」という４つの段階に分類している。とりわけ「協働」の段階では，アーティストとのコラボレーションや直接的な対話を通して作品を展開していく責任を共有することが求められる（エルゲラ，2015，50～51ページ）。

　2011年にナト・トンプソンによって企画され，世界各地を巡回した展覧会「リビング・アズ・フォーム」は，国際的な SEA の潮流を概観するものであった。ここでは，そのなかから二つの具体的な実践を引用する。アローラ＆カルサディーラ（Allora and Calzadilla）の「チョーク」（1998～2006）は，公共の場に長さ約1.5メートルのチョークを設置するというプロジェクトである。リマ・ビエンナーレ（ペルー）のプログラムとして行われた際に，はじめは市民が個人的なメッセージを書いていたのだが，次第に政府を批判するデモ隊が加わり政治性を帯びてくると，最終的には政府によってそれらのメッセージは消去された。トレントを拠点に活動を行うアート＆リサーチ集団，ママリアン・ダイビング・リフレックスによる「子どもたちによるヘアカット」（2006～）は，第４学年から第６学年にあたる児童が美容院で無料のヘアカットを行うというプロジェクトである。高度に専門化された行為が子どもたちに委ねられることで，既存の価値観は大きく揺さぶられる。これらの事例において，アーティストは特定の方法やシステムを提示するものの，直接的に表現活動に携わるのはアーティスト個人ではない。

　芸術を通して社会にアクションを起こすという発想は，ヨーゼフ・ボイス[10]が提唱した「社会彫刻」に通底する。ボイスの「私たちが生きるこの世界を，どのように形成し，現実化するか。それは，進化する過程としての彫刻だ。すべての人が，アーティストだ」（池田編，1991）という言葉に象徴されるように，そこでは従来の「彫刻」や「芸術」といった概念は拡張され，社会や教育の課題と直接的につながっていく。現代美術が社会への参加という方向に向かっていることを踏まえれば，図画工作科もまた教科の枠を超えて生活科や社会科な

▷10　ヨーゼフ・ボイス
（J. Beuys, 1921～86）
ドイツのクレフェルトに生まれる。1960年代にはフルクサス運動と連動しながら「ハプニング」を手掛ける。芸術活動と並行して教育実践にも携わり，1961年から72年にかけてデュッセルドルフの美術アカデミーで教鞭をとった。1972年に構想した「創造性及び学際的研究のための自由国際大学（FIU）」は，1977年にカッセルで開かれたドクメンタ6において実体化した。政治活動にも携わり，ドイツ緑の党の共同創始者でもある。デュッセルドルフにて死去。

150

第12章　図画工作科教育の新たな取り組み

どと連動させた立体的授業を展開する道筋が開かれていく。例えば、「まちづくり」をテーマに設定することにより、この教科で身につけるべき能力が実は大きな広がりをもっていることにも気づくだろう。

[2]　図画工作科をめぐる学びのネットワーク

　上記の観点は「社会に開かれた教育課程[11]」にも対応する。新学習指導要領では、指導計画の作成と内容の取扱いに関して「校内の適切な場所に作品を展示する」ことに加えて「学校や地域の実態に応じて、校外に児童の作品を展示する機会を設けるなどする」（第3の4）という一文が追加された。この実現にあたっては、そもそも地域の協力が必要不可欠である。

　このような取り組みを推進するうえでも、教師にはコーディネーターとしての資質が求められる。言うまでもないことだが、教師は万能ではない。とりわけ芸術科目は高等学校では選択制のため、中学校で「美術」を学んだ後、大学で「図画工作科指導法」などの授業を受けただけで現場に立つこともありうる。それゆえに、図画工作科の授業づくりに苦手意識をもつ教師も少なくない。そういう時こそ、当該校区における地域資源を把握することが有効になる。ここには、美術館や公民館といった施設系資源のみならず、そこに勤務する学芸員や社会教育主事といった専門職員や地域人材等の人的資源、NPO などが企画する活動系資源も含まれる。

　学校内における教育課程外での活動にも学びのネットワークづくりのフックがある。2014年に発表された「放課後子ども総合プラン」では、2019年度末までにすべての小学校区で放課後児童クラブ[12]と放課後子供教室[13]を一体的または連携して実施するという目標が掲げられている。従来、放課後児童クラブ（いわゆる学童保育）では「生活の場」の提供に主眼が置かれ、教育的な目的に則った指導は重視されてこなかった。しかし、放課後子供教室と一体化するためには放課後に固有の学びのあり方を模索する必要がある。こうした時間を単なる学校教育の延長にするのではなく、創造的な活動の場として活用するために、アーティストの協力を得る仕組みをつくることも考えられる。

　ここで参考になるのが香川県高松市における「芸術士」の取り組みである。NPO 法人アーキペラゴがつなぎ役となってアーティストを保育所や幼稚園に通年で派遣するこの事業は、イタリアのレッジョ・エミリア市における幼児教育システムを参照している。アトリエリスタ（芸術家）とペダゴジスタ（教育学者）を保育所と幼児学校に配置し、「プロジェクタツィオーネ（プロジェクト）」と呼ばれる単元によって構成される一連の活動は「ドキュメンテーション」に記録され、適宜保護者とも共有される。ここでのアトリエリスタに相当するのが「芸術士」であり、保育士と連携しながら子どもたちの生活と寄り添い、一

▷11　2015年8月に中央教育審議会の初等中等教育分科会教育課程部会が発表した資料では、「社会に開かれた教育課程」として「教育課程を介して学校が社会や世界との接点を持つことが、これからの時代においてより一層重要となる」ことが述べられている。その重点項目の一つとして、地域の人的・物的資源の活用や放課後などを活用した社会教育との連携を図ることが示されている。

▷12　放課後児童クラブ
保護者が労働などによって家庭にいない児童に対して、適切な遊びや生活の場を提供することで健全な育成を図るものであり、「学童保育」とも呼ばれる。1960年代半ばに「カギっ子」が社会問題化するとともに、放課後の児童の居場所を確保するという福祉的な観点から民間主導で始まった。長らく法的位置づけが明確ではなかったが、1997年の児童福祉法改正により「放課後児童健全育成事業」として社会福祉事業に位置づけられた。

▷13　放課後子供教室
2007年度から文部科学省によって取り組まれている事業。この制度の前身となっているのは、2004年から2006年にかけて取り組まれた「地域子ども教室推進事業」である。これは、地域住民が主体となって子どもの居場所づくりを推進することを目的とするものである。

人ひとりの創造性を引き出すプロジェクトを組み立てていく。これは幼児教育における実践ではあるが，この仕組みを小学校の放課後に応用する可能性を検討する価値は大いにある。

以下の図12-5は，学校と地域とをつなぐ図画工作科をめぐる学びのネットワークを一つのモデルとして示したものである。美術館などの学芸員や公民館などの社会教育主事，NPO等で活動を行う個人など，学校と地域とをつなぐ役割を担い得る人材は地域に点在している。こうした人的ネットワークを構築することで，充実した教育活動を展開していくことができる。学校がある地域の実情に応じて生涯学習の観点からも図画工作科の時間を構想してほしい。

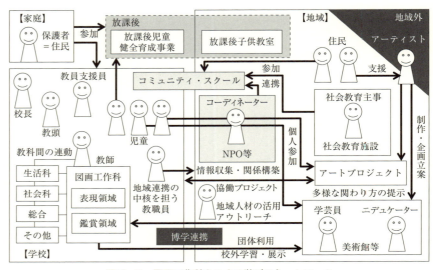

図12-5　図画工作科をめぐる学びのネットワーク
出所：筆者作成。

3　図画工作科というプロジェクトの実践者として

2016年に奈良市で開催されていた芸術祭をめぐる道中，路上で石を売る少年に出会った。壁にはその月の販売目標数が掲げられている。話を聞けば，小さな袋に小分けにされた石は休日に自転車で仕入れに行ってくるらしい。ここには個人の興味関心を独自の表現形式をともなって社会に向けて発信する現場があった。翻って現在の図画工作科の時間は，一人ひとりの創造性に寄り添ったものになっているのだろうか。

ここで改めて新学習指導要領にも示されている「共同してつくりだす活動」（第3の1(5)）の意義に注目したい。「共同」という単語は，学習指導要領試案［昭和22年］においてすでに見られ，その後の学習指導要領でも「共同製作」といった項目で受け継がれてきた。例えば，学習指導要領試案［昭和26年改訂］では，「共同製作」を通して「他人と協調する態度を養う」ことが掲げら

れている。基本的に「共同してつくりだす活動」としてはグループワークが想定されるわけだが，一人ひとりの興味関心の対象が異なることを踏まえると，その出発点をあらかじめ設定することは容易ではない。既述の「放課後の学校クラブ」の場合，アーティストによって示された「学校をつくる」という命題を共有したうえで，対話を重ねながら各自の発想（＝妄想）と向き合い，自然発生的にチームが結成される。グループをつくることに主眼を置いているわけではないため，一人でつくるという選択肢も残されている。こうして自分自身のかかわり方を探っていくことで，全体として見た時に一つの場が生み出される。その意味において，「共同」というよりもむしろ「協働」である。社会への参加の第一歩として図画工作科の時間を生かしていくためには，「きょうどう」のあり方を教師自身が模索していかなければいけない。

　本章のまとめとして，図画工作科の時間を一連のアートプロジェクトとみなす視点を示す。2009年から2012年にかけて，横浜国立大学附属鎌倉小学校を舞台に「鎌倉なんとかナーレ」というプロジェクトが行われた。現役の教師によって企画され，「新しいカタチの学校カイホウ」と銘打ったこの試みは，小学校を「アート（日常の教育活動を超えた試み）」の拠点として位置づけ，アーティスト，NPO，教師，保護者，地域住民，学生，児童生徒など，多様な個性が展示やパフォーマンス，各種公演，ワークショップなどを通して学校のあり方について再考することを目指したものであった。これは，個性の尊重を謳いながらも多様な価値観を認めることの難しい学校という管理社会のもつ矛盾に対する挑戦でもあり，本章の冒頭にあげた「なんでもスクール」の一つの形でもある。そこでは，教師もまた一人の表現者としてプロジェクトに直接的に参加する。こうした一つひとつの実践が既存の学校という制度に風穴を空け，教科の枠組みを拡張していくことにもつながっていく。

　教科としての図画工作科をめぐる状況は厳しい。それでもなおその時間が残されている以上，教師にはその時間を最大限に生かす使命がある。その意味において，教師は「図画工作科」と名づけられたプロジェクトを推進するアーティストでもある。本章で取り上げた取り組みも，新しい教育のあり方を創造的に模索した実験の記録として読み解いてほしい。

Exercise

① 図画工作科の授業を展開するうえで，児童の主体性を育み，一人ひとりの創造性を引き出す工夫について話し合ってみよう。

② 地域に存在する芸術文化資源（もの，場所，人など）をリストアップして，それらを生かした図画工作科の授業を構想してみよう。

第Ⅲ部　これからの初等図画工作科

③　ソーシャリー・エンゲイジド・アートなど，芸術を通した社会実践の事例
　　を調べて，そこから主体的・対話的な学びのヒントを探してみよう。

📖次への一冊

エルゲラ，P.，アート＆ソサイエティ研究センター SEA 研究会訳『ソーシャリー・エン
　　ゲイジド・アート入門——アートが社会と深く関わるための10のポイント』フィルム
　　アート社，2015年。
　　　　アーティストであり，ニューヨーク近代美術館の教育プログラムのディレクターも
　　　務める著者による社会に参加する芸術実践の入門書（原著の発行は2011年）。この
　　　なかで提唱されている「超教育学（Transpedagogy）」という考え方は芸術と教育
　　　の新しい関係性を考えるうえで示唆に富む。
川俣正・ペーリー，N.・熊倉敬聡編『セルフ・エデュケーション時代』フィルムアート
　　社，2001年。
　　　　多様な共同体とのコラボレーションを前提とする（アート）プロジェクトの事例を
　　　紹介しつつ，「教える／教えられる」という旧来の教育システムから「自らが自ら
　　　の力で学ぶ」ことへの転回に向けた挑戦的な提案が試みられている。
しみん教育研究会『建築が教育を変える——福井市至民中の学校づくり物語』鹿島出版
　　会，2009年。
　　　　2008年に開校した福井市至民中学校の設計プロセスについて建築の視点から書かれ
　　　ている。地域社会における学校の役割について対話を重ねていく「学校づくり」の
　　　ワークショップは小学校における学びの場づくりにも参照すべき点が多い。

引用・参考文献

あいちトリエンナーレ実行委員会編『あいちトリエンナーレ2016——虹のキャラヴァン
　　サライ　創造する人間の旅』平凡社，2016年。
秋葉美知子・工藤安代・清水裕子編『リビング・アズ・フォーム（ノマディック・バー
　　ジョン）——ソーシャリー・エンゲイジド・アートという潮流』アート＆ソサイエ
　　ティ研究センター，2014年。
ドクター・スース・プレラツキー，J. 文，スミス，L.・ドクター・スース絵，神宮輝夫訳
　　『とてもすてきなわたしの学校』童話館出版，1999年（Dr. Seuss, Prelutsky, J., &
　　Smith, L., *Hooray for Diffendoofer Day!*, 1998）。
Hooper-Greenhill, E., *Museums and the Interpretation of Visual Culture*, Routledge, 2000.
エルゲラ，P.，アート＆ソサイエティ研究センター SEA 研究会訳『ソーシャリー・エン
　　ゲイジド・アート入門——アートが社会と深く関わるための10のポイント』フィルム
　　アート社，2015年。
池田裕行編『ヨーゼフ・ボイス展——国境を越えユーラシアへ』ワタリウム，1991年。
水戸芸術館現代美術センター編『水戸芸術館現代美術センター記録集 2010-2016』水戸
　　芸術館現代美術センター，2018年。

第13章
図画工作・美術教育の課題と展望

〈この章のポイント〉

　図画工作科教育を児童の成長にとっていっそう意義あるものとし，生涯にわたる学習の基礎としていくためには，人の発達を連続した全体性として捉える視点が必要である。また，私たちが生きる社会における芸術とのかかわりをどのように捉え，指導を深めていくかという観点も重要である。本章では，幼児教育における表現領域，中学校教育における美術科とのつながりを見通し，芸術的価値観を学校教育のなかに生かしていくための課題などを提起する。これらの検討をとおして，今後の教育実践に向けての展望を自ら考えながら学んでいこう。

1　幼児教育とのつながり

1　幼児教育における造形活動

　幼児教育は，初等教育におけるような教科ではなく，「健康」「人間関係」「環境」「言葉」「表現」という5領域に基づいて行われる。これら5領域は，互いに関連づけられながら総合的に，そして遊びを通して実践されるという点が小学校との大きな相違である。そのうち，「感じたことや考えたことを自分なりに表現することを通して，豊かな感性や表現する力を養い，創造性を豊かにする」領域である「表現」が，絵を描いたり工作をしたりといった造形的な活動と関連が深い。ただしその内容としては，造形と同時に音楽やダンスといった活動も含んでいたり，「(4)感じたこと，考えたことなどを音や動きなどで表現したり，自由にかいたり，つくったりなどする」といった複合的な表現活動として示されていたりする領域である，という点には留意しておきたい。

2　幼小連携の構築へ向けて

　このように初等教育とは異なる体系から成る幼児教育であるが，「小1プロブレム」など就学後の問題の顕在化を背景に，幼児期の学びと小学校第1学年の学びとを無理なくつなぎ，学習の一貫性を担保することが従来から重視されてきた。新幼稚園教育要領および新保育所保育方針において示された，10項目におよぶ「幼児期の終わりまでに育ってほしい姿」を踏まえた指導を小学校で

▷1　小学校就学前の子どもに対する幼児教育は，学校教育法で規定される幼稚園と児童福祉法で規定される保育所で行われてきたが，近年では双方の機能をあわせもつ「幼保連携型認定こども園」なども増えている。幼稚園と保育所とでは，受け入れ対象となる子どもの年齢が異なるが，幼稚園教育要領と保育所保育方針の間では整合性が図られており，前者の「ねらい及び内容」と後者の「3歳以上児の保育に関するねらい及び内容」は一致している。よってここでは，両方の施設の共通範囲である3歳以上の子どもを対象とする就学前教育を幼児教育として解説する。

▷2　小1プロブレム
小学校第1学年などの教室において見られる，学習に集中できない，教師の話が聞けずに授業が成立しないなど，学級がうまく機能しない状況のこと。

第Ⅲ部　これからの初等図画工作科

▷3　幼児期の終わりまでに育ってほしい姿
「健康な心と体」「自立心」「協同性」「道徳性・規範意識の芽生え」「社会生活との関わり」「思考力の芽生え」「自然との関わり・生命尊重」「数量や図形，標識や文字などへの関心・感覚」「言葉による伝え合い」「豊かな感性と表現」の10項目。

も工夫し，幼児期の教育を通して育まれた資質・能力を踏まえて教育活動を実施することで，学校段階等間の接続を図ることが小学校の新学習指導要領において示されるなど，幼小連携の必要性はさらに強調されている。

　今回の改訂で新設された「幼児期の終わりまでに育ってほしい姿」は，幼児教育の5領域を通して，10項目すべてが一体的に育まれることを目指すものであるが，とくに造形活動と深くかかわっているのが「⑽豊かな感性と表現」であり，具体的には次のような姿をさすとされる（第1章第2の3）。

> 　心を動かす出来事などに触れ感性を働かせる中で，様々な素材の特徴や表現の仕方などに気付き，感じたことや考えたことを自分で表現したり，友達同士で表現する過程を楽しんだりし，表現する喜びを味わい，意欲をもつようになる。

　「幼児期の終わりまでに育ってほしい姿」は，小学校の図画工作を含む各教科の指導においても考慮し，他教科，とくに生活科との関連を積極的に図ることが求められている。

　このような幼小間での学習の円滑な接続を図る動きは，幼小接続期カリキュラムの作成，各自治体における幼稚園などと小学校の実践的な連携といった取り組みの増加などとしてもあらわれている。しかしその実施期間の設定が短めであったり，幼小を貫く視点としての柱立てがカリキュラムに生かされていなかったり，5歳児に比べて小学校第1学年において提示される実践事例が少なかったりなどという点が，今後に向けての課題である（国立教育政策研究所，2017，43〜51ページ）。

［3］　幼小連携の実際

　幼小連携の取り組みとしてこれまでの実践事例から「接続期カリキュラムの作成」および「園児・児童の交流」という二つの大きなくくりで幼小連携の実際を捉えてゆきたい。

　まず接続期カリキュラムの作成であるが，これは基本的に，幼小間における「学び」の捉え方の違いを埋めて，幼小で一貫した学びが実現されるよう独自のカリキュラムを策定する，というものである。例えば，東京学芸大学竹早地区附属学校園では，幼小中の学校生活の11年間を「成長の4ステージと8ステップ」に整理した連携カリキュラムの開発・実践をしているが，そのうちの「やりたいことを思う存分やろうとする」ステージであるとされる第1ステージ，すなわち幼稚園4歳児から小学校第2学年の6月までが，幼小の接続期に相当する。第1ステージにおける造形活動は「表現」という一貫した視点で貫かれており，連携カリキュラムでいう「新しい道具や素材を使ってみようとする」「数人で協力して一つのものをつくる・達成感を感じる」ことをねらいと

した，「三人組でこいのぼりを作ろう」（5歳児4か月）といった活動などが実践されている。このような活動を通して，いろいろな道具の扱い方や素材を知り思ったことを自由に表する経験をした園児たちは，小学校に上がっても，図画工作の時間につくりたいものをつくり主体的に楽しもうとする姿が見られるという（八木ほか，2017，38〜43ページ）。

　また，園児・児童の交流という連携においては，造形に特化するというよりは，交流活動のなかに絵を描いたり工作をしたりといった時間を設けるといった取り組みが多く見られる。例えば，品川区（東京）の第一日野グループは接続期カリキュラムの作成にも早くから取り組んでいるが，そのなかに「交流活動」という項目があり，どの年齢の子どもたちがどのように交流するかといった内容が明記されている。これは幼小間に限らず，小学校での異学年交流も含むが，幼小での交流に焦点をあてるならば，例えば第4学年と4歳児との交流遊びで，第4学年の児童自身が絵本の読み聞かせをしたり，塗り絵や折り紙で一緒に遊んだりといった内容を企画するといった取り組みが行われている（秋田，2014）。

　こうした幼小連携の組織的な取り組みは，学校や自治体が主体となって進めなければ実行に移すのは難しい。しかし小学校の教師にとってまず大切なのは，幼小間の違いを知り歩み寄ろうとする態度である。教師一人ひとりが保育園・幼稚園での子どもの育ちや学びを理解し，幼小を一貫した成長の時期として捉える意識をもつことが，幼児教育とのつながりを構築する第一歩なのである。

▷4　第一日野グループ
保幼小連携の推進のために東京都品川区教育委員会が平成21・22年度に指定した研究グループ。第一日野小学校，第一日野すこやか園（第一日野幼稚園・西五反田第二保育園），西五反田保育園から構成される。

2　中学校教育とのつながり

1　中学校教育における美術科

　中学校美術科は，図画工作科教育の成果を受け継ぎ，生活や社会のなかの美術や美術文化と豊かにかかわる資質・能力を育成することを目指す。中学校美術科には，造形的な視点から生活や社会を見つめ，美術のはたらきや美術文化の役割を実感できる学びが期待されている。

　中学生は心身ともに成長し急速に大人へと近づいていく。美術では写実的な表現を追求したり，抽象的な表現に価値を見出したりする。思春期を迎え，美術を通じて社会とのかかわりを考えたり，内面をテーマとした表現によって自己存在を確かめようとしたりするなど，さまざまな葛藤と試行錯誤する経験を重ねながら学びを深めていくことが特徴である。

第Ⅲ部　これからの初等図画工作科

[2]　小中連携の構築へ向けて

　第一に，義務教育の9年間の学びを一体的に捉え，子どもの発達を支援する視点からカリキュラムの改善を図ることが課題である。その前提となる基本原則として，各発達段階における子どもの表現はそれぞれ固有の価値をもっていることを確認しておきたい。私たちは高度な技能に支えられた美術表現に高い価値を認める傾向がある。しかし子どもの表現の発達は，経験の積み重ねとその繰り返しによって質的に変化するものであり，それぞれの発達の段階における表現は，子どもの成長にとっていずれも欠くことのできない大切な役割を担っている。図画工作・美術教育の小中連携においては，子どもの発達を支援するという理念に基づき，学びの連続性や系統性を意識しながら題材を見直したり実施時期を柔軟に入れ替えたりするなど，小・中学校それぞれのカリキュラムの工夫・改善を図ることが必要である。

▷5　中1ギャップ
小学校から中学校への進学に際し，中学校第1学年段階における新しい環境での学習や生活に不適応を起こすこと。いじめや不登校などの生徒指導上の問題に加え，授業の理解度や教科の好き嫌いに肯定的回答をする生徒の割合が，中学校で低くなるなどの教科指導上の課題としても認識される。

　第二に，いわゆる「中1ギャップ」と呼ばれる，発達上の段差へのアプローチである。図画工作科から中学校第1学年の美術科へ移った段階で，教科が好きな生徒が減ることや，苦手意識から学習意欲を失う生徒が増えるといった現象が認められる（降旗，2015）。したがって，中学校第1学年で「美術好き」が増加する美術科教育のあり方を模索することが課題である。課題の解決に向けた方向性の一つは，小学校第6学年から中学校第1学年にかけての小・中学校の接続期に「スムーズな接続」と「魅力的な美術との出会い」の二つの視点からカリキュラムの改善を図ることである。例えば，小学校第6学年で扱う題材と中学校第1学年の早い時期に扱う題材に関連性をもたせ，小・中学校間の段差を解消する視点からの連携教育が構想できる。一方，中学校第1学年の美術科学習に対する生徒の期待に応え，少し高度で魅力的な学習内容を適切に位置づけることも重要な視点である。これは，段差を積極的に生かすことによって，新鮮で魅力的な美術との出会いを準備するという発想である。これらの二つの視点からのアプローチにより，中1ギャップを乗り越えるカリキュラムのあり方を見直すことが求められる。

　第三に，異校種の教師同士が互いに理解しあい，学び合うことである。小学校と中学校では，学校文化の違いや学校が抱える固有の課題などによって，教師の問題意識は異なってくる。小中連携が教育効果を高めるためには，まずは小中連携に対する教師の意識を確認し，相互に連携する過程で合意形成を図りながら進めていく必要がある。そのためには研究授業や研修などの情報交換や交流の機会を生かしながら，ともに活動したり実践したりすることが効果的である。

第13章　図画工作・美術教育の課題と展望

3　小中連携の実際

　まず，準備に手間をかけない小中連携の取り組みは，児童生徒の作品を小・中学校の教師がともに見ることである。地域の研究組織による研修や複数の学校が合同で開催する美術展覧会などの際に，児童生徒の作品について小・中学校の教師が話し合うなどの取り組みが想定される（図13-1）。その際，作品とその作者である児童生徒の学習状況などについて，指導者である教師から情報提供をしてもらいながら見るなどの方法が有益である。こうした研修を通して，異校種の教育についてより具体的かつ直感的な理解を促し，発達の段階を念頭に長期的視野をもつ指導観が形成されていくことが期待される。

　次の段階としては，小・中学校の接続期のための題材開発における協力が考えられる（図13-2）。ある地域では，小学校卒業を控えた第6学年の後半と入学間もない中学校第1学年の1学期までの期間を具体的な小・中学校の接続期と捉え，同じ中学校区の小学校と中学校の教師が接続期のカリキュラム開発に取り組んだ。この事例からは，カリキュラム改善を目的とした両者の協働が，学校文化や指導観の違いを超えた相互理解に資する可能性が認められる。

　さらには，小学校において中学校教師が授業を行う乗り入れ授業についても提起したい。図画工作科の指導に不安を抱える小学校の教師が，中学校へ要請して実施されることが多いが，小中連携の理念に照らせば，小学校教師が中学校教師に一方的に助けてもらうという考え方を越え，双方の教師が互いに学ぶ努力が大切である。ある事例では，小学校の教師はコンクールに向けて「上手な絵」を描かせることを主眼として中学校教師の援助を求めていた。それを受けた中学校教師は，間もなく取り壊される校舎を描く題材において，児童それぞれの思いを表現させることを中心課題として授業に臨んだ。この実践を通じて，小学校教師は中学校教師から，児童が主体的に解決を目指す力をどのよう

図13-1　作品展の審査の機会を生かし，小・中学校の教師が子どもの作品について話し合う

図13-2　小・中学校の教師が，生徒の作品ポートフォリオをもとに課題を把握し，次年度のカリキュラム改善について話し合う

に育てるのかという観点から，指導内容や方法を見直すことを学んだ。また中学校教師は，教材や指導方法について，発達の段階を考慮して工夫・改善することの重要性を再認識できた。乗り入れ授業には，小・中学校教師が，指導内容や方法を学び合うのみならず，学びの連続性や接続性を意識した指導観を形成し，新たな学びを創造する可能性が期待できる。

3　芸術に基づいた教育

1　芸術による教育

　この節では，芸術的価値観を教育に反映させるための取り組みを広く「芸術に基づいた教育」として，歴史と今日的課題の両面からその可能性と教師の使命を述べていく。

　図画工作科教育の理念を歴史的に語るうえで必ず言及されるのが，「芸術による教育」という概念であり，ハーバート・リードによる同名の著作（リード，2001）が代表的な典拠となっている。この概念は，職業芸術家や美術専門家の育成という意味での狭義の芸術教育ではなく，芸術を通して全人格的な教育を行っていく普通教育としての芸術教育の意義について説明する時に用いられることもあるが，リードによる元来の意味は，芸術による社会改革という遠大な理想にあり，そのために芸術的な仕組みを学校カリキュラムのあらゆる側面に浸透させるという主張にある。

　その場合の「芸術」とは，ものとしての美術作品にとどまらない非常に広範囲で独特な概念を示している。人間が美を見出すのは，人がつくり出すあらゆるものやこと，人の立ち振る舞いから社会的な仕組みまで，また自然がつくり出す生物の形から宇宙の運行まで，この世に存在するさまざまなスケールにわたっている。美の法則と想像力の結合である芸術とは，生命のように有機的で優れた「仕組み」であり，それを「欠落させた場合，文明は均衡を失い，社会的・精神的な混乱へと陥ってしまう」（リード，2001，34ページ）とするのである。

　『芸術による教育』は，1943年，第二次世界大戦の最中にイギリスで出版された。その最終章でリードは，同書を書いているその朝にも戦火のなかで残虐行為が行われている現実に対し，芸術を基礎とした感性を養う教育が，文明の破滅を回避するために何ができるのかを問いかけた（リード，2001，346ページ）。人が人らしく生きられる持続可能な社会に向けて，どのように教育から改革を起こしていくかという社会的使命を帯びたものとして，芸術による教育は構想されていた。そしてその使命は，未完の革命として，現在に至るまで引き継がれていると見ることもできる。

同書ではそうした遠大な理想のもとに当時の諸学問を統合して芸術論，心理学，教育制度，教師論から学校施設のあり方まで，さまざまな段階の議論が試みられる。そのなかから現代の図画工作科教育にも適用できる考え方を一つあげるとすれば，芸術の世界に多様な表現の仕方があるように，子どもの表現にも個人特有の傾向があり，それぞれの特性を見いだして表現できるように支援するという点である。大規模で優れた美術館・博物館に行けば，世界各地のさまざまな時代から集められた人類の多様な文化の素晴らしさを目にすることができる。それと同様に，教室が児童の多様な表現であふれている姿をつくりだすにはどうしたらよいか，日々の実践のなかで取り組むことが，芸術による教育の理想への一歩であろう。

2 芸術を教育に浸透させる

芸術を教育の根本原理とする歴史的事例として，現代まで続くシュタイナー学校の試みが注目される。世界で最初のシュタイナー学校は1919年，ドイツのシュトゥットガルトに創設された。ルドルフ・シュタイナー▷6が創設したこの学校は，先駆的な男女共学や12年間の統一学校▷7，さらには数字によって表記される通知表や教科書のない学校として注目を集めてきたが，芸術を重視することでも有名である。

シュタイナー学校では，芸術活動を授業に溶け込ませながら，意志・感情・思考へ働きかけることによって，人間の心的な調和的発達が目指されている。その授業は，音楽，手仕事（手芸），手作業（手工）など専門の教師によって教えられる専門教科授業とは別に，国語，算数，理科，社会などの内容が学級担任教師によって教えられるエポック授業▷8として行われる。

エポック授業では，とくに第4学年までの学年で芸術活動が頻繁に行われ，蜜蝋クレヨンや蜜蝋粘土などを用いた造形的な学習が展開される。例えば，象形文字のように絵から文字の形や単語を学ぶ授業方法である。そこでは，暗記で覚える知識や思考重視ではなく，あくまで学びに対する美しさや楽しさ，自然や世界とのつながりを感じられるよう意志や感情に重点をおいた授業が意図されている。また，物語の読み聞かせなど，児童が教師の話を聞いてイメージする活動，フォルメン線描▷9やぬらし絵▷10で図や絵を描く造形的な活動も盛んに行われる。

専門教科授業では，水彩や油彩，版画を行う絵画の授業と，木工，彫塑，金工，石彫を行う手作業の授業が第5学年または第6学年から導入される。10人程度の少人数グループにして実施される。そこでは，エポック授業のなかで学んだ知識が専門教科授業のなかで活用され，芸術的な活動をとおして他教科の内容がより深く学ばれることによって，教科連携の総合的な学びがこの学校で

▷6　ルドルフ・シュタイナー（R. Steiner, 1861-1925）当時のオーストリア（現在のクロアチア）生まれの思想家。シュタイナー学校（国際的には自由ヴァルドルフ学校 Freie Waldorfschuleの名称も多く使われる）の創設者。

▷7　統一学校
社会階層に関係なく，教育の機会均等を保障するため，すべての国民が同一の平等な教育を受けることができる学校制度として設立されたもの。最初のシュタイナー学校は，8年間の統一学校として出発し，やがて12年間の学校となった。

▷8　エポック授業
毎日朝の2時間続けて行われる授業。同じ教科を数週間にわたって集中的に取り組む授業方式。基幹授業，メインレッスンなどとも呼ばれる。

▷9　フォルメン線描
図や形を描く活動で，シュタイナー学校では第1学年〜第4学年で行われる。平衡感覚や集中力，気質などにかかわるとされ，最初は直線と曲線から始まり，徐々にケルト模様のような複雑な図形が扱われる。文字や幾何学の学びにつながる。

▷10　ぬらし絵（にじみ絵）
シュタイナー学校で行われる，水でしめらせた画用紙の上に赤，黄，青の3色の水彩絵の具で絵を描く活動。

第Ⅲ部　これからの初等図画工作科

は行われる。つまり，シュタイナー学校では美術が一つの教科として教えられるだけではなく，教育全体に芸術的要素が溶け込むように授業が行われるのである。

　現代では，シュタイナー学校はヨーロッパだけでなく日本を含む世界各国で展開されているが，その独特な教育思想に貫かれた方法は，同校以外の学校教育のなかにそのまま応用できるとは限らない。しかし，芸術的な表現活動を他教科の学びと有機的に結びつける方法は，学級担任を中心とした日本の小学校においても可能である。さらに言えば，児童生徒の発達を連続した全体性として捉える視点は，日本の幼・小・中・高におけるつながりを見通した教育の構築にも有益な示唆を与えるものである。

［3］　芸術に基づいた教育の現代的役割

　現代の教育には，教科を超えて養うべき共通の課題がさまざまに提起されている。例えば人権教育である。「人権教育の指導方法等のあり方について［第三次取りまとめ］」（人権教育の指導方法等に関する調査研究会議，2008）では，学校教育において指導の充実が求められる人権感覚とは「自分の大切さとともに他の人の大切さを認めること」であり，それを身につけるためには「学級をはじめ学校生活全体の中で自らの大切さや他の人の大切さが認められていることを子ども自身が実感できるような状況を生み出すこと」が重要であると指摘されている。先に「芸術による教育」について述べたように，子どもの多様な表現のあり方が認められる場の実現を図画工作科教育のなかで目指すことは，人権に対する態度や感覚を，表現と鑑賞の活動を通して目に見える作品の形で共有しながら学ぶことにつながる。

　また近年重要性が高まってきた教育課題として，持続可能な開発のための教育があげられる。これはもとより教科の枠を超えた課題であるが，環境，人権，国際理解などの側面から，芸術が果たす役割を考えていくことができる。日本ユネスコ国内委員会によれば，小学校学習指導要領総則に示された「人間尊重の精神」「豊かな心」「伝統と文化を尊重」「個性豊かな文化の創造」などが持続可能な開発のための教育の観点に合致するという（日本ユネスコ国内委員会，2008，8ページ）。図画工作科が担う活動からは，地域や他の文化を学び尊重する態度，環境との共生を目指して伝統的なものづくりや現代のデザインに学ぶなどのほか，先にも述べた表現の多様性を認める人権教育との関連でも貢献することができる。

　それでは現代の小学校教師が，身近なところから芸術的な手法や価値観を教育のさまざまな場面に生かしていくためには，どのような工夫や可能性が考えられるだろうか。ここでは以下の2点から示唆を試みたい。

▷11　持続可能な開発のための教育（Education for Sustainable Development：ESD）
国際連合が推進する，環境，経済，社会，文化などの面において持続可能な未来を実現するための担い手を育む教育。人格や人間性を重視し，人々との関係性のなかで行動を通して自発的に学ぶなどのアプローチを重視する。

まず，児童の創造性を刺激する芸術的な環境づくりがある。例えば，学校中の廊下の壁や天井に児童作品を展示して，毎日児童が通る校舎があたかも美術館やギャラリーであるかのような，色彩豊かで楽しい空間を作り出している学校がある。また，教室や廊下の児童がよく目にできる場所に，図画工作の材料となるさまざまな素材を日頃から集めて整理しておき，そこを通るたびに児童が「あれを使ったら何がつくれるかな」「今度はあの材料を使ってみたい」と想像をふくらませることができるような雰囲気づくりをすることも，学校を芸術的な環境に変えていく手立ての一つである。こうした工夫は，展示替えや材料置き場の整理など，目立たない地道な作業を必要とするが，教師たちや児童の協力によって継続できる仕組みをつくり上げることが肝要である。

　環境づくりと言っても，外面的な装飾や見栄えのみを目指してしまっては本末転倒である。教育における芸術的な環境とは，単に美しい外観をつくることではなく，芸術による教育が目指す，人間にとって重要な価値観，例えば自己と他者の存在を肯定し，協力しあって生きていく関係を構築しようとする態度の育成などがともなうものでなければならない。そうでなければ，美しい外観の影に虚飾と虚栄が潜む，芸術の負の側面を教育にもたらすことになってしまうだろう。例えば第5章の評価に関する指導で学んだように，教師が児童一人ひとりの声に耳を傾けながら，ともに伸びていこうとする様子をつかみ，支援することを心がけたい。

　もう一つは，図画工作科で培う力や態度を，学校生活や日常生活のさまざまな場面で，積極的に活用できるような「つながり」を見通した教育活動の実践である。図画工作科で行う活動が，単に授業のなかできれいなものをつくるだけで終わるか，さまざまな場面で私たちの暮らしを支えている美術やデザインの役割に気づいていくきっかけになるかは，教師による工夫と努力によるところが大きい。授業でつくるメッセージカードやポスター，マークなどを，実際の生活のなかで活用することを見通した授業計画，学校の掲示物や学級通信などのレイアウトや見やすさの工夫，児童作品を校内に印象的に展示して学校に美術館を出現させる取り組み，地域の課題や希望などに創造的に応えるプロジェクトへの参加など，学校での学びを活性化させるうえで図画工作科の成果を生かせる場面は無数にある。他教科の学びとのつながりでは，先に述べたシュタイナー学校での取り組みを参考に，学校の現場に合わせた工夫を試みることも価値があるだろう。人権教育や持続可能な開発のための教育においては，児童の能動的な学習を促進するために，絵や写真など視覚的な手段を用いたり，協力して表現したり，批評的に資料を読み取ったりするなど，芸術的な手法を用いることも奨励されている。教科の枠を超えたさまざまな教育課題においても，図画工作科の学習指導を基礎として，芸術に基づいた教育の積極的

第Ⅲ部　これからの初等図画工作科

な活用を探っていきたい。

4　芸術家としての教師

［1］　芸術を学ぶ教師

これまで本書では，図画工作科の指導を行うために必要な知識や考え方をさまざまな角度から学んできた。幼児教育や中学校教育とのつながりでも触れたように，子どもの発達の全体像を見渡した教育の構築という課題においても，突き詰めて言えば制度改革だけの問題ではなく，教師が子どもたちをどのように捉え，また限られた時間のなかでどのように有効な連携を築いていくかという，私たち自身の物事の見方やふるまいのなかに託されているということができる。

すでに学んだように，新学習指導要領における図画工作科の目標では，「造形的な見方・考え方を働かせ，生活や社会のなかの形や色などと豊かにかかわる資質・能力」を育成することを目指すとしている。さて，私たちは図画工作科を教えるために，自分自身の「造形的な見方・考え方」「形や色などと豊かに関わる資質・能力」をどのように培い，伸ばしていくことができるだろうか。

教師は児童が「表し方などを工夫して，創造的につくったり表したりすることができるように」指導しなければならないが，教師自身は表し方を工夫したり，創造的につくったりすることについて，どれだけ意欲をもって取り組めるだろうか。また，児童が「作品などに対する自分の見方や感じ方を深めたりすることができるように」指導することを求められているが，果たして教師自身が作品を見て自分の味方や感じ方を深める経験をしているだろうか。そして，「つくりだす喜び」を私たち自身が味わい，「楽しく豊かな生活を創造しようとする態度」を大事にしようとしているだろうか。

本書で学ぶ読者のなかには，「自分は絵を描いたりものをつくったりすることが器用にできないので，図画工作科の指導に自信がもてない」と感じている人がいるかもしれない。小学校のさまざまな教科の指導を受けもつなかで，教師でも人により得意・不得意の意識があるのは当然である。しかし学習指導にあたっては，教科は一部の才能のある児童だけのものではなく，すべての人が人間として学ぶべき大切な基礎を教えるのだという目的観を見失わないことが重要である。このことはひるがえってみれば，創造的に表現したり，自分の見方や考え方を深めたり，その喜びを味わったりという図画工作科の目標は，児童だけではなく，教師そしてすべての人々にとっても，心豊かな生活を作り出

していく基礎として学ぶべき価値を有しているということでもある。

　その意味では，小学校教師は学び続ける人として恵まれた境遇にある。もし，自分が小・中学校時代に図画工作や美術が得意でなかったとしても，教師として児童に教える時に，それを何度でも学びなおすことができる。創造的に表すとは，例えば今まで自分が経験したことのない方法を取り入れてやってみることである。図画工作科の授業で教える前に，児童に取り組ませる表現の課題を，自分でも工夫してあれこれ楽しみながら作ってみよう。「先生も工夫して新しいやり方に挑戦してみましたが，ここがうまくいかなかったようです。君たちならどんなやり方で工夫しますか？」と，楽しみながら児童に打ち明けられるようになれば，すでに図画工作の学びの上級者である。

　図画工作科における表現や鑑賞の基礎となるのは，私たちが一般に視覚芸術と呼んでいる領域を中心とした，美術，デザイン，工芸，映像メディア，その他のものづくり，現代的なアートなどに代表される，人類が作り上げてきた豊かな文化である。自分の研究課題や趣味として何らかの芸術領域について興味をもったり，旅行の折には各地の美術館を訪れたり，芸術活動やイベントを支えるボランティアとして貢献したりなど，さまざまな形で芸術を友とする豊かな人生を教師自身が生きることも図画工作科教育の一つの重要な基盤である。

　また，たとえ芸術と付き合うための特別な時間をもてなくても，私たちは図画工作科教育を通して，児童の心で表現と鑑賞の楽しさを味わうこと，教師として基礎的な表現技法とその指導法を身につけること，大人として美術や文化の知識によって学びを支えることを基本として，これらの文化を自らのものとし，芸術を学び続ける教師として児童にその姿を示していこう。

［2］　芸術的な教師

　図画工作科教育においては，特定の表現領域の技法を習熟させることを目指すことよりも，それらの活動を通して児童の全人格的な発達をうながすことが重要である。先に述べた，芸術を学ぶ教師という姿も，単に芸術を得意とする教師という意味ではなく，芸術を通して身につけた見方を児童の教育に生かしていくことを志向するものである。芸術を通したものの見方とは，芸術が私たちに提示するさまざまな価値観であるということもできる。それらをすべてあらかじめ説明することはできないが，ここでは図画工作科教育とのかかわりから，次の5点を指摘しておきたい。

　第一に，多様性の尊重である。芸術においては，一般に二つの側面から多様性が重んじられる。一つには近代以降の美術で重視されるようになった個人の人格の表現という観点から，一人ひとりの見方や考え方の違いにこそ価値があるとする見方である。もう一つの側面は，文化の多様性という観点から，異な

る時代や社会のそれぞれの独自性を尊重していく見方である。図画工作の時間が，児童にとって自分の存在が認められる場所であり，また他者の存在について，その違いを含めて受け止めることを学べる場所であるかどうかが，この価値観の一つの指標となるだろう。

　第二に，創造性の尊重である。これは定義が難しい概念の一つであるが，芸術における創造性とは，過去を無視して全く新しいことを生み出すことではなく，それまでの文化を学んだうえで，今の自分にとっての課題に応えるために新しい挑戦を試みることであるとも言える。図画工作科にあっては，表現と鑑賞の往還を通して，既存の文化を尊重しながら自分らしい発想を形にしようと模索する姿勢のなかに，能動的な学びの創造性が発揮されることを目指したい。

　第三に，美や楽しさの肯定である。形や色の表現と鑑賞を通して，より美しいこと，より快適に使えることなどに価値を認め，その根底には人生と世界を楽しみ，人と分かち合おうとする態度があることを学ぶ。図画工作科では，多様性の尊重と合わせて，自らが生きる価値ある存在であることを体験的に学ぶ場であることを目指したい。

　第四に，批評的態度の奨励である。美や楽しさを肯定するといっても，快楽だけを追求し，社会に潜む問題を見過ごす人々を育てたとすれば教育の敗北である。表現や鑑賞の過程には，単に美しさや優れた点を褒めるのではなく，作品のさまざまな側面について試行錯誤して考えながら，異なる視点からより深い解釈を見いだしたり，よりよい表現方法を見いだしたりするなど，批評的な思考が重要な役割を果たす。「もっと違う見方はないか」と，自ら問いを立てられるような態度を養うことを教師自身も大事にしていきたい。

　第五に，技術や熟練への敬意である。創造性や多様な表現を尊重し，批評的探究によってその質を高め，美を愛でたとしても，技術をもたなければ，何一つ実現することはできない。理想を実現するための方法の工夫や人間の手わざがなしてきた歴史への畏敬の念，道具や素材の開発と自然環境とのかかわりなど，表現の手段としても，受け継ぐべき文化としても，熟練の教育的価値に積極的に着目すべきである。ただし，特定の表現技術の熟達を目指す訓練は図画工作科の目的ではないし，現代の生活に不要な技術を長時間かけて身につけさせることは不合理である。また，児童の発達段階に配慮した指導が必要であることは言うまでもない。

　本節では「芸術家としての教師」と題して，教師として芸術を学ぶことと，芸術を通して体得された価値観を教育に生かしていくことの意義を述べた。すなわちここで言う芸術家としての教師とは，教職の傍ら，絵を描いて画家を目指すことではなく（目指すことは自由だが），芸術的な価値観を学び，それを教育に生かす専門家であり，児童一人ひとりの内なる芸術家の声を感じ取り，そ

れを引き出していこうとする，真に創造的な教師のことである。

Exercise

① 子どもの発達全体を見渡した図画工作・美術教育を進めるにはどのような課題があるだろうか。その改善策を提案してみよう。
② 教師自身は，芸術（美術・デザイン・工芸・映像など）とどのようにかかわることが，豊かな図画工作科教育を実践するうえで有効だろうか。話し合ってみよう。
③ 芸術的な発想や価値観を，学校教育の活性化のために積極的に用いることはできないだろうか。提案してみよう。

📖次への一冊

佐藤学監修，ワタリウム美術館編『驚くべき学びの世界　レッジョ・エミリアの幼児教育』ACCS，2011年。
　　イタリアのレッジョ・エミリア市で実践されてきた，アートを核とした創造的な幼児教育を紹介する，子どもたちの輝く学びの姿の写真を満載したインスピレーション溢れる一冊。
新井哲夫『思春期の美術教育』日本文教出版，2018年。
　　小学校第5学年〜第6学年から中学校第3学年までの子どもたちを対象とした美術教育について実際の授業例が豊富に紹介されており，小中接続の時期における美術教育を考えるうえでも有益である。
学校法人シュタイナー学園編『シュタイナー学園のエポック授業──12年間の学びの成り立ち』せせらぎ出版，2012年。
　　日本のシュタイナー学校におけるエポック授業について，第1学年から第12学年まで，実際に指導を行った教師たちがまとめた実践記録。
神林恒道，ふじえみつる監修『美術教育ハンドブック』三元社，2018年。
　　全24章に実践例を加え，多様な視点から現代の美術教育の全体像を示している。図画工作科教育のさまざまな課題と可能性を俯瞰して見るうえで参考となる一冊。

引用・参考文献

秋田喜代美・第一日野グループ編『保幼小連携──育ちあうコミュニティづくりの挑戦』ぎょうせい，2014年。
中央教育審議会「子供の発達や学習者の意欲・能力等に応じた柔軟かつ効果的な教育システムの構築について（答申）」2014年。
降籏孝「図画工作・美術への〔意欲〕・〔苦手意識〕の実態と考察──児童・生徒・大学

生への実態調査結果から」『山形大学紀要（教育科学）』16(2)，2015年，41～55ページ。

人権教育の指導方法等に関する調査研究会議「人権教育の指導方法等のあり方について［第三次取りまとめ］」2008年。

国立教育政策研究所「幼小接続期の育ち・学びと幼児教育の質に関する研究〈報告書〉」2017年。

日本ユネスコ国内委員会「ユネスコスクールと持続可能な開発のための教育（ESD）今日よりいいアースへの学び」2008年。

お茶の水女子大学附属幼稚園・小学校・中学校子ども発達教育研究センター『「接続期」をつくる――幼・小・中をつなぐ教師と子どもの協働』東洋館出版社，2008年。

リード，H.，宮脇理・岩崎清・直江俊雄訳『芸術による教育』フィルムアート社，2001年。

八木亜弥子・桐山卓也・山田一美「表現と造形活動から見た幼稚園と小学校の連携・接続」『教育美術』895，教育美術振興協会，2017年，38～43ページ。

小学校学習指導要領　図画工作

教科の目標，各学年の目標及び内容

<table>
<tr><td rowspan="4">第1目標</td><td></td><td>表現及び鑑賞の活動を通して，造形的な見方・考え方を働かせ，生活や社会の中の</td></tr>
<tr><td>「知識及び技能」</td><td>(1) 対象や事象を捉える造形的な視点について自分の感覚や行為を通して理解する</td></tr>
<tr><td>「思考力，判断力，表現力等」</td><td>(2) 造形的なよさや美しさ，表したいこと，表し方などについて考え，創造的に発</td></tr>
<tr><td>「学びに向かう力，人間性等」</td><td>(3) つくりだす喜びを味わうとともに，感性を育み，楽しく豊かな生活を創造しよ</td></tr>
<tr><td rowspan="19">第2　各学年の目標及び内容</td><td colspan="3">〔第1学年及び第2学年〕</td></tr>
<tr><td rowspan="3">1目標</td><td>「知識及び技能」</td><td>(1) 対象や事象を捉える造形的な視点について自分の感覚や行為を通して気付くとともに，手や体全体の感覚などを働かせ材料や用具を使い，表し方などを工夫して，創造的につくったり表したりすることができるようにする。</td></tr>
<tr><td>「思考力，判断力，表現力等」</td><td>(2) 造形的な面白さや楽しさ，表したいこと，表し方などについて考え，楽しく発想や構想をしたり，身の回りの作品などから自分の見方や感じ方を広げたりすることができるようにする。</td></tr>
<tr><td>「学びに向かう力，人間性等」</td><td>(3) 楽しく表現したり鑑賞したりする活動に取り組み，つくりだす喜びを味わうとともに，形や色などに関わり楽しい生活を創造しようとする態度を養う。</td></tr>
<tr><td rowspan="15">2内容</td><td rowspan="6">A表現</td><td rowspan="3">「思考力，判断力，表現力等」</td><td>(1) 表現の活動を通して，発想や構想に関する次の事項を身に付けることができるよう指導する。</td></tr>
<tr><td>ア 造形遊びをする活動を通して，身近な自然物や人工の材料の形や色などを基に造形的な活動を思い付くことや，感覚や気持ちを生かしながら，どのように活動するかについて考えること。</td></tr>
<tr><td>イ 絵や立体，工作に表す活動を通して，感じたこと，想像したことから，表したいことを見付けることや，好きな形や色を選んだり，いろいろな形や色を考えたりしながら，どのように表すかについて考えること。</td></tr>
<tr><td rowspan="3">「技能」</td><td>(2) 表現の活動を通して，技能に関する次の事項を身に付けることができるよう指導する。</td></tr>
<tr><td>ア 造形遊びをする活動を通して，身近で扱いやすい材料や用具に十分に慣れるとともに，並べたり，つないだり，積んだりするなど手や体全体の感覚などを働かせ，活動を工夫してつくること。</td></tr>
<tr><td>イ 絵や立体，工作に表す活動を通して，身近で扱いやすい材料や用具に十分に慣れるとともに，手や体全体の感覚などを働かせ，表したいことを基に表し方を工夫して表すこと。</td></tr>
<tr><td rowspan="2">B鑑賞</td><td rowspan="2">「思考力，判断力，表現力等」</td><td>(1) 鑑賞の活動を通して，次の事項を身に付けることができるよう指導する。</td></tr>
<tr><td>ア 身の回りの作品などを鑑賞する活動を通して，自分たちの作品や身近な材料などの造形的な面白さや楽しさ，表したいこと，表し方などについて，感じ取ったり考えたりし，自分の見方や感じ方を広げること。</td></tr>
<tr><td rowspan="3">〔共通事項〕</td><td></td><td>(1) 「A表現」及び「B鑑賞」の指導を通して，次の事項を身に付けることができるよう指導する。</td></tr>
<tr><td>「知識」</td><td>ア 自分の感覚や行為を通して，形や色などに気付くこと。</td></tr>
<tr><td>「思考力，判断力，表現力等」</td><td>イ 形や色などを基に，自分のイメージをもつこと。</td></tr>
</table>

小学校学習指導要領　図画工作

形や色などと豊かに関わる資質・能力を次のとおり育成することを目指す。

とともに，材料や用具を使い，表し方などを工夫して，創造的につくったり表したりすることができるようにする。

想や構想をしたり，作品などに対する自分の見方や感じ方を深めたりすることができるようにする。

うとする態度を養い，豊かな情操を培う。

〔第３学年及び第４学年〕	〔第５学年及び第６学年〕
(1) 対象や事象を捉える造形的な視点について自分の感覚や行為を通して分かるとともに，手や体全体を十分に働かせ材料や用具を使い，表し方などを工夫して，創造的につくったり表したりすることができるようにする。	(1) 対象や事象を捉える造形的な視点について自分の感覚や行為を通して理解するとともに，材料や用具を活用し，表し方などを工夫して，創造的につくったり表したりすることができるようにする。
(2) 造形的なよさや面白さ，表したいこと，表し方などについて考え，豊かに発想や構想をしたり，身近にある作品などから自分の見方や感じ方を広げたりすることができるようにする。	(2) 造形的なよさや美しさ，表したいこと，表し方などについて考え，創造的に発想や構想をしたり，親しみのある作品などから自分の見方や感じ方を深めたりすることができるようにする。
(3) 進んで表現したり鑑賞したりする活動に取り組み，つくりだす喜びを味わうとともに，形や色などに関わり楽しく豊かな生活を創造しようとする態度を養う。	(3) 主体的に表現したり鑑賞したりする活動に取り組み，つくりだす喜びを味わうとともに，形や色などに関わり楽しく豊かな生活を創造しようとする態度を養う。
(1) 表現の活動を通して，発想や構想に関する次の事項を身に付けることができるよう指導する。	(1) 表現の活動を通して，発想や構想に関する次の事項を身に付けることができるよう指導する。
ア 造形遊びをする活動を通して，身近な材料や場所などを基に造形的な活動を思い付くことや，新しい形や色などを思い付きながら，どのように活動するかについて考えること。	ア 造形遊びをする活動を通して，材料や場所，空間などの特徴を基に造形的な活動を思い付くことや，構成したり周囲の様子を考え合わせたりしながら，どのように活動するかについて考えること。
イ 絵や立体，工作に表す活動を通して，感じたこと，想像したこと，見たことから，表したいことを見付けることや，表したいことや用途などを考え，形や色，材料などを生かしながら，どのように表すかについて考えること。	イ 絵や立体，工作に表す活動を通して，感じたこと，想像したこと，見たこと，伝え合いたいことから，表したいことを見付けることや，形や色，材料の特徴，構成の美しさなどの感じ，用途などを考えながら，どのように主題を表すかについて考えること。
(2) 表現の活動を通して，技能に関する次の事項を身に付けることができるよう指導する。	(2) 表現の活動を通して，技能に関する次の事項を身に付けることができるよう指導する。
ア 造形遊びをする活動を通して，材料や用具を適切に扱うとともに，前学年までの材料や用具についての経験を生かし，組み合わせたり，切ってつないだり，形を変えたりするなどして，手や体全体を十分に働かせ，活動を工夫してつくること。	ア 造形遊びをする活動を通して，活動に応じて材料や用具を活用するとともに，前学年までの材料や用具についての経験や技能を総合的に生かしたり，方法などを組み合わせたりするなどして，活動を工夫してつくること。
イ 絵や立体，工作に表す活動を通して，材料や用具を適切に扱うとともに，前学年までの材料や用具についての経験を生かし，手や体全体を十分に働かせ，表したいことに合わせて表し方を工夫して表すこと。	イ 絵や立体，工作に表す活動を通して，表現方法に応じて材料や用具を活用するとともに，前学年までの材料や用具などについての経験や技能を総合的に生かしたり，表現に適した方法などを組み合わせたりするなどして，表したいことに合わせて表し方を工夫して表すこと。
(1) 鑑賞の活動を通して，次の事項を身に付けることができるよう指導する。	(1) 鑑賞の活動を通して，次の事項を身に付けることができるよう指導する。
ア 身近にある作品などを鑑賞する活動を通して，自分たちの作品や身近な美術作品，製作の過程などの造形的なよさや面白さ，表したいこと，いろいろな表し方などについて，感じ取ったり考えたりし，自分の見方や感じ方を広げること。	ア 親しみのある作品などを鑑賞する活動を通して，自分たちの作品，我が国や諸外国の親しみのある美術作品，生活の中の造形などの造形的なよさや美しさ，表現の意図や特徴，表し方の変化などについて，感じ取ったり考えたりし，自分の見方や感じ方を深めること。
(1) 「Ａ表現」及び「Ｂ鑑賞」の指導を通して，次の事項を身に付けることができるよう指導する。	(1) 「Ａ表現」及び「Ｂ鑑賞」の指導を通して，次の事項を身に付けることができるよう指導する。
ア 自分の感覚や行為を通して，形や色などの感じが分かること。	ア 自分の感覚や行為を通して，形や色などの造形的な特徴を理解すること。
イ 形や色などの感じを基に，自分のイメージをもつこと。	イ 形や色などの造形的な特徴を基に，自分のイメージをもつこと。

171

指導計画の作成と内容の取扱い

第3　指導計画の作成と内容の取扱い
1　指導計画の作成に当たっては，次の事項に配慮するものとする。
(1)　題材など内容や時間のまとまりを見通して，その中で育む資質・能力の育成に向けて，児童の主体的・対話的で深い学びの実現を図るようにすること。その際，造形的な見方・考え方を働かせ，表現及び鑑賞に関する資質・能力を相互に関連させた学習の充実を図ること。
(2)　第2の各学年の内容の「A 表現」及び「B 鑑賞」の指導については相互の関連を図るようにすること。ただし，「B 鑑賞」の指導については，指導の効果を高めるため必要がある場合には，児童や学校の実態に応じて，独立して行うようにすること。
(3)　第2の各学年の内容の〔共通事項〕は，表現及び鑑賞の学習において共通に必要となる資質・能力であり，「A 表現」及び「B 鑑賞」の指導と併せて，十分な指導が行われるよう工夫すること。
(4)　第2の各学年の内容の「A 表現」については，造形遊びをする活動では，(1)のア及び(2)のアを，絵や立体，工作に表す活動では，(1)のイ及び(2)のイを関連付けて指導すること。その際，(1)のイ及び(2)のイの指導に配当する授業時数については，工作に表すことの内容に配当する授業時数が，絵や立体に表すことの内容に配当する授業時数とおよそ等しくなるように計画すること。
(5)　第2の各学年の内容の「A 表現」の指導については，適宜共同してつくりだす活動を取り上げるようにすること。
(6)　第2の各学年の内容の「B 鑑賞」においては，自分たちの作品や美術作品などの特質を踏まえて指導すること。
(7)　低学年においては，第1章総則の第2の4の(1)を踏まえ，他教科等との関連を積極的に図り，指導の効果を高めるようにするとともに，幼稚園教育要領等に示す幼児期の終わりまでに育ってほしい姿との関連を考慮すること。特に，小学校入学当初においては，生活科を中心とした合科的・関連的な指導や，弾力的な時間割の設定を行うなどの工夫をすること。
(8)　障害のある児童などについては，学習活動を行う場合に生じる困難さに応じた指導内容や指導方法の工夫を計画的，組織的に行うこと。
(9)　第1章総則の第1の2の(2)に示す道徳教育の目標に基づき，道徳科などとの関連を考慮しながら，第3章特別の教科道徳の第2に示す内容について，図画工作科の特質に応じて適切な指導をすること。
2　第2の内容の取扱いについては，次の事項に配慮するものとする。
(1)　児童が個性を生かして活動することができるようにするため，学習活動や表現方法などに幅をもたせるようにすること。
(2)　各学年の「A 表現」及び「B 鑑賞」の指導を通して，児童が〔共通事項〕のアとイとの関わりに気付くようにすること。
(3)　〔共通事項〕のアの指導に当たっては，次の事項に配慮し，必要に応じて，その後の学年で繰り返し取り上げること。 　ア　第1学年及び第2学年においては，いろいろな形や色，触った感じなどを捉えること。 　イ　第3学年及び第4学年においては，形の感じ，色の感じ，それらの組合せによる感じ，色の明るさなどを捉えること。 　ウ　第5学年及び第6学年においては，動き，奥行き，バランス，色の鮮やかさなどを捉えること。
(4)　各学年の「A 表現」の指導に当たっては，活動の全過程を通して児童が実現したい思いを大切にしながら活動できるようにし，自分のよさや可能性を見いだし，楽しく豊かな生活を創造しようとする態度を養うようにすること。
(5)　各活動において，互いのよさや個性などを認め尊重し合うようにすること。
(6)　材料や用具については，次のとおり取り扱うこととし，必要に応じて，当該学年より前の学年において初歩的な形で取り上げたり，その後の学年で繰り返し取り上げたりすること。 　ア　第1学年及び第2学年においては，土，粘土，木，紙，クレヨン，パス，はさみ，のり，簡単な小刀類など身近で扱いやすいものを用いること。 　イ　第3学年及び第4学年においては，木切れ，板材，釘，水彩絵の具，小刀，使いやすいこぎり，金づちなどを用いること。 　ウ　第5学年及び第6学年においては，針金，糸のこぎりなどを用いること。
(7)　各学年の「A 表現」の(1)のイ及び(2)のイについては，児童や学校の実態に応じて，児童が工夫して楽しめる程度の版に表す経験や焼成する経験ができるようにすること。
(8)　各学年の「B 鑑賞」の指導に当たっては，児童や学校の実態に応じて，地域の美術館などを利用したり，連携を図ったりすること。
(9)　各学年の「A 表現」及び「B 鑑賞」の指導に当たっては，思考力，判断力，表現力等を育成する観点から，〔共通事項〕に示す事項を視点として，感じたことや思ったこと，考えたことなどを，話したり聞いたり話し合ったりする，言葉で整理するなどの言語活動を充実すること。
(10)　コンピュータ，カメラなどの情報機器を利用することについては，表現や鑑賞の活動で使う用具の一つとして扱うとともに，必要性を十分に検討して利用すること。
(11)　創造することの価値に気付き，自分たちの作品や美術作品などに表れている創造性を大切にする態度を養うようにすること。また，こうした態度を養うことが，美術文化の継承，発展，創造を支えていることについて理解する素地となるよう配慮すること。
3　造形活動で使用する材料や用具，活動場所については，安全な扱い方について指導する，事前に点検するなどして，事故防止に留意するものとする。
4　校内の適切な場所に作品を展示するなどし，平素の学校生活においてそれを鑑賞できるよう配慮するものとする。また，学校や地域の実態に応じて，校外に児童の作品を展示する機会を設けるなどするものとする。

中学校学習指導要領　美術

教科の目標，各学年の目標及び内容と各学年の内容の取扱い

				表現及び鑑賞の幅広い活動を通して，造形的な見方・考え方を働かせ，生活や社会の中の美術や美術
第1目標		「知識及び技能」	(1)	対象や事象を捉える造形的な視点について理解するとともに，表現方法を創意工夫し，創造的に
		「思考力，判断力，表現力等」	(2)	造形的なよさや美しさ，表現の意図と工夫，美術の働きなどについて考え，主題を生み出し豊か
		「学びに向かう力，人間性等」	(3)	美術の創造活動の喜びを味わい，美術を愛好する心情を育み，感性を豊かにし，心豊かな生活を
第2　各学年の目標及び内容	1 目標			〔第1学年〕
		「知識及び技能」	(1)	対象や事象を捉える造形的な視点について理解するとともに，意図に応じて表現方法を工夫して表すことができるようにする。
		「思考力，判断力，表現力等」	(2)	自然の造形や美術作品などの造形的なよさや美しさ，表現の意図と工夫，機能性と美しさとの調和，美術の働きなどについて考え，主題を生み出し豊かに発想し構想を練ったり，美術や美術文化に対する見方や感じ方を広げたりすることができるようにする。
		「学びに向かう力，人間性等」	(3)	楽しく美術の活動に取り組み創造活動の喜びを味わい，美術を愛好する心情を培い，心豊かな生活を創造していく態度を養う。
	2 内容	A 表現	「思考力，判断力，表現力等」	(1) 表現の活動を通して，次のとおり発想や構想に関する資質・能力を育成する。
				ア　感じ取ったことや考えたことなどを基に，絵や彫刻などに表現する活動を通して，発想や構想に関する次の事項を身に付けることができるよう指導する。
				(ア) 対象や事象を見つめ感じ取った形や色彩の特徴や美しさ，想像したことなどを基に主題を生み出し，全体と部分との関係などを考え，創造的な構成を工夫し，心豊かに表現する構想を練ること。
				イ　伝える，使うなどの目的や機能を考え，デザインや工芸などに表現する活動を通して，発想や構想に関する次の事項を身に付けることができるよう指導する。
				(ア) 構成や装飾の目的や条件などを基に，対象の特徴や用いる場面などから主題を生み出し，美的感覚を働かせて調和のとれた美しさなどを考え，表現の構想を練ること。
				(イ) 伝える目的や条件などを基に，伝える相手や内容などから主題を生み出し，分かりやすさと美しさなどとの調和を考え，表現の構想を練ること。
				(ウ) 使う目的や条件などを基に，使用する者の気持ち，材料などから主題を生み出し，使いやすさや機能と美しさなどとの調和を考え，表現の構想を練ること。
			「技能」	(2) 表現の活動を通して，次のとおり技能に関する資質・能力を育成する。
				ア　発想や構想をしたことなどを基に，表現する活動を通して，技能に関する次の事項を身に付けることができるよう指導する。
				(ア) 材料や用具の生かし方などを身に付け，意図に応じて工夫して表すこと。
				(イ) 材料や用具の特性などから制作の順序などを考えながら，見通しをもって表すこと。
		B 鑑賞	「思考力，判断力，表現力等」	(1) 鑑賞の活動を通して，次のとおり鑑賞に関する資質・能力を育成する。
				ア　美術作品などの見方や感じ方を広げる活動を通して，鑑賞に関する次の事項を身に付けることができるよう指導する。
				(ア) 造形的なよさや美しさを感じ取り，作者の心情や表現の意図と工夫などについて考えるなどして，見方や感じ方を広げること。
				(イ) 目的や機能との調和のとれた美しさなどを感じ取り，作者の心情や表現の意図と工夫などについて考えるなどして，見方や感じ方を広げること。
				イ　生活の中の美術の働きや美術文化についての見方や感じ方を広げる活動を通して，鑑賞に関する次の事項を身に付けることができるよう指導する。
				(ア) 身の回りにある自然物や人工物の形や色彩，材料などの造形的な美しさなどを感じ取り，生活を美しく豊かにする美術の働きについて考えるなどして，見方や感じ方を広げること。
				(イ) 身近な地域や日本及び諸外国の文化遺産などのよさや美しさなどを感じ取り，美術文化について考えるなどして，見方や感じ方を広げること。
		〔共通事項〕	「知識」	(1) 「A表現」及び「B鑑賞」の指導を通して，次の事項を身に付けることができるよう指導する。
				ア　形や色彩，材料，光などの性質や，それらが感情にもたらす効果などを理解すること。
				イ　造形的な特徴などを基に，全体のイメージや作風などで捉えることを理解すること。
	3　内容の取扱い			(1) 第1学年では，内容に示す各事項の定着を図ることを基本とし，一年間で全ての内容が学習できるように一題材に充てる時間数などについて十分検討すること。
				(2) 「A表現」及び「B鑑賞」の指導に当たっては，発想や構想に関する資質・能力や鑑賞に関する資質・能力を育成する観点から，〔共通事項〕に示す事項を視点に，アイデアスケッチで構想を練ったり，言葉で考えを整理したりすることや，作品などについて説明し合うなどして対象の見方や感じ方を広げるなどの言語活動の充実を図ること。

中学校学習指導要領　美術

	文化と豊かに関わる資質・能力を次のとおり育成することを目指す。
	表すことができるようにする。
	に発想し構想を練ったり，美術や美術文化に対する見方や感じ方を深めたりすることができるようにする。
	創造していく態度を養い，豊かな情操を培う。

〔第２学年及び第３学年〕

(1)	対象や事象を捉える造形的な視点について理解するとともに，意図に応じて自分の表現方法を追求し，創造的に表すことができるようにする。
(2)	自然の造形や美術作品などの造形的なよさや美しさ，表現の意図と創造的な工夫，機能性と洗練された美しさとの調和，美術の働きなどについて独創的・総合的に考え，主題を生み出し豊かに発想し構想を練ったり，美術や美術文化に対する見方や感じ方を深めたりすることができるようにする。
(3)	主体的に美術の活動に取り組み創造活動の喜びを味わい，美術を愛好する心情を深め，心豊かな生活を創造していく態度を養う。
(1)	表現の活動を通して，次のとおり発想や構想に関する資質・能力を育成する。
ア	感じ取ったことや考えたことなどを基に，絵や彫刻などに表現する活動を通して，発想や構想に関する次の事項を身に付けることができるよう指導する。
(ア)	対象や事象を深く見つめ感じ取ったことや考えたこと，夢，想像や感情などの心の世界などを基に主題を生み出し，単純化や省略，強調，材料の組合せなどを考え，創造的な構成を工夫し，心豊かに表現する構想を練ること。
イ	伝える，使うなどの目的や機能を考え，デザインや工芸などに表現する活動を通して，発想や構想に関する次の事項を身に付けることができるよう指導する。
(ア)	構成や装飾の目的や条件などを基に，用いる場面や環境，社会との関わりなどから主題を生み出し，美的感覚を働かせて調和のとれた洗練された美しさなどを総合的に考え，表現の構想を練ること。
(イ)	伝える目的や条件などを基に，伝える相手や内容，社会との関わりなどから主題を生み出し，伝達の効果と美しさなどとの調和を総合的に考え，表現の構想を練ること。
(ウ)	使う目的や条件などを基に，使用する者の立場，社会との関わり，機知やユーモアなどから主題を生み出し，使いやすさや機能と美しさなどとの調和を総合的に考え，表現の構想を練ること。
(2)	表現の活動を通して，次のとおり技能に関する資質・能力を育成する。
ア	発想や構想をしたことなどを基に，表現する活動を通して，技能に関する次の事項を身に付けることができるよう指導する。
(ア)	材料や用具の特性を生かし，意図に応じて自分の表現方法を追求して創造的に表すこと。
(イ)	材料や用具，表現方法の特性などから制作の順序などを総合的に考えながら，見通しをもって表すこと。
(1)	鑑賞の活動を通して，次のとおり鑑賞に関する資質・能力を育成する。
ア	美術作品などの見方や感じ方を深める活動を通して，鑑賞に関する次の事項を身に付けることができるよう指導する。
(ア)	造形的なよさや美しさを感じ取り，作者の心情や表現の意図と創造的な工夫などについて考えるなどして，美意識を高め，見方や感じ方を深めること。
(イ)	目的や機能との調和のとれた洗練された美しさなどを感じ取り，作者の心情や表現の意図と創造的な工夫などについて考えるなどして，美意識を高め，見方や感じ方を深めること。
イ	生活や社会の中の美術の働きや美術文化についての見方や感じ方を深める活動を通して，鑑賞に関する次の事項を身に付けることができるよう指導する。
(ア)	身近な環境の中に見られる造形的な美しさなどを感じ取り，安らぎや自然との共生などの視点から生活や社会を美しく豊かにする美術の働きについて考えるなどして，見方や感じ方を深めること。
(イ)	日本の美術作品や受け継がれてきた表現の特質などから，伝統や文化のよさや美しさを感じ取り愛情を深めるとともに，諸外国の美術や文化との相違点や共通点に気付き，美術を通した国際理解や美術文化の継承と創造について考えるなどして，見方や感じ方を深めること。
(1)	「Ａ表現」及び「Ｂ鑑賞」の指導を通して，次の事項を身に付けることができるよう指導する。
ア	形や色彩，材料，光などの性質や，それらが感情にもたらす効果などを理解すること。
イ	造形的な特徴などを基に，全体のイメージや作風などで捉えることを理解すること。
(1)	第２学年及び第３学年では，第１学年において身に付けた資質・能力を柔軟に活用して，表現及び鑑賞に関する資質・能力をより豊かに高めることを基本とし，第２学年と第３学年の発達の特性を考慮して内容の選択や一題材に充てる時間数などについて十分検討すること。
(2)	「Ａ表現」及び「Ｂ鑑賞」の指導に当たっては，発想や構想に関する資質・能力や鑑賞に関する資質・能力を育成する観点から，〔共通事項〕に示す事項を視点に，アイデアスケッチで構想を練ったり，言葉で考えを整理したりすることや，作品などに対する自分の価値意識をもって批評し合うなどして対象の見方や感じ方を深めるなどの言語活動の充実を図ること。
(3)	「Ｂ鑑賞」のイの(イ)の指導に当たっては，日本の美術の概括的な変遷などを捉えることを通して，各時代における作品の特質，人々の感じ方や考え方，願いなどを感じ取ることができるよう配慮すること。

175

指導計画の作成と内容の取扱い

第3　指導計画の作成と内容の取扱い
1　指導計画の作成に当たっては，次の事項に配慮するものとする。
(1)　題材など内容や時間のまとまりを見通して，その中で育む資質・能力の育成に向けて，生徒の主体的・対話的で深い学びの実現を図るようにすること。その際，造形的な見方・考え方を働かせ，表現及び鑑賞に関する資質・能力を相互に関連させた学習の充実を図ること。
(2)　第2の各学年の内容の「A表現」及び「B鑑賞」の指導については相互に関連を図り，特に発想や構想に関する資質・能力と鑑賞に関する資質・能力とを総合的に働かせて学習が深められるようにすること。
(3)　第2の各学年の内容の〔共通事項〕は，表現及び鑑賞の学習において共通に必要となる資質・能力であり，「A表現」及び「B鑑賞」の指導と併せて，十分な指導が行われるよう工夫すること。
(4)　第2の各学年の内容の「A表現」については，(1)のア及びイと，(2)は原則として関連付けて行い，(1)のア及びイそれぞれにおいて描く活動とつくる活動のいずれも経験させるようにすること。その際，第2学年及び第3学年の各学年においては，(1)のア及びイそれぞれにおいて，描く活動とつくる活動のいずれかを選択して扱うことができることとし，2学年間を通して描く活動とつくる活動が調和的に行えるようにすること。
(5)　第2の内容の「B鑑賞」の指導については，各学年とも，各事項において育成を目指す資質・能力の定着が図られるよう，適切かつ十分な授業時数を確保すること。
(6)　障害のある生徒などについては，学習活動を行う場合に生じる困難さに応じた指導内容や指導方法の工夫を計画的，組織的に行うこと。
(7)　第1章総則の第1の2の(2)に示す道徳教育の目標に基づき，道徳科などとの関連を考慮しながら，第3章特別の教科道徳の第2に示す内容について，美術科の特質に応じて適切な指導をすること。
2　第2の内容の取扱いについては，次の事項に配慮するものとする。
(1)　〔共通事項〕の指導に当たっては，生徒が造形を豊かに捉える多様な視点をもてるように，以下の内容について配慮すること。
ア　〔共通事項〕のアの指導に当たっては，造形の要素などに着目して，次の事項を実感的に理解できるようにすること。 　(ア)　色彩の色味や明るさ，鮮やかさを捉えること。 　(イ)　材料の性質や質感を捉えること。 　(ウ)　形や色彩，材料，光などから感じる優しさや楽しさ，寂しさなどを捉えること。 　(エ)　形や色彩などの組合せによる構成の美しさを捉えること。 　(オ)　余白や空間の効果，立体感や遠近感，量感や動勢などを捉えること。
イ　〔共通事項〕のイの指導に当たっては，全体のイメージや作風などに着目して，次の事項を実感的に理解できるようにすること。 　(ア)　造形的な特徴などを基に，見立てたり，心情などと関連付けたりして全体のイメージで捉えること。 　(イ)　造形的な特徴などを基に，作風や様式などの文化的な視点で捉えること。
(2)　各学年の「A表現」の指導に当たっては，主題を生み出すことから表現の確認及び完成に至る全過程を通して，生徒が夢と目標をもち，自分のよさを発見し喜びをもって自己実現を果たしていく態度の形成を図るようにすること。
(3)　各学年の「A表現」の指導に当たっては，生徒の学習経験や資質・能力，発達の特性等の実態を踏まえ，生徒が自分の表現意図に合う表現形式や技法，材料などを選択し創意工夫して表現できるように，次の事項に配慮すること。
ア　見る力や感じ取る力，考える力，描く力などを育成するために，スケッチの学習を効果的に取り入れるようにすること。
イ　美術の表現の可能性を広げるために，写真・ビデオ・コンピュータ等の映像メディアの積極的な活用を図るようにすること。
ウ　日本及び諸外国の作品の独特な表現形式，漫画やイラストレーション，図などの多様な表現方法を活用できるようにすること。
エ　表現の材料や題材などについては，地域の身近なものや伝統的なものも取り上げるようにすること。
(4)　各活動において，互いのよさや個性などを認め尊重し合うようにすること。
(5)　互いの個性を生かし合い協力して創造する喜びを味わわせるため，適切な機会を選び共同で行う創造活動を経験させること。
(6)　各学年の「B鑑賞」の題材については，国内外の児童生徒の作品，我が国を含むアジアの文化遺産についても取り上げるとともに，美術館や博物館等と連携を図ったり，それらの施設や文化財などを積極的に活用したりするようにすること。
(7)　創造することの価値を捉え，自己や他者の作品などに表れている創造性を尊重する態度の形成を図るとともに，必要に応じて，美術に関する知的財産権や肖像権などについて触れるようにすること。また，こうした態度の形成が，美術文化の継承，発展，創造を支えていることへの理解につながるよう配慮すること。
3　事故防止のため，特に，刃物類，塗料，器具などの使い方の指導と保管，活動場所における安全指導などを徹底するものとする。
4　学校における鑑賞のための環境づくりをするに当たっては，次の事項に配慮するものとする。
(1)　生徒が造形的な視点を豊かにもつことができるよう，生徒や学校の実態に応じて，学校図書館等における鑑賞用図書，映像資料等の活用を図ること。
(2)　生徒が鑑賞に親しむことができるよう，校内の適切な場所に鑑賞作品などを展示するとともに，学校や地域の実態に応じて，校外においても生徒作品などの展示の機会を設けるなどすること。

幼稚園教育要領

　教育は，教育基本法第1条に定めるとおり，人格の完成を目指し，平和で民主的な国家及び社会の形成者として必要な資質を備えた心身ともに健康な国民の育成を期すという目的のもと，同法第2条に掲げる次の目標を達成するよう行われなければならない。

1　幅広い知識と教養を身に付け，真理を求める態度を養い，豊かな情操と道徳心を培うとともに，健やかな身体を養うこと。

2　個人の価値を尊重して，その能力を伸ばし，創造性を培い，自主及び自律の精神を養うとともに，職業及び生活との関連を重視し，勤労を重んずる態度を養うこと。

3　正義と責任，男女の平等，自他の敬愛と協力を重んずるとともに，公共の精神に基づき，主体的に社会の形成に参画し，その発展に寄与する態度を養うこと。

4　生命を尊び，自然を大切にし，環境の保全に寄与する態度を養うこと。

5　伝統と文化を尊重し，それらをはぐくんできた我が国と郷土を愛するとともに，他国を尊重し，国際社会の平和と発展に寄与する態度を養うこと。

　また，幼児期の教育については，同法第11条に掲げるとおり，生涯にわたる人格形成の基礎を培う重要なものであることにかんがみ，国及び地方公共団体は，幼児の健やかな成長に資する良好な環境の整備その他適当な方法によって，その振興に努めなければならないこととされている。

　これからの幼稚園には，学校教育の始まりとして，こうした教育の目的及び目標の達成を目指しつつ，一人一人の幼児が，将来，自分のよさや可能性を認識するとともに，あらゆる他者を価値のある存在として尊重し，多様な人々と協働しながら様々な社会的変化を乗り越え，豊かな人生を切り拓き，持続可能な社会の創り手となることができるようにするための基礎を培うことが求められる。このために必要な教育の在り方を具体化するのが，各幼稚園において教育の内容等を組織的かつ計画的に組み立てた教育課程である。

　教育課程を通して，これからの時代に求められる教育を実現していくためには，よりよい学校教育を通してよりよい社会を創るという理念を学校と社会とが共有し，それぞれの幼稚園において，幼児期にふさわしい生活をどのように展開し，どのような資質・能力を育むようにするのかを教育課程において明確にしながら，社会との連携及び協働によりその実現を図っていくという，社会に開かれた教育課程の実現が重要となる。

　幼稚園教育要領とは，こうした理念の実現に向けて必要となる教育課程の基準を大綱的に定めるものである。幼稚園教育要領が果たす役割の一つは，公の性質を有する幼稚園における教育水準を全国的に確保することである。また，各幼稚園がその特色を生かして創意工夫を重ね，長年にわたり積み重ねられてきた教育実践や学術研究の蓄積を生かしながら，幼児や地域の現状や課題を捉え，家庭や地域社会と協力して，幼稚園教育要領を踏まえた教育活動の更なる充実を図っていくことも重要である。

　幼児の自発的な活動としての遊びを生み出すために必要な環境を整え，一人一人の資質・能力を育んでいくことは，教職員をはじめとする幼稚園関係者はもとより，家庭や地域の人々も含め，様々な立場から幼児や幼稚園に関わる全ての大人に期待される役割である。家庭との緊密な連携の下，小学校以降の教育や生涯にわたる学習とのつながりを見通しながら，幼児の自発的な活動としての遊びを通しての総合的な指導をする際に広く活用されるものとなることを期待して，ここに幼稚園教育要領を定める。

第1章　総則
第1　幼稚園教育の基本

　幼児期の教育は，生涯にわたる人格形成の基礎を培う重要なものであり，幼稚園教育は，学校教育法に規定する目的及び目標を達成するため，幼児期の特性を踏まえ，環境を通して行うものであることを基本とする。

　このため教師は，幼児との信頼関係を十分に築き，幼児が身近な環境に主体的に関わり，環境との関わり方や意味に気付き，これらを取り込もうとして，試行錯誤したり，考えたりするようになる幼児期の教育における見方・考え方を生かし，幼児と共によりよい教

育環境を創造するように努めるものとする。これらを踏まえ，次に示す事項を重視して教育を行わなければならない。

1 幼児は安定した情緒の下で自己を十分に発揮することにより発達に必要な体験を得ていくものであることを考慮して，幼児の主体的な活動を促し，幼児期にふさわしい生活が展開されるようにすること。

2 幼児の自発的な活動としての遊びは，心身の調和のとれた発達の基礎を培う重要な学習であることを考慮して，遊びを通しての指導を中心として第2章に示すねらいが総合的に達成されるようにすること。

3 幼児の発達は，心身の諸側面が相互に関連し合い，多様な経過をたどって成し遂げられていくものであること，また，幼児の生活経験がそれぞれ異なることなどを考慮して，幼児一人一人の特性に応じ，発達の課題に即した指導を行うようにすること。

その際，教師は，幼児の主体的な活動が確保されるよう幼児一人一人の行動の理解と予想に基づき，計画的に環境を構成しなければならない。この場合において，教師は，幼児と人やものとの関わりが重要であることを踏まえ，教材を工夫し，物的・空間的環境を構成しなければならない。また，幼児一人一人の活動の場面に応じて，様々な役割を果たし，その活動を豊かにしなければならない。

第2 幼稚園教育において育みたい資質・能力及び「幼児期の終わりまでに育ってほしい姿」

1 幼稚園においては，生きる力の基礎を育むため，この章の第1に示す幼稚園教育の基本を踏まえ，次に掲げる資質・能力を一体的に育むよう努めるものとする。

(1) 豊かな体験を通じて，感じたり，気付いたり，分かったり，できるようになったりする「知識及び技能の基礎」

(2) 気付いたことや，できるようになったことなどを使い，考えたり，試したり，工夫したり，表現したりする「思考力，判断力，表現力等の基礎」

(3) 心情，意欲，態度が育つ中で，よりよい生活を営もうとする「学びに向かう力，人間性

等」

2 1に示す資質・能力は，第2章に示すねらい及び内容に基づく活動全体によって育むものである。

3 次に示す「幼児期の終わりまでに育ってほしい姿」は，第2章に示すねらい及び内容に基づく活動全体を通して資質・能力が育まれている幼児の幼稚園修了時の具体的な姿であり，教師が指導を行う際に考慮するものである。

(1) 健康な心と体

幼稚園生活の中で，充実感をもって自分のやりたいことに向かって心と体を十分に働かせ，見通しをもって行動し，自ら健康で安全な生活をつくり出すようになる。

(2) 自立心

身近な環境に主体的に関わり様々な活動を楽しむ中で，しなければならないことを自覚し，自分の力で行うために考えたり，工夫したりしながら，諦めずにやり遂げることで達成感を味わい，自信をもって行動するようになる。

(3) 協同性

友達と関わる中で，互いの思いや考えなどを共有し，共通の目的の実現に向けて，考えたり，工夫したり，協力したりし，充実感をもってやり遂げるようになる。

(4) 道徳性・規範意識の芽生え

友達と様々な体験を重ねる中で，してよいことや悪いことが分かり，自分の行動を振り返ったり，友達の気持ちに共感したりし，相手の立場に立って行動するようになる。また，きまりを守る必要性が分かり，自分の気持ちを調整し，友達と折り合いを付けながら，きまりをつくったり，守ったりするようになる。

(5) 社会生活との関わり

家族を大切にしようとする気持ちをもつとともに，地域の身近な人と触れ合う中で，人との様々な関わり方に気付き，相手の気持ちを考えて関わり，自分が役に立つ喜びを感じ，地域に親しみをもつようになる。また，幼稚園内外の様々な環境に関わる中で，遊びや生活に必要な情報を取り入れ，情報に基づき判断したり，情報を伝え合ったり，活用したりするなど，情報を役立てながら活動するようになるとともに，公共の施設を大切に利用するなどして，社会と

のつながりなどを意識するようになる。

(6) 思考力の芽生え

身近な事象に積極的に関わる中で，物の性質や仕組みなどを感じ取ったり，気付いたりし，考えたり，予想したり，工夫したりするなど，多様な関わりを楽しむようになる。また，友達の様々な考えに触れる中で，自分と異なる考えがあることに気付き，自ら判断したり，考え直したりするなど，新しい考えを生み出す喜びを味わいながら，自分の考えをよりよいものにするようになる。

(7) 自然との関わり・生命尊重

自然に触れて感動する体験を通して，自然の変化などを感じ取り，好奇心や探究心をもって考え言葉などで表現しながら，身近な事象への関心が高まるとともに，自然への愛情や畏敬の念をもつようになる。また，身近な動植物に心を動かされる中で，生命の不思議さや尊さに気付き，身近な動植物への接し方を考え，命あるものとしていたわり，大切にする気持ちをもって関わるようになる。

(8) 数量や図形，標識や文字などへの関心・感覚

遊びや生活の中で，数量や図形，標識や文字などに親しむ体験を重ねたり，標識や文字の役割に気付いたりし，自らの必要感に基づきこれらを活用し，興味や関心，感覚をもつようになる。

(9) 言葉による伝え合い

先生や友達と心を通わせる中で，絵本や物語などに親しみながら，豊かな言葉や表現を身に付け，経験したことや考えたことなどを言葉で伝えたり，相手の話を注意して聞いたりし，言葉による伝え合いを楽しむようになる。

(10) 豊かな感性と表現

心を動かす出来事などに触れ感性を働かせる中で，様々な素材の特徴や表現の仕方などに気付き，感じたことや考えたことを自分で表現したり，友達同士で表現する過程を楽しんだりし，表現する喜びを味わい，意欲をもつようになる。

第3　教育課程の役割と編成等

1　教育課程の役割

各幼稚園においては，教育基本法及び学校教育法その他の法令並びにこの幼稚園教育要領の示すところに従い，創意工夫を生かし，幼児の心身の発達と幼稚園及び地域の実態に即応した適切な教育課程を編成するものとする。

また，各幼稚園においては，6に示す全体的な計画にも留意しながら，「幼児期の終わりまでに育ってほしい姿」を踏まえ教育課程を編成すること，教育課程の実施状況を評価してその改善を図っていくこと，教育課程の実施に必要な人的又は物的な体制を確保するとともにその改善を図っていくことなどを通して，教育課程に基づき組織的かつ計画的に各幼稚園の教育活動の質の向上を図っていくこと（以下「カリキュラム・マネジメント」という。）に努めるものとする。

2　各幼稚園の教育目標と教育課程の編成

教育課程の編成に当たっては，幼稚園教育において育みたい資質・能力を踏まえつつ，各幼稚園の教育目標を明確にするとともに，教育課程の編成についての基本的な方針が家庭や地域とも共有されるよう努めるものとする。

3　教育課程の編成上の基本的事項

(1) 幼稚園生活の全体を通して第2章に示すねらいが総合的に達成されるよう，教育課程に係る教育期間や幼児の生活経験や発達の過程などを考慮して具体的なねらいと内容を組織するものとする。この場合においては，特に，自我が芽生え，他者の存在を意識し，自己を抑制しようとする気持ちが生まれる幼児期の発達の特性を踏まえ，入園から修了に至るまでの長期的な視野をもって充実した生活が展開できるように配慮するものとする。

(2) 幼稚園の毎学年の教育課程に係る教育週数は，特別の事情のある場合を除き，39週を下ってはならない。

(3) 幼稚園の1日の教育課程に係る教育時間は，4時間を標準とする。ただし，幼児の心身の発達の程度や季節などに適切に配慮するものとする。

4　教育課程の編成上の留意事項

教育課程の編成に当たっては，次の事項に留意するものとする。

(1) 幼児の生活は，入園当初の一人一人の遊びや教師との触れ合いを通して幼稚園生活に親しみ，安定していく時期から，他の幼児との関

わりの中で幼児の主体的な活動が深まり，幼児が互いに必要な存在であることを認識するようになり，やがて幼児同士や学級全体で目的をもって協同して幼稚園生活を展開し，深めていく時期などに至るまでの過程を様々に経ながら広げられていくものであることを考慮し，活動がそれぞれの時期にふさわしく展開されるようにすること。

(2) 入園当初，特に，3歳児の入園については，家庭との連携を緊密にし，生活のリズムや安全面に十分配慮すること。また，満3歳児については，学年の途中から入園することを考慮し，幼児が安心して幼稚園生活を過こすことができるよう配慮すること。

(3) 幼稚園生活が幼児にとって安全なものとなるよう，教職員による協力体制の下，幼児の主体的な活動を大切にしつつ，園庭や園舎などの環境の配慮や指導の工夫を行うこと。

5 小学校教育との接続に当たっての留意事項

(1) 幼稚園においては，幼稚園教育が，小学校以降の生活や学習の基盤の育成につながることに配慮し，幼児期にふさわしい生活を通して，創造的な思考や主体的な生活態度などの基礎を培うようにするものとする。

(2) 幼稚園教育において育まれた資質・能力を踏まえ，小学校教育が円滑に行われるよう，小学校の教師との意見交換や合同の研究の機会などを設け，「幼児期の終わりまでに育ってほしい姿」を共有するなど連携を図り，幼稚園教育と小学校教育との円滑な接続を図るよう努めるものとする。

6 全体的な計画の作成

各幼稚園においては，教育課程を中心に，第3章に示す教育課程に係る教育時間の終了後等に行う教育活動の計画，学校保健計画，学校安全計画などと関連させ，一体的に教育活動が展開されるよう全体的な計画を作成するものとする。

第4 指導計画の作成と幼児理解に基づいた評価

1 指導計画の考え方

幼稚園教育は，幼児が自ら意欲をもって環境と関わることによりつくり出される具体的な活動を通して，その目標の達成を図るものである。

幼稚園においてはこのことを踏まえ，幼児期に

ふさわしい生活が展開され，適切な指導が行われるよう，それぞれの幼稚園の教育課程に基づき，調和のとれた組織的，発展的な指導計画を作成し，幼児の活動に沿った柔軟な指導を行わなければならない。

2 指導計画の作成上の基本的事項

(1) 指導計画は，幼児の発達に即して一人一人の幼児が幼児期にふさわしい生活を展開し，必要な体験を得られるようにするために，具体的に作成するものとする。

(2) 指導計画の作成に当たっては，次に示すところにより，具体的なねらい及び内容を明確に設定し，適切な環境を構成することなどにより活動が選択・展開されるようにするものとする。

ア 具体的なねらい及び内容は，幼稚園生活における幼児の発達の過程を見通し，幼児の生活の連続性，季節の変化などを考慮して，幼児の興味や関心，発達の実情などに応じて設定すること。

イ 環境は，具体的なねらいを達成するために適切なものとなるように構成し，幼児が自らその環境に関わることにより様々な活動を展開しつつ必要な体験を得られるようにすること。その際，幼児の生活する姿や発想を大切にし，常にその環境が適切なものとなるようにすること。

ウ 幼児の行う具体的な活動は，生活の流れの中で様々に変化するものであることに留意し，幼児が望ましい方向に向かって自ら活動を展開していくことができるよう必要な援助をすること。

その際，幼児の実態及び幼児を取り巻く状況の変化などに即して指導の過程についての評価を適切に行い，常に指導計画の改善を図るものとする。

3 指導計画の作成上の留意事項

指導計画の作成に当たっては，次の事項に留意するものとする。

(1) 長期的に発達を見通した年，学期，月などにわたる長期の指導計画やこれとの関連を保ちながらより具体的な幼児の生活に即した週，日などの短期の指導計画を作成し，適切な指

導が行われるようにすること。特に，週，日などの短期の指導計画については，幼児の生活のリズムに配慮し，幼児の意識や興味の連続性のある活動が相互に関連して幼稚園生活の自然な流れの中に組み込まれるようにすること。

(2) 幼児が様々な人やものとの関わりを通して，多様な体験をし，心身の調和のとれた発達を促すようにしていくこと。その際，幼児の発達に即して主体的・対話的で深い学びが実現するようにするとともに，心を動かされる体験が次の活動を生み出すことを考慮し，一つ一つの体験が相互に結び付き，幼稚園生活が充実するようにすること。

(3) 言語に関する能力の発達と思考力等の発達が関連していることを踏まえ，幼稚園生活全体を通して，幼児の発達を踏まえた言語環境を整え，言語活動の充実を図ること。

(4) 幼児が次の活動への期待や意欲をもつことができるよう，幼児の実態を踏まえながら，教師や他の幼児と共に遊びや生活の中で見通しをもったり，振り返ったりするよう工夫すること。

(5) 行事の指導に当たっては，幼稚園生活の自然の流れの中で生活に変化や潤いを与え，幼児が主体的に楽しく活動できるようにすること。なお，それぞれの行事についてはその教育的価値を十分検討し，適切なものを精選し，幼児の負担にならないようにすること。

(6) 幼児期は直接的な体験が重要であることを踏まえ，視聴覚教材やコンピュータなど情報機器を活用する際には，幼稚園生活では得難い体験を補完するなど，幼児の体験との関連を考慮すること。

(7) 幼児の主体的な活動を促すためには，教師が多様な関わりをもつことが重要であることを踏まえ，教師は，理解者，共同作業者など様々な役割を果たし，幼児の発達に必要な豊かな体験が得られるよう，活動の場面に応じて，適切な指導を行うようにすること。

(8) 幼児の行う活動は，個人，グループ，学級全体などで多様に展開されるものであることを踏まえ，幼稚園全体の教師による協力体制を作りながら，一人一人の幼児が興味や欲求を十分に満足させるよう適切な援助を行うようにすること。

4 幼児理解に基づいた評価の実施

幼児一人一人の発達の理解に基づいた評価の実施に当たっては，次の事項に配慮するものとする。

(1) 指導の過程を振り返りながら幼児の理解を進め，幼児一人一人のよさや可能性などを把握し，指導の改善に生かすようにすること。その際，他の幼児との比較や一定の基準に対する達成度についての評定によって捉えるものではないことに留意すること。

(2) 評価の妥当性や信頼性が高められるよう創意工夫を行い，組織的かつ計画的な取組を推進するとともに，次年度又は小学校等にその内容が適切に引き継がれるようにすること。

第5 特別な配慮を必要とする幼児への指導

1 障害のある幼児などへの指導

障害のある幼児などへの指導に当たっては，集団の中で生活することを通して全体的な発達を促していくことに配慮し，特別支援学校などの助言又は援助を活用しつつ，個々の幼児の障害の状態などに応じた指導内容や指導方法の工夫を組織的かつ計画的に行うものとする。また，家庭，地域及び医療や福祉，保健等の業務を行う関係機関との連携を図り，長期的な視点で幼児への教育的支援を行うために，個別の教育支援計画を作成し活用することに努めるとともに，個々の幼児の実態を的確に把握し，個別の指導計画を作成し活用することに努めるものとする。

2 海外から帰国した幼児や生活に必要な日本語の習得に困難のある幼児の幼稚園生活への適応

海外から帰国した幼児や生活に必要な日本語の習得に困難のある幼児については，安心して自己を発揮できるよう配慮するなど個々の幼児の実態に応じ，指導内容や指導方法の工夫を組織的かつ計画的に行うものとする。

第6 幼稚園運営上の留意事項

1 各幼稚園においては，園長の方針の下に，園務分掌に基づき教職員が適切に役割を分担しつつ，相互に連携しながら，教育課程や指導の改善を図るものとする。また，各幼稚園が行う学

校評価については，教育課程の編成，実施，改善が教育活動や幼稚園運営の中核となることを踏まえ，カリキュラム・マネジメントと関連付けながら実施するよう留意するものとする。

2　幼児の生活は，家庭を基盤として地域社会を通じて次第に広がりをもつものであることに留意し，家庭との連携を十分に図るなど，幼稚園における生活が家庭や地域社会と連続性を保ちつつ展開されるようにするものとする。その際，地域の自然，高齢者や異年齢の子供などを含む人材，行事や公共施設などの地域の資源を積極的に活用し，幼児が豊かな生活体験を得られるように工夫するものとする。また，家庭との連携に当たっては，保護者との情報交換の機会を設けたり，保護者と幼児との活動の機会を設けたりなどすることを通じて，保護者の幼児期の教育に関する理解が深まるよう配慮するものとする。

3　地域や幼稚園の実態等により，幼稚園間に加え，保育所，幼保連携型認定こども園，小学校，中学校，高等学校及び特別支援学校などとの間の連携や交流を図るものとする。特に，幼稚園教育と小学校教育の円滑な接続のため，幼稚園の幼児と小学校の児童との交流の機会を積極的に設けるようにするものとする。また，障害のある幼児児童生徒との交流及び共同学習の機会を設け，共に尊重し合いながら協働して生活していく態度を育むよう努めるものとする。

第7　教育課程に係る教育時間終了後等に行う教育活動など

幼稚園は，第3章に示す教育課程に係る教育時間の終了後等に行う教育活動について，学校教育法に規定する目的及び目標並びにこの章の第1に示す幼稚園教育の基本を踏まえ実施するものとする。また，幼稚園の目的の達成に資するため，幼児の生活全体が豊かなものとなるよう家庭や地域における幼児期の教育の支援に努めるものとする。

第2章　ねらい及び内容

この章に示すねらいは，幼稚園教育において育みたい資質・能力を幼児の生活する姿から捉えたものであり，内容は，ねらいを達成するために指導する事項である。各領域は，これらを幼児の発達の側面から，心

身の健康に関する領域「健康」，人との関わりに関する領域「人間関係」，身近な環境との関わりに関する領域「環境」，言葉の獲得に関する領域「言葉」及び感性と表現に関する領域「表現」としてまとめ，示したものである。内容の取扱いは，幼児の発達を踏まえた指導を行うに当たって留意すべき事項である。

各領域に示すねらいは，幼稚園における生活の全体を通じ，幼児が様々な体験を積み重ねる中で相互に関連をもちながら次第に達成に向かうものであること，内容は，幼児が環境に関わって展開する具体的な活動を通して総合的に指導されるものであることに留意しなければならない。

また，「幼児期の終わりまでに育ってほしい姿」が，ねらい及び内容に基づく活動全体を通して資質・能力が育まれている幼児の幼稚園修了時の具体的な姿であることを踏まえ，指導を行う際に考慮するものとする。

なお，特に必要な場合には，各領域に示すねらいの趣旨に基づいて適切な，具体的な内容を工夫し，それを加えても差し支えないが，その場合には，それが第1章の第1に示す幼稚園教育の基本を逸脱しないよう慎重に配慮する必要がある。

健　康
〔健康な心と体を育て，自ら健康で安全な生活をつくり出す力を養う。〕
1　ねらい
（1）明るく伸び伸びと行動し，充実感を味わう。
（2）自分の体を十分に動かし，進んで運動しようとする。
（3）健康，安全な生活に必要な習慣や態度を身に付け，見通しをもって行動する。
2　内　容
（1）先生や友達と触れ合い，安定感をもって行動する。
（2）いろいろな遊びの中で十分に体を動かす。
（3）進んで戸外で遊ぶ。
（4）様々な活動に親しみ，楽しんで取り組む。
（5）先生や友達と食べることを楽しみ，食べ物への興味や関心をもつ。
（6）健康な生活のリズムを身に付ける。
（7）身の回りを清潔にし，衣服の着脱，食事，排泄などの生活に必要な活動を自分でする。
（8）幼稚園における生活の仕方を知り，自分たちで

生活の場を整えながら見通しをもって行動する。

(9) 自分の健康に関心をもち，病気の予防などに必要な活動を進んで行う。

(10) 危険な場所，危険な遊び方，災害時などの行動の仕方が分かり，安全に気を付けて行動する。

3　内容の取扱い

上記の取扱いに当たっては，次の事項に留意する必要がある。

(1) 心と体の健康は，相互に密接な関連があるものであることを踏まえ，幼児が教師や他の幼児との温かい触れ合いの中で自己の存在感や充実感を味わうことなどを基盤として，しなやかな心と体の発達を促すこと。特に，十分に体を動かす気持ちよさを体験し，自ら体を動かそうとする意欲が育つようにすること。

(2) 様々な遊びの中で，幼児が興味や関心，能力に応じて全身を使って活動することにより，体を動かす楽しさを味わい，自分の体を大切にしようとする気持ちが育つようにすること。その際，多様な動きを経験する中で，体の動きを調整するようにすること。

(3) 自然の中で伸び伸びと体を動かして遊ぶことにより，体の諸機能の発達が促されることに留意し，幼児の興味や関心が戸外にも向くようにすること。その際，幼児の動線に配慮した園庭や遊具の配置などを工夫すること。

(4) 健康な心と体を育てるためには食育を通じた望ましい食習慣の形成が大切であることを踏まえ，幼児の食生活の実情に配慮し，和やかな雰囲気の中で教師や他の幼児と食べる喜びや楽しさを味わったり，様々な食べ物への興味や関心をもったりするなどし，食の大切さに気付き，進んで食べようとする気持ちが育つようにすること。

(5) 基本的な生活習慣の形成に当たっては，家庭での生活経験に配慮し，幼児の自立心を育て，幼児が他の幼児と関わりながら主体的な活動を展開する中で，生活に必要な習慣を身に付け，次第に見通しをもって行動できるようにすること。

(6) 安全に関する指導に当たっては，情緒の安定を図り，遊びを通して安全についての構えを身に付け，危険な場所や事物などが分かり，安全についての理解を深めるようにすること。また，

交通安全の習慣を身に付けるようにするとともに，避難訓練などを通して，災害などの緊急時に適切な行動がとれるようにすること。

人間関係

〔他の人々と親しみ，支え合って生活するために，自立心を育て，人と関わる力を養う。〕

1　ねらい

(1) 幼稚園生活を楽しみ，自分の力で行動することの充実感を味わう。

(2) 身近な人と親しみ，関わりを深め，工夫したり，協力したりして一緒に活動する楽しさを味わい，愛情や信頼感をもつ。

(3) 社会生活における望ましい習慣や態度を身に付ける。

2　内　容

(1) 先生や友達と共に過ごすことの喜びを味わう。

(2) 自分で考え，自分で行動する。

(3) 自分でできることは自分でする。

(4) いろいろな遊びを楽しみながら物事をやり遂げようとする気持ちをもつ。

(5) 友達と積極的に関わりながら喜びや悲しみを共感し合う。

(6) 自分の思ったことを相手に伝え，相手の思っていることに気付く。

(7) 友達のよさに気付き，一緒に活動する楽しさを味わう。

(8) 友達と楽しく活動する中で，共通の目的を見いだし，工夫したり，協力したりなどする。

(9) よいことや悪いことがあることに気付き，考えながら行動する。

(10) 友達との関わりを深め，思いやりをもつ。

(11) 友達と楽しく生活する中できまりの大切さに気付き，守ろうとする。

(12) 共同の遊具や用具を大切にし，皆で使う。

(13) 高齢者をはじめ地域の人々などの自分の生活に関係の深いいろいろな人に親しみをもつ。

3　内容の取扱い

上記の取扱いに当たっては，次の事項に留意する必要がある。

(1) 教師との信頼関係に支えられて自分自身の生活を確立していくことが人と関わる基盤となることを考慮し，幼児が自ら周囲に働き掛けることにより多様な感情を体験し，試行錯誤しながら

諦めずにやり遂げることの達成感や，前向きな見通しをもって自分の力で行うことの充実感を味わうことができるよう，幼児の行動を見守りながら適切な援助を行うようにすること。

(2) 一人一人を生かした集団を形成しながら人と関わる力を育てていくようにすること。その際，集団の生活の中で，幼児が自己を発揮し，教師や他の幼児に認められる体験をし，自分のよさや特徴に気付き，自信をもって行動できるようにすること。

(3) 幼児が互いに関わりを深め，協同して遊ぶようになるため，自ら行動する力を育てるようにするとともに，他の幼児と試行錯誤しながら活動を展開する楽しさや共通の目的が実現する喜びを味わうことができるようにすること。

(4) 道徳性の芽生えを培うに当たっては，基本的な生活習慣の形成を図るとともに，幼児が他の幼児との関わりの中で他人の存在に気付き，相手を尊重する気持ちをもって行動できるようにし，また，自然や身近な動植物に親しむことなどを通して豊かな心情が育つようにすること。特に，人に対する信頼感や思いやりの気持ちは，葛藤やつまずきをも体験し，それらを乗り越えることにより次第に芽生えてくることに配慮すること。

(5) 集団の生活を通して，幼児が人との関わりを深め，規範意識の芽生えが培われることを考慮し，幼児が教師との信頼関係に支えられて自己を発揮する中で，互いに思いを主張し，折り合いを付ける体験をし，きまりの必要性などに気付き，自分の気持ちを調整する力が育つようにすること。

(6) 高齢者をはじめ地域の人々などの自分の生活に関係の深いいろいろな人と触れ合い，自分の感情や意志を表現しながら共に楽しみ，共感し合う体験を通して，これらの人々などに親しみをもち，人と関わることの楽しさや人の役に立つ喜びを味わうことができるようにすること。また，生活を通して親や祖父母などの家族の愛情に気付き，家族を大切にしようとする気持ちが育つようにすること。

環　境
〔周囲の様々な環境に好奇心や探究心をもって関わ

り，それらを生活に取り入れていこうとする力を養う。〕

1　ねらい
(1) 身近な環境に親しみ，自然と触れ合う中で様々な事象に興味や関心をもつ。
(2) 身近な環境に自分から関わり，発見を楽しんだり，考えたりし，それを生活に取り入れようとする。
(3) 身近な事象を見たり，考えたり，扱ったりする中で，物の性質や数量，文字などに対する感覚を豊かにする。

2　内　容
(1) 自然に触れて生活し，その大きさ，美しさ，不思議さなどに気付く。
(2) 生活の中で，様々な物に触れ，その性質や仕組みに興味や関心をもつ。
(3) 季節により自然や人間の生活に変化のあることに気付く。
(4) 自然などの身近な事象に関心をもち，取り入れて遊ぶ。
(5) 身近な動植物に親しみをもって接し，生命の尊さに気付き，いたわったり，大切にしたりする。
(6) 日常生活の中で，我が国や地域社会における様々な文化や伝統に親しむ。
(7) 身近な物を大切にする。
(8) 身近な物や遊具に興味をもって関わり，自分なりに比べたり，関連付けたりしながら考えたり，試したりして工夫して遊ぶ。
(9) 日常生活の中で数量や図形などに関心をもつ。
(10) 日常生活の中で簡単な標識や文字などに関心をもつ。
(11) 生活に関係の深い情報や施設などに興味や関心をもつ。
(12) 幼稚園内外の行事において国旗に親しむ。

3　内容の取扱い
上記の取扱いに当たっては，次の事項に留意する必要がある。

(1) 幼児が，遊びの中で周囲の環境と関わり，次第に周囲の世界に好奇心を抱き，その意味や操作の仕方に関心をもち，物事の法則性に気付き，自分なりに考えることができるようになる過程を大切にすること。また，他の幼児の考えなどに触れて新しい考えを生み出す喜びや楽しさを

幼稚園教育要領

味わい，自分の考えをよりよいものにしようと
する気持ちが育つようにすること。

(2) 幼児期において自然のもつ意味は大きく，自然
の大きさ，美しさ，不思議さなどに直接触れる
体験を通して，幼児の心が安らぎ，豊かな感
情，好奇心，思考力，表現力の基礎が培われる
ことを踏まえ，幼児が自然との関わりを深める
ことができるよう工夫すること。

(3) 身近な事象や動植物に対する感動を伝え合い，
共感し合うことなどを通して自分から関わろう
とする意欲を育てるとともに，様々な関わり方
を通してそれらに対する親しみや畏敬の念，生
命を大切にする気持ち，公共心，探究心などが
養われるようにすること。

(4) 文化や伝統に親しむ際には，正月や節句など我
が国の伝統的な行事，国歌，唱歌，わらべうた
や我が国の伝統的な遊びに親しんだり，異なる
文化に触れる活動に親しんだりすることを通じ
て，社会とのつながりの意識や国際理解の意識
の芽生えなどが養われるようにすること。

(5) 数量や文字などに関しては，日常生活の中で幼
児自身の必要感に基づく体験を大切にし，数量
や文字などに関する興味や関心，感覚が養われ
るようにすること。

言　葉
〔経験したことや考えたことなどを自分なりの言葉で
表現し，相手の話す言葉を聞こうとする意欲や態度を
育て，言葉に対する感覚や言葉で表現する力を養う。〕
1　ねらい
(1) 自分の気持ちを言葉で表現する楽しさを味わ
う。
(2) 人の言葉や話などをよく聞き，自分の経験した
ことや考えたことを話し，伝え合う喜びを味わ
う。
(3) 日常生活に必要な言葉が分かるようになるとと
もに，絵本や物語などに親しみ，言葉に対する
感覚を豊かにし，先生や友達と心を通わせる。
2　内　容
(1) 先生や友達の言葉や話に興味や関心をもち，親
しみをもって聞いたり，話したりする。
(2) したり，見たり，聞いたり，感じたり，考えた
りなどしたことを自分なりに言葉で表現する。
(3) したいこと，してほしいことを言葉で表現した

り，分からないことを尋ねたりする。
(4) 人の話を注意して聞き，相手に分かるように話
す。
(5) 生活の中で必要な言葉が分かり，使う。
(6) 親しみをもって日常の挨拶をする。
(7) 生活の中で言葉の楽しさや美しさに気付く。
(8) いろいろな体験を通じてイメージや言葉を豊か
にする。
(9) 絵本や物語などに親しみ，興味をもって聞き，
想像をする楽しさを味わう。
(10) 日常生活の中で，文字などで伝える楽しさを味
わう。
3　内容の取扱い
上記の取扱いに当たっては，次の事項に留意する必
要がある。
(1) 言葉は，身近な人に親しみをもって接し，自分
の感情や意志などを伝え，それに相手が応答
し，その言葉を聞くことを通して次第に獲得さ
れていくものであることを考慮して，幼児が教
師や他の幼児と関わることにより心を動かされ
るような体験をし，言葉を交わす喜びを味わえ
るようにすること。
(2) 幼児が自分の思いを言葉で伝えるとともに，教
師や他の幼児などの話を興味をもって注意して
聞くことを通して次第に話を理解するように
なっていき，言葉による伝え合いができるよう
にすること。
(3) 絵本や物語などで，その内容と自分の経験とを
結び付けたり，想像を巡らせたりするなど，楽
しみを十分に味わうことによって，次第に豊か
なイメージをもち，言葉に対する感覚が養われ
るようにすること。
(4) 幼児が生活の中で，言葉の響きやリズム，新し
い言葉や表現などに触れ，これらを使う楽しさ
を味わえるようにすること。その際，絵本や物
語に親しんだり，言葉遊びなどをしたりするこ
とを通して，言葉が豊かになるようにすること。
(5) 幼児が日常生活の中で，文字などを使いながら
思ったことや考えたことを伝える喜びや楽しさ
を味わい，文字に対する興味や関心をもつよう
にすること。

表　現
〔感じたことや考えたことを自分なりに表現すること

185

を通して，豊かな感性や表現する力を養い，創造性を
豊かにする。〕

1　ねらい
　(1)　いろいろなものの美しさなどに対する豊かな感
　　性をもつ。
　(2)　感じたことや考えたことを自分なりに表現して
　　楽しむ。
　(3)　生活の中でイメージを豊かにし，様々な表現を
　　楽しむ。

2　内　容
　(1)　生活の中で様々な音，形，色，手触り，動きな
　　どに気付いたり，感じたりするなどして楽しむ。
　(2)　生活の中で美しいものや心を動かす出来事に触
　　れ，イメージを豊かにする。
　(3)　様々な出来事の中で，感動したことを伝え合う
　　楽しさを味わう。
　(4)　感じたこと，考えたことなどを音や動きなどで
　　表現したり，自由にかいたり，つくったりなど
　　する。
　(5)　いろいろな素材に親しみ，工夫して遊ぶ。
　(6)　音楽に親しみ，歌を歌ったり，簡単なリズム楽
　　器を使ったりなどする楽しさを味わう。
　(7)　かいたり，つくったりすることを楽しみ，遊び
　　に使ったり，飾ったりなどする。
　(8)　自分のイメージを動きや言葉などで表現した
　　り，演じて遊んだりするなどの楽しさを味わ
　　う。

3　内容の取扱い
　上記の取扱いに当たっては，次の事項に留意する必
　要がある。
　(1)　豊かな感性は，身近な環境と十分に関わる中で
　　美しいもの，優れたもの，心を動かす出来事な
　　どに出会い，そこから得た感動を他の幼児や教
　　師と共有し，様々に表現することなどを通して
　　養われるようにすること。その際，風の音や雨
　　の音，身近にある草や花の形や色など自然の中
　　にある音，形，色などに気付くようにするこ
　　と。
　(2)　幼児の自己表現は素朴な形で行われることが多
　　いので，教師はそのような表現を受容し，幼児
　　自身の表現しようとする意欲を受け止めて，幼
　　児が生活の中で幼児らしい様々な表現を楽しむ
　　ことができるようにすること。
　(3)　生活経験や発達に応じ，自ら様々な表現を楽し

み，表現する意欲を十分に発揮させることがで
きるように，遊具や用具などを整えたり，様々
な素材や表現の仕方に親しんだり，他の幼児の
表現に触れられるよう配慮したりし，表現する
過程を大切にして自己表現を楽しめるように工
夫すること。

第3章　教育課程に係る教育時間の終了後等に行う教
　　　　育活動などの留意事項
1　地域の実態や保護者の要請により，教育課程に係
　る教育時間の終了後等に希望する者を対象に行う
　教育活動については，幼児の心身の負担に配慮す
　るものとする。また，次の点にも留意するものと
　する。
　(1)　教育課程に基づく活動を考慮し，幼児期にふさ
　　わしい無理のないものとなるようにすること。
　　その際，教育課程に基づく活動を担当する教師
　　と緊密な連携を図るようにすること。
　(2)　家庭や地域での幼児の生活も考慮し，教育課程
　　に係る教育時間の終了後等に行う教育活動の計
　　画を作成するようにすること。その際，地域の
　　人々と連携するなど，地域の様々な資源を活用
　　しつつ，多様な体験ができるようにすること。
　(3)　家庭との緊密な連携を図るようにすること。そ
　　の際，情報交換の機会を設けたりするなど，保
　　護者が，幼稚園と共に幼児を育てるという意識
　　が高まるようにすること。
　(4)　地域の実態や保護者の事情とともに幼児の生活
　　のリズムを踏まえつつ，例えば実施日数や時間
　　などについて，弾力的な運用に配慮すること。
　(5)　適切な責任体制と指導体制を整備した上で行う
　　ようにすること。
2　幼稚園の運営に当たっては，子育ての支援のため
　に保護者や地域の人々に機能や施設を開放して，
　園内体制の整備や関係機関との連携及び協力に配
　慮しつつ，幼児期の教育に関する相談に応じた
　り，情報を提供したり，幼児と保護者との登園を
　受け入れたり，保護者同士の交流の機会を提供し
　たりするなど，幼稚園と家庭が一体となって幼児
　と関わる取組を進め，地域における幼児期の教育
　のセンターとしての役割を果たすよう努めるもの
　とする。その際，心理や保健の専門家，地域の子
　育て経験者等と連携・協働しながら取り組むよう
　配慮するものとする。

索　引

あ行

アーティスト・イン・スクール 147
アートカード 116
アートカードゲーム 58
アートプロジェクト 153
アール・ブリュット 145
アイスナー，E. W.（Eisner, E. W.） 50
アイデアスケッチ 53, 69
アウトサイダー・アート 145
アウトリーチ 146
アクション・ペインティング 65
アクティブ・ラーニング 12
アグレゲイト 23
新しい絵の会 34
新しい学力観 36
アトリエリスタ 151
油粘土 55, 97
阿部七五三吉 101
アルチンボルド，G.（Arcimboldo, G.） 44
生きる力 36
異時同図 19
板材 105
板良敷敏 66
糸 89
糸のこぎり 96
糸ひき 84
イメージ 78
色紙 77
陰影 82
インクルーシブ教育 130
インクルーシブな学び 145
ヴィジュアル・カルチャー 6
ウィナー，E.（Winner, E.） 5
絵に表す活動 77-79
『エノホン』 32
エフランド，A.（Efland, A.） 3
エポック授業 161
エルゲラ，P.（Helguera, P.） 150
『絵を描く子供たち』 34
遠近法 82
鉛筆 79
鉛筆画 29
岡倉覚三（天心） 28
折り重ね 19, 21

か行

画学 27
学習指導案 133
学習の転移 11
学制 27
重なり合い 19, 21
課題解決学習 42
カタログ画 18, 20
カタログ期 20, 21, 23
葛飾北斎 122
金づち 55, 68, 105
紙 89, 104
ガラス 89
川上寛（冬崖） 28
環境芸術 65
鑑賞 113
鑑賞スキル 11
鑑賞能力 15
感性 39
鑑定眼 51
観点別学習状況の評価 50, 131
木 89
幾何学的線 20, 21
木切れ 105
擬似写実的段階 18, 22
北川民次 34
基底線 18-21, 80
ギャラリートーク 146
教育的図画 29
教育内容の現代化 34
教育批評 51
共生社会 145
共通事項 37, 41, 78, 133
共同製作用の絵の具 107
空間 82
釘 68, 69, 105
久保貞次郎 33, 34, 77
クレヨン 79, 80, 107
罫画 27
芸術士 151
芸術による教育 10, 49, 160
形成的評価 52
芸能科工作 27, 31, 102
芸能科図画 27, 31, 102
決定の時期 18, 22
ケロッグ，R.（Kellogg, R.） 23
言語活動の充実 36

さ行

現代美術 65
検定教科書 33
減法混色 41
小石 89
工作に表す活動 101
コールバーグ，L.（Kohlberg, L.） 16, 17
小刀 105
国定教科書 30, 32
国民学校令 31
こすり出し 84
子どもの美術 7, 8, 16
コラージュ 79, 84, 123
コンセプチュアル・アート 65
コンテ 80
コントラスト 41
コンバイン 23
コンピテンシー 3, 9-11
コンピュータ 79

作品紹介カード 53
視覚型 7, 17, 18, 22, 23
視覚文化 6, 7, 9
自己同一化 21
持続可能な開発のための教育 162
質感 82
質的評価 51, 131
指導計画 127
児童中心主義 16
指導目標 50
社会に開かれた教育課程 151
写実的傾向の芽生え 18, 21, 95
写実的な線 20
写真 79
自由画 30
『自由画教育』 30
熟練 166
手工 27, 101
主体的，対話的で深い学び 40, 41, 44, 107, 109, 110
シュタイナー，R.（Steiner, R.） 161
シュタイナー学校 161
小1プロブレム 127, 155
小中連携 158, 159
触覚型 7, 17, 18, 22

新教育　15, 16
人権教育　162
診断的評価　52
『新定画帖』　29, 30
審美眼　113
水彩絵の具　77, 79, 105
図画　27
スキーマ　20
スクラッチ　84, 86
スクリブル　19, 23
スケッチ　116
スケッチブック　51
図式化　23
図式期　132
スタートカリキュラム　41
スチレンボード　86
スパッタリング　84-86
『西画指南』　28
青年期の危機　17, 22
絶対評価　131
想画　30
総括的評価　52
造形遊び　36, 42, 45, 65-70, 78
造形教育センター　34, 65
造形的な遊び　35, 36, 42
造形的な見方・考え方　40
造形的なよさや美しさ　43, 46
造形発達論　18
造形表現能力　15, 17
相互評価　53
創造主義美術教育　33
創造性　50, 60, 102, 166
創造的自己表現　7, 8
創造美育運動　8, 77
創造美育協会　33, 34
ソーシャリー・エンゲイジド・アート　150

た行

ダイアグラム　23
題材　130
対話型鑑賞　113, 114, 147
多視点様式（視点の混合）　21
多様性の尊重　165
段ボール　69, 106
段ボール板　68
チゼック，F.（Cizek, F.）　8, 9
地平線　19, 21
中1ギャップ　158
中央教育審議会　12, 35, 36, 39, 40, 90
中学校美術科　157

土粘土　98
デカルコマニー　82-84
手の巧緻性　23, 69
デフォルメ　86
デューイ，J.（Dewey, J.）　16
展開図様式（展開図法）　21
ドイツ芸術教育運動　16
頭足人　18, 19, 20, 23
到達目標　131
特定非営利活動法人（NPO）　147
徒弟制度　101
ドリッピング　84, 85

な行

なぐり描き　18, 19, 23, 77
なぐり描きの段階　18
認知的柔軟性　3
ぬらし絵（にじみ絵）　161
ねぶた　99
粘土　53, 89
のこぎり　55, 68, 105
乗り入れ授業　159

は行

パーソンズ，M. J.（Parsons, M. J.）　24, 25
ハウゼン，A.（Housen, A.）　24, 25
バウハウス　30
博学連携　146
パス　77, 79, 80
バチック　84, 86
発想や構想　79
発達段階　15
パフォーマンス課題　50, 51
ハプニング　65
ばらまき画　20
針金　89
パレット　81
ばれん　86
坂茂　99
反復説　17, 18
ピアジェ，J.（Piaget, J.）　16, 17
ビー玉ころがし　85
ピカソ　86
美術による教育　7, 8
『美術による人間形成』　18
美術の教育　7
美術批評　16
批評　166
百鬼夜行図　119-121
評価基準　130, 132
評価規準　50, 51, 130-132
描画のレパートリー　9

描画表現のU字型発達　7
表現スタイル　18
表現目標　50
フェノロサ，E. F.（Fenollosa, E. F.）　28, 29
フェルドマン，E.（Feldman, E.）　16
フォルメン線描　161
「富嶽三十六景」　122
吹き流し　84
プラスチック　89
振り返りカード　55, 56
ブリコラージュ　133
ブリューゲル，P.（Bruegel, P.）　44
フロッタージュ　84
文化芸術基本法　143
ペスタロッチ　17
ペダゴジスタ　151
ペン　79
ボイス，J.（Beuys, J.）　150
放課後子供教室　151
放課後児童クラブ　151
ポートフォリオ　51, 52, 123, 159

ま行

マーブリング　84
学びの共同体　149
学びの技　5
ムリーリョ，O.（Murillo, O.）　144
明暗　82
メタ認知　10, 11
メタ認知的モニタリング　11
メッセージカード　53
毛筆画　28, 29
目標に準拠した評価　131
モダンテクニック　84

や行

山本鼎　30, 101
様式（図式）　19, 20
様式化　23
様式化の段階　18, 20
様式化前　23
様式化前の段階　18
幼児期の終わりまでに育ってほしい姿　156
幼児教育　155
幼小接続　67, 155-157

ら・わ行

リード，H（Read, H.）　10, 49, 160
立体感　82
立体に表す活動　89, 90, 92, 95, 97
リテラシー　9, 10

リュケ，G. H.（Luquet, G. H.） *16*
量感 *82*
臨画 *28, 29*
ルーブリック *50*
レントゲン画 *21*
ローウェンフェルド，V.（Lowenfeld, V.） *7, 16–18, 22, 23, 95*
ローリング *84*

ワークシート *44, 51, 55, 58, 59, 79, 124*
ワークショップ *147, 148, 153*

欧文

Arts IMPACT *4, 5*
Community-Based Art Education *148*
DBAE *16, 36, 148*

Do の会 *65*
InSEA *12*
X 線画 *18, 19, 21*

《監修者紹介》

吉田武男（筑波大学名誉教授／関西外国語大学英語国際学部教授）

《執筆者紹介》（所属，分担，執筆順，＊は編著者）

＊石﨑和宏（編著者紹介参照：はじめに，第1章）

内田裕子（埼玉大学教育学部准教授：第2章）

有田洋子（島根大学教育学部准教授：第3章）

栗山裕至（佐賀大学教育学部教授：第4章）

＊直江俊雄（編著者紹介参照：第5章第1節～第2節，第13章第3節1項・3項，第4節）

箕輪佳奈恵（筑波大学芸術系特任助教：第5章第3節，第13章第1節）

吉田奈穂子（筑波大学芸術系助教：第5章第4節，第13章第3節2項）

光山　明（坂東市立内野山小学校教諭：第5章第5節，第13章第2節）

丁子かおる（和歌山大学教育学部准教授：第6章第1節3項，第3節2項）

山田芳明（鳴門教育大学大学院学校教育研究科教授：第6章第1節2項，第2節3項，第

　　3節3項）

西尾正寛（畿央大学教育学部教授：第6章第1節1項，第2節1・2項，第3節1項）

渡邉美香（大阪教育大学教育学部准教授：第7章）

池田吏志（広島大学教育学研究科准教授：第8章）

佐藤真帆（千葉大学教育学部准教授：第9章）

中村和世（広島大学人間社会科学研究科教授：第10章）

髙橋文子（東京未来大学こども心理学部准教授：第11章）

市川寛也（群馬大学共同教育学部准教授：第12章第2節～第3節）

森　芸恵（筑波大学附属大塚特別支援学校教諭：第12章第1節）

《編著者紹介》

石﨑和宏（いしざき・かずひろ／1964年生まれ）

筑波大学芸術系教授

『フランツ・チゼックの美術教育論とその方法に関する研究』（建帛社，1992年）

『美術鑑賞学習における発達とレパートリーに関する研究』（共著，風間書房，2006年）

From Child Art to Visual Language of Youth: New Models and Tools for Assessment of Learning and Creation in Art Education（共著，Intellect Publishers, 2013年）

『アートでひらく未来の子どもの育ち　未来の子どもの育ち支援のために──人間科学の越境と連携実践4』（共編著，明石書店，2014年）

『當代藝術教育研究新視野』（共著，Airiti Press，2015年）

直江俊雄（なおえ・としお／1964年生まれ）

筑波大学芸術系教授

『緑色の太陽──表現による学校新生のシナリオ』（共著，国土社，2000年）

『20世紀前半の英国における美術教育改革の研究──マリオン・リチャードソンの理論と実践』（建帛社，2002年）

『アートでひらく未来の子どもの育ち』（共著，明石書店，2014年）

『アートエデュケーション思考』（共編著，学術研究出版，2016年）

『美術教育ハンドブック』（共著，三元社，2018年）

MINERVA はじめて学ぶ教科教育⑥

初等図画工作科教育

| 2018年11月20日　初版第1刷発行 | 〈検印省略〉 |
| 2022年3月20日　初版第3刷発行 | |

定価はカバーに表示しています

編 著 者	石 﨑 和 宏
	直 江 俊 雄
発 行 者	杉 田 啓 三
印 刷 者	藤 森 英 夫

発行所　株式会社　ミネルヴァ書房

607-8494　京都市山科区日ノ岡堤谷町1
電話代表　（075）581-5191
振替口座　01020-0-8076

ⓒ石﨑和宏・直江俊雄ほか，2018　　　　　亜細亜印刷

ISBN978-4-623-08417-3

Printed in Japan

MINERVA はじめて学ぶ教科教育

監修　吉田武男

新学習指導要領［平成29年改訂］に準拠　　全10巻＋別巻 1

◆　B5 判／美装カバー／各巻190〜260頁／各巻予価2200円（税別）　◆

① 初等国語科教育
塚田泰彦・甲斐雄一郎・長田友紀 編著

② 初等算数科教育
清水美憲 編著

③ 初等社会科教育
井田仁康・唐木清志 編著

④ 初等理科教育
大髙　泉 編著

⑤ 初等外国語教育
卯城祐司 編著

⑥ 初等図画工作科教育
石﨑和宏・直江俊雄 編著

⑦ 初等音楽科教育
笹野恵理子 編著

⑧ 初等家庭科教育
河村美穂 編著

⑨ 初等体育科教育
岡出美則 編著

⑩ 初等生活科教育
片平克弘・唐木清志 編著

別 現代の学力観と評価
樋口直宏・根津朋実・吉田武男 編著

【姉妹編】
MINERVA はじめて学ぶ教職 　全20巻＋別巻 1

監修 吉田武男　B5判／美装カバー／各巻予価2200円（税別）〜

① 教育学原論　　　　　　　　　　滝沢和彦 編著
② 教職論　　　　　　　　　　　　吉田武男 編著
③ 西洋教育史　　　　　　　　　　尾上雅信 編著
④ 日本教育史　　　　　　　　　　平田諭治 編著
⑤ 教育心理学　　　　　　　　　　濱口佳和 編著
⑥ 教育社会学　　　　飯田浩之・岡本智周 編著
⑦ 社会教育・生涯学習　手打明敏・上田孝典 編著
⑧ 教育の法と制度　　　　　　　　藤井穂高 編著
⑨ 学校経営　　　　　　　　　　　浜田博文 編著
⑩ 教育課程　　　　　　　　　　　根津朋実 編著
⑪ 教育の方法と技術　　　　　　　樋口直宏 編著
⑫ 道徳教育　　　　　　　　　　田中マリア 編著

⑬ 総合的な学習の時間
佐藤　真・安藤福光・緩利　誠 編著
⑭ 特別活動　　　　　　吉田武男・京免徹雄 編著
⑮ 生徒指導　　　　　　花屋哲郎・吉田武男 編著
⑯ 教育相談
高柳真人・前田基成・服部　環・吉田武男 編著
⑰ 教育実習　　　　　　三田部勇・吉田武男 編著
⑱ 特別支援教育
小林秀之・米田宏樹・安藤隆男 編著
⑲ キャリア教育　　　　　　　　　藤田晃之 編著
⑳ 幼児教育　　　　　　　　　　　小玉亮子 編著
別 現代の教育改革　　　　　　　　徳永　保 編著

ミネルヴァ書房

https://www.minervashobo.co.jp/